Datenschutz-Compliance nach der DS-GVO

Datenschutz-Compliance nach der DS-GVO

Handlungshilfe für Verantwortliche inklusive Prüffragen für Aufsichtsbehörden

Autoren:

Thomas Kranig, Jurist, Präsident des Bayerischen Landesamtes für Datenschutzaufsicht (BayLDA),

Andreas Sachs, Dipl.-Informatiker, Leiter des technischen Referats beim Bayerischen Landesamt für Datenschutzaufsicht (BayLDA) und

Markus Gierschmann, Dipl.-Wirtschaftsingenieur, Finanzökonom (ebs), CIPP/E, CIPM, Datenschutzbeauftragter (udis, TÜV), Datenschutzauditor (TÜV), Unternehmensberater

Bibliografische Information der Deutschen Nationalbibliothek
Die Deutsche Nationalbibliothek verzeichnet diese Publikation in der Deutschen Nationalbibliografie; detaillierte bibliografische Daten sind im Internet über http://dnb.d-nb.de abrufbar.

Bundesanzeiger Verlag GmbH
Amsterdamer Straße 192
50735 Köln

Internet: www.bundesanzeiger-verlag.de

Weitere Informationen finden Sie auch in unserem Themenportal unter
www.betrifft-unternehmen.de

E-Mail: wirtschaft@bundesanzeiger.de

ISBN (Print): 978-3-8462-0760-4

ISBN (E-Book): 978-3-8462-0773-4

© 2017 Bundesanzeiger Verlag GmbH, Köln

Alle Rechte vorbehalten. Das Werk einschließlich seiner Teile ist urheberrechtlich geschützt. Jede Verwertung außerhalb der Grenzen des Urheberrechtsgesetzes bedarf der vorherigen Zustimmung des Verlags. Dies gilt auch für die fotomechanische Vervielfältigung (Fotokopie/Mikrokopie) und die Einspeicherung und Verarbeitung in elektronischen Systemen. Hinsichtlich der in diesem Werk ggf. enthaltenen Texte von Normen weisen wir darauf hin, dass rechtsverbindlich allein die amtlich verkündeten Texte sind.

Produktmanagement: Esther Jansen
Herstellung: Günter Fabritius
Satz: Cicero Computer GmbH, Bonn
Druck und buchbinderische Verarbeitung: Appel & Klinger Druck und Medien GmbH, Schneckenlohe
Cover-Copyright: vege- Fotolia.com

Printed in Germany

Vorwort von Dr. Eugen Ehmann

Zäsur und Meilenstein – beide Begriffe beschreiben die Datenschutz-Grundverordnung (DS-GVO) unter verschiedenen Aspekten, aber gleichermaßen treffend. Die DS-GVO bildet eine Zäsur, weil sie eine über 40 Jahre währende Datenschutzepoche in Deutschland zum Abschluss bringt. Diese Epoche begann nach ersten gesetzgeberischen Vorläufen auf Landesebene (Hessen 1970) spätestens mit dem BDSG 1977. Das Volkszählungsurteil von 1983 gestaltete sie verfassungsrechtlich aus. Sie war entscheidend geprägt durch nationales Datenschutzrecht. Die EU-Datenschutz-Richtlinie von 1995 modifizierte diese Situation allenfalls, bedurfte sie doch der Umsetzung in nationales Recht, um Wirkung entfalten zu können. Zudem konnte der nationale Gesetzgeber wesentliche Bereiche nach wie vor eigenständig regeln.

All das ändert die DS-GVO am 25. Mai 2018 umfassend, letztlich sogar radikal. Nationales Recht tritt in seiner Bedeutung völlig in den Hintergrund. Die DS-GVO regelt alles Wesentliche selbst. Einer Umsetzung in nationales Recht bedarf sie als EU-Verordnung gewissermaßen definitionsgemäß nicht. Die von ihrer Zahl her beeindruckenden „Öffnungsklauseln" sind genau genommen bloße „Spezifizierungsklauseln", welche die Vorgaben der DS-GVO lediglich im einen oder anderen Detail präzisieren, sie aber als solche nicht verändern können. So gesehen stellt die DS-GVO einen Meilenstein dar, der für die künftige Entwicklung des Datenschutzes in der gesamten Europäischen Union auf Jahrzehnte hinaus maßgebend sein wird.

Jeder Praktiker steht vor der Frage, wie er mit dieser Situation des Umbruchs und mit dem ungewohnten wie in mancherlei Hinsicht noch unklaren Rechtsrahmen umgehen soll. Abwarten, bis möglichst alles Wichtige geklärt ist, beispielsweise durch Papiere des Europäischen Datenschutzausschusses, stellt keine ernsthafte Option dar. Denn am 25. Mai 2018 müssen die Vorgaben der DS-GVO von einem Tag auf den anderen eingehalten werden. Eine Übergangsfrist im eigentlichen Sinn gibt es dabei nicht, lediglich eine Art Vorbereitungsfrist, die bereits seit dem Inkrafttreten der DS-GVO am 25. Mai 2016 läuft. Einfach ohne Plan punktuell los zu agieren, verbietet sich andererseits ebenso. Zu groß erscheint die Gefahr, dass dabei gerade das Wesentliche übersehen wird. Gefragt ist also Orientierung darüber, was in einer Situation der Unsicherheit jetzt schon sinnvoll angegangen werden kann.

An dieser Stelle setzt das vorliegende Werk an. Ausgerichtet an Ablaufprozessen legt es dar, welche Anforderungen die DS-GVO stellt und was daraus an Handlungsbedarf abzuleiten ist. Im Vordergrund steht also das, was auf jeden Fall angegangen werden muss und auch schon jetzt angegangen werden kann. Dabei liefert die Handlungshilfe ungeachtet zahlreicher Checklisten keine fertigen Patentrezepte „zum Abhaken" und das ist auch gut so. Denn zu unterschiedlich sind – worauf die Autoren zutreffend hinweisen – die Verhältnisse in den einzelnen Branchen und den einzelnen Unternehmen.

Lösungen, die Nutzer des Werks auf dieser Basis in der Praxis herausarbeiten, können nicht detailgenau für alle Zukunft in Stein gemeißelt sein. Betriebliche Abläufe verändern sich immer wieder aufgrund wirtschaftlicher und sonstiger Notwendigkeiten. Die Diskussion über die Umsetzung der DS-GVO und die für die Zukunft einerseits erhofften, manchmal

Vorwort von Dr. Eugen Ehmann

aber vielleicht auch gefürchteten „Papiere aus Brüssel" (namentlich des Europäischen Datenschutzausschusses) werden immer wieder neue Erkenntnisse liefern, gerade in der Anfangszeit der Geltung der DS-GVO. Doch all dies lässt sich bewältigen, wenn man erst einmal auf einem soliden Fundament aufbauen kann. Wer sich ein solches schaffen will, dem bietet diese Handlungshilfe kompetente Unterstützung.

Verantwortlichen für die Verarbeitung einerseits und Aufsichtsbehörden andererseits weist die DS-GVO naturgemäß unterschiedliche Aufgaben zu. Gleichwohl widmen sie sich – von verschiedenen Seiten herkommend – denselben Themen. Es erscheint deshalb nur konsequent, dass sich für die Erstellung dieser Handlungshilfe Autoren beider Provenienz zusammengefunden haben. Sie bringen unterschiedliche Sichtweisen ein – für den Nutzer ganz sicher ein erheblicher Vorteil.

Der gut strukturierten Handlungshilfe ist zu wünschen, dass sie viele Verantwortliche auf fruchtbare Weise nutzen. Das gestalten, was jetzt schon möglich ist, statt auf das zu warten, was irgendwann kommen mag – wer so denkt, bekommt mit ihr ein wertvolles Werkzeug in die Hand, das ihm effektiv weiterhelfen wird.

Ansbach, im Februar 2017

Dr. Eugen Ehmann

Vorwort der Autoren

Datenschutz-Compliance nach der Datenschutz-Grundverordnung (DS-GVO), d.h. ein an den gesetzlichen Vorgaben orientiertes Verhalten, ist schwer zu definieren und deshalb auch schwer zu erreichen. Wissenschaft und Aufsichtsbehörden kommentieren und definieren in großem Umfang, was Recht ist, bis zu gegebener Zeit die Gerichte und hier insbesondere der Europäische Gerichtshof in Luxemburg entscheiden, was wirklich Recht ist. Unternehmen und Dienstleister, in der Datenschutzsprache: Verantwortliche und Auftragsverarbeiter, die heute mit personenbezogenen Daten umgehen, können aber nicht warten, bis sämtliche Unklarheiten des neuen Rechts beseitigt sind, sondern müssen handeln.

Verantwortlichen und Auftragsverarbeitern ist dabei dringend zu empfehlen, sich mit den neuen datenschutzrechtlichen Anforderungen vertraut zu machen und zu versuchen, zu verstehen, welche Anforderungen sich für sie daraus ergeben könnten. Dies gilt unabhängig davon, ob sie der Wunsch nach Compliance, der vorbeugende Grundrechtsschutz für die Betroffenen oder auch nur das Vermeiden relevanter Bußgeldzahlungen und Reputationsverlust dazu veranlasst. Wichtig ist deshalb für Verantwortliche und Auftragsverarbeiter, sich darüber klar zu werden, was sie tun müssen, selbst wenn es noch etwas dauern kann, bis sie wissen, wie sie ihre Compliance erreichen.

Wir Autoren dieses Buches, die wir aus der unmittelbaren Aufsichtspraxis und der prozessorientierten Beratungsbranche stammen, versuchen mit diesem Buch allen Anwendern der DS-GVO Orientierung auf dem steinigen Weg zur Datenschutz-Compliance zu geben. Aufgeteilt in die drei großen Bereiche der allgemeinen Fragen der Datenverarbeitung, der Sicherstellung der Betroffenenrechte und der Handhabung von Datenschutzverletzungen werden für die immer wiederkehrenden Schritte der Planung, Betrieb, Bewertung und Verbesserung (Plan-Do-Check-Act – PDCA) mit Gliederungsvorschlägen, Checklisten und Prüffragebogen Hilfen für die tägliche Praxis angeboten.

Für die in dem Buch vorgeschlagenen Prozesse wird wiederholt auf ISO-Normen Bezug genommen. Die Ausrichtung der Abläufe in den Unternehmen an diesen ISO-Normen garantiert nicht die Einhaltung der Vorgaben der DS-GVO, aber für den Weg der Einhaltung der DS-GVO kann die Orientierung an ISO-Normen, die zur Einhaltung sonstiger Unternehmensziele (z.B. Qualitätsmanagement, Informationssicherheit, Compliance) schon im Einsatz sind, eine hilfreiche Unterstützung bieten.

Uns ist bewusst, dass die Veröffentlichung eines Buches zum Thema Compliance nach der DS-GVO zu einem Zeitpunkt, der etwa in der Mitte zwischen Inkrafttreten und Wirksamkeit der Norm liegt, d.h. zu einem Zeitpunkt, zu dem es noch keine praktischen Erfahrungen, keine Leitlinien des europäischen Datenschutzausschusses und auch keine einschlägige Rechtsprechung gibt, insofern etwas schwierig ist, weil sich viele derzeit von allen Seiten an den Text der DS-GVO herantasten und sich um das richtige Verständnis bemühen. Dieser Situation trägt das Buch dadurch Rechnung, dass es sich bezüglich der Anforderungen für Verantwortliche und Auftragsverarbeiter eng an den gesetzlichen Normen orientiert. Schwerpunkt der Darstellung ist jedoch die Beschreibung von Verfahren, die bei Verarbeitern, die mit personenbezogenen Daten umgehen, implementiert werden sollten. Die

Vorwort der Autoren

Einhaltung der vielfältigen Datenschutzvorschriften, die Verzahnung des Datenschutzes in die Unternehmenskultur und ein datenschutzkonformer Umgang mit einer stark an Bedeutung zunehmender Digitalisierung wird zukünftig noch stärker davon abhängig sein, dass die Verantwortlichen in der Lage sind, die unterschiedlichen dafür notwendigen Disziplinen und Ressourcen (vor allem Juristen, Informatiker und Betriebswirte) *„an einen Tisch zu bekommen"*, um sich gemeinsam der Herausforderung Datenschutz zu stellen. Dabei handelt es sich aber nicht um eine einmalige „Übung", sondern um einen dauerhaften und den sich ständig verändernden Umständen anpassenden Prozess. Hierfür hat der Verantwortliche die geeigneten Bedingungen zu schaffen. Dieses Vorgehen (PDCA) ermöglicht es, bei einer Veränderung des Verständnisses der materiell-rechtlichen Datenschutzvorschriften unverzüglich zu reagieren und damit auf dem oben beschriebenen Weg zur Datenschutz-Compliance zu bleiben oder wieder auf diesen zurückzukehren.

Die Autoren sind dankbar für Anmerkungen, Anregungen und konstruktive Kritik an folgende E-Mail-Adresse: feedback@datenschutz-compliance-buch.de. Gerne greifen wir diese in der nächsten Auflage auf.

Ansbach, München im März 2017

Die Autoren

Inhaltsverzeichnis

Vorwort 5
Abkürzungen 15

Teil I: Einführung in die DS-GVO

1 Einleitung 21
1.1 An wen richtet sich diese Handlungshilfe 21
1.2 Was beinhaltet diese Handlungshilfe und was nicht 21

2 Allgemeines zur DS-GVO 23

3 Wesentliche Anforderungen der DS-GVO an den Verantwortlichen 24
3.1 Wesentliche Datenschutzvorschriften der DS-GVO 24
3.2 Wesentliche Datenschutzprozesse (Ablauforganisation) 25
3.3 Wesentliche Datenschutzstrukturen (Aufbauorganisation) 27

Teil II: Sicherstellung der Datenschutz-Compliance

4 Datenschutzstrukturen (Aufbauorganisation) 31
4.1 Datenschutzziele 31
4.2 Datenschutz-Governance-Struktur 33
4.3 Datenschutzleitlinie 35

5 Datenschutzprozesse (Ablauforganisation) 37
5.1 Kernprozess: „Datenschutzkonforme Datenverarbeitung" 37
    5.1.1 Überblick Datenverarbeitung 37
    5.1.2 Anforderungen an die Datenverarbeitung 38
        5.1.2.1 Einhaltung der Datenschutzgrundsätze 38
        5.1.2.2 Rechtmäßigkeit der Verarbeitung 39
        5.1.2.3 Transparenz 40
        5.1.2.4 Sicherheit der Verarbeitung 41
        5.1.2.5 Auftragsverarbeitung 43
        5.1.2.6 Übermittlung in Drittländer 45
        5.1.2.7 Dokumentation der Verarbeitungstätigkeiten 46

Inhaltsverzeichnis

	5.1.3	Datenverarbeitung – PDCA	47
		5.1.3.1 Planung	48
		5.1.3.2 Betrieb	51
		5.1.3.3 Bewertung	51
		5.1.3.4 Verbesserung	53
5.2	**Kernprozess: „Sicherstellung der Betroffenenrechte"**		**53**
	5.2.1	Überblick Betroffenenrechte	54
	5.2.2	Anforderungen an das Management von Betroffenenrechten	55
		5.2.2.1 Antragsbearbeitung durch den Verantwortlichen	55
		5.2.2.2 Auskunftsrecht	56
		5.2.2.3 Recht auf Berichtigung	57
		5.2.2.4 Recht auf Löschung („Recht auf Vergessenwerden")	57
		5.2.2.5 Recht auf Einschränkung der Verarbeitung	58
		5.2.2.6 Recht auf Datenübertragbarkeit	59
		5.2.2.7 Widerspruchsrecht	59
		5.2.2.8 Automatisierte Entscheidungen im Einzelfall	60
		5.2.2.9 Recht auf Widerruf einer Einwilligung	60
	5.2.3	Betroffenenrechte – PDCA	61
		5.2.3.1 Planung	61
		5.2.3.2 Betrieb	65
		5.2.3.3 Bewertung	66
		5.2.3.4 Verbesserung	67
5.3	**Kernprozess: „Handhabung von Datenschutzverletzungen"**		**68**
	5.3.1	Überblick Datenschutzverletzung	68
	5.3.2	Anforderungen bei Vorliegen einer Datenschutzverletzung	69
		5.3.2.1 Meldepflicht gegenüber der Aufsichtsbehörde	69
		5.3.2.1.1 Fristen für die Meldung	69
		5.3.2.1.2 Inhalt der Meldung	69
		5.3.2.1.3 Dokumentationspflichten	70
		5.3.2.2 Benachrichtigungspflicht gegenüber den betroffen Personen	70
		5.3.2.2.1 Zeitpunkt der Benachrichtigung	71
		5.3.2.2.2 Inhalt der Benachrichtigung	71
	5.3.3	Datenschutzverletzung – PDCA	71
		5.3.3.1 Planung	71
		5.3.3.2 Betrieb	74
		5.3.3.3 Bewertung	75
		5.3.3.4 Verbesserung	77

Inhaltsverzeichnis

6 Datenschutz-Risikomanagement ... 78
6.1 Risikobezug in der DS-GVO ... 78
    6.1.1 Risiken bei der Datenverarbeitung ... 79
    6.1.2 Risiken einer Datenschutzverletzung ... 83
    6.1.3 Beispiele aus der DS-GVO für Risiko, Schaden und hohes Risiko ... 84
    6.1.4 Risikobasierter Ansatz ... 87
6.2 Risikomanagement ... 88
    6.2.1 Risiko ... 88
    6.2.2 Risikomanagement ... 89
        6.2.2.1 Risikomanagementgrundsätze ... 90
        6.2.2.2 Risikomanagementsystem ... 91
        6.2.2.3 Risikomanagementprozess ... 92
        6.2.2.4 Techniken zur Risikobeurteilung ... 93
6.3 Datenschutz-Risikomanagement ... 94
    6.3.1 Datenschutzrisiko ... 95
    6.3.2 Datenschutz- und Compliance-Risiken ... 96
    6.3.3 Datenschutz-Risikomanagementprozess ... 97
    6.3.4 Datenschutz-Folgenabschätzung ... 99
        6.3.4.1 DSFA in Anlehnung an die ISO 29134 ... 99
            6.3.4.1.1 DSFA-Prozess ... 100
            6.3.4.1.2 DSFA-Bericht ... 101
        6.3.4.2 Datenschutzrisikobeurteilung und Datenschutzrisikobehandlung ... 102
            6.3.4.2.1 Risikobeurteilung ... 102
            6.3.4.2.2 Risikobehandlung ... 106
    6.3.5 Umgang mit Risiken nach der DS-GVO ... 109

7 Datenschutzdokumentation ... 110
7.1 Dokumentations- und Nachweispflichten ... 110
    7.1.1 Dokumentation der Datenverarbeitung ... 110
    7.1.2 Dokumentation der Sicherstellung der Betroffenenrechte ... 112
    7.1.3 Dokumentation der Handhabung von Datenschutzverletzungen ... 113
    7.1.4 Zentrale Bedeutung des Verzeichnisses aller Verarbeitungstätigkeiten ... 113
    7.1.5 Nachweiserbringung durch Zertifizierung und Verhaltensregeln ... 115
7.2 Datenschutzdokumentationsmanagement ... 116
    7.2.1 Zwecke der Dokumentation ... 116
    7.2.2 Dokumentationsstandards ... 118
    7.2.3 Dokumentationsstruktur ... 119

Inhaltsverzeichnis

	7.2.4	Dokumentationsprozess	122
		7.2.4.1 Dokumenten-Lebenszyklus	122
		7.2.4.2 Dokumentation der Datenschutzdokumente und PDCA-Zyklus	122
	7.2.5	Dokumentenmanagementsystem	123

8 Datenschutzsensibilisierung, -training und -schulungen ... 124

8.1 Notwendigkeit von Schulungen als organisatorische Maßnahme ... 124
8.2 Datenschutzbewusstsein (Awareness) ... 125
8.3 Maßnahmen zur Förderung des Datenschutzbewusstseins ... 126
- 8.3.1 Datenschutzschulung und -training ... 126
- 8.3.2 Weitergehende Maßnahmen ... 127

8.4 Datenschutzbewusstsein – PDCA ... 128
- 8.4.1 Planung ... 128
- 8.4.2 Betrieb ... 129
- 8.4.3 Bewertung und Verbesserung ... 130

9 Datenschutzaudit/-zertifizierung ... 131

9.1 Überprüfung und Nachweiserbringung ... 131
- 9.1.1 Datenschutzkonforme Verarbeitung ... 133
- 9.1.2 Auftragsverarbeitung ... 134
- 9.1.3 Sicherheit der Verarbeitung ... 135
  - 9.1.3.1 Ermittlung des Schutzniveaus ... 135
  - 9.1.3.2 Auswahl geeigneter technischer und organisatorischer Maßnahmen ... 137
  - 9.1.3.3 Bewertung von Datensicherheitsrisiken ... 140
- 9.1.4 Datenschutz durch Technikgestaltung ... 142
- 9.1.5 Datenschutzfreundliche Voreinstellung ... 144
- 9.1.6 Datenschutz-Folgenabschätzung ... 144
- 9.1.7 Datenübermittlung vorbehaltlich geeigneter Garantien ... 145
- 9.1.8 Profiling ... 145

9.2 Datenschutzaudits ... 145
- 9.2.1 Audit ... 145
  - 9.2.1.1 Interne und externe Audits ... 146
  - 9.2.1.2 Audittypen ... 146
  - 9.2.1.3 Anforderungen an einen Auditor ... 148
- 9.2.2 Auditplanung ... 149
- 9.2.3 Auditprogramm ... 150
- 9.2.4 Auditprozess ... 152
  - 9.2.4.1 Vorbereitung ... 152
  - 9.2.4.2 Durchführung ... 154
  - 9.2.4.3 Nachbereitung ... 155

9.3	Datenschutzzertifizierung	157
	9.3.1 Akkreditierung	157
	9.3.2 Datenschutzzertifikate	158
	9.3.3 Zertifizierungsverfahren	160

10 Datenschutz-Managementsystem ... 162

10.1 Umsetzung der Rechenschaftspflicht ... 162

10.2 Corporate Governance und Managementsysteme ... 164
  10.2.1 Corporate Governance ... 164
  10.2.2 Managementsysteme ... 165
  10.2.3 Managementsystemstandard ... 166

10.3 Datenschutzstandards ... 167
  10.3.1 ISO-Datenschutzstandards ... 168
  10.3.2 ISO-Datenschutzprojekte ... 169
  10.3.3 ISO-Leitfaden für den Schutz personenbezogener Daten ... 171
  10.3.4 Entwicklung eines ISO-Datenschutz-Managementsystems ... 174

10.4 Ansatz eines „Integrierten Datenschutz-Managementsystems" ... 175
  10.4.1 Komponenten eines Datenschutz-Managementsystems ... 175
  10.4.2 Elemente eines Datenschutz-Managementsystems ... 177
  10.4.3 Ausblick ... 182

Teil III: Überwachung der Datenschutz-Compliance

11 Rolle der Aufsichtsbehörde gegenüber den Unternehmen ... 187

11.1 Aufgaben der Aufsichtsbehörde ... 187

11.2 Befugnisse der Aufsichtsbehörde ... 187
  11.2.1 Untersuchungsbefugnisse ... 188
  11.2.2 Abhilfebefugnisse ... 188
  11.2.3 Genehmigungs- und Beratungsbefugnisse ... 190

11.3 Zusammenarbeit, Kohärenz ... 190

12 Prüffragen für Aufsichtsbehörden ... 192

12.1 Erläuterungen zu den Prüffragen ... 192

12.2 Prüffragen und Maßnahmen zur Datenschutzstruktur (Corporate Governance) ... 194

12.3 Prüffragen und Maßnahmen zur Datenverarbeitung ... 196

12.4 Prüffragen und Maßnahmen zur Sicherstellung der Betroffenenrechte ... 199

12.5 Prüffragen und Maßnahmen zur Handhabung von Datenschutzverletzungen ... 202

Inhaltsverzeichnis

13 Ausblick 206
13.1 (R)Evolution im Datenschutz 206
13.2 Schritte zur Erfüllung der „Rechenschaftspflicht" 207
Abbildungsverzeichnis 213
Tabellenverzeichnis 217
Literatur 219
Stichwortverzeichnis 225

Abkürzungsverzeichnis

A

Abl.	Amtsblatt
Abs.	Absatz
AEUV	Vertrag über die Arbeitsweise der Europäischen Union
AICPA	American Institute of Certified Public Accountants (US-amerikanisches Institut der Wirtschaftsprüfer)
AktG	Aktiengesetz
Art.	Artikel

B

BB	Der Betriebs-Berater (Zeitschrift)
BCR	Binding Corporate Rules (Verbindliche Unternehmensregeln)
BDSG	Bundesdatenschutzgesetz
BGB	Bürgerliches Gesetzbuch
BSI	British Standard Institut oder Bundesamt für Sicherheit in der Informationstechnik
BvD	Berufsverband der Datenschutzbeauftragten
bspw.	beispielsweise
bzw.	beziehungsweise

C

CAPA	Corrective And Preventive Action (Korrektive und präventive Maßnahmen)
CICA	Canadian Institute of Chartered Accountants (kanadisches Institut der Wirtschaftsprüfer)
CMS	Compliance-Management-System
CNIL	Commission Nationale de l'Informatique et des Libertés (deutsch: Nationale Kommission für Informatik und Freiheit; französische Datenschutzbehörde)
COBIT	Control Objectives for Information and Related Technology
CoC	Code of Conduct (Verhaltensregeln)
CoP	Code of Practices (Verhaltensregeln)
COSO	Committee of Sponsoring Organizations of the Treadway Commission
CRM	Client-Relationship-Management

D

d.h.	das heißt
DAkkS	Deutsche Akkreditierungsstelle
DIN	Deutsches Institut für Normung e.V.
DIS	Draft International Standard, ein ISO-Normentwurf
DMS	Dokumentenmanagementsystem
DS-GVO	Datenschutz-Grundverordnung
DSB	Datenschutzbeauftragter

Abkürzungsverzeichnis

DSFA	Datenschutz-Folgenabschätzung
DSMS	Datenschutz-Managementsystem
DuD	Datenschutz und Datensicherheit (Zeitschrift)
DGQ	Deutsche Gesellschaft für Qualität e.V.

E

ErwGr.	Erwägungsgrund
etc.	et cetera
EU	Europäische Union
EWR	Europäischer Wirtschaftsraum

F

FDIS	Final Draft International Standard, Schlussentwurf für einen ISO-Standard

G

ggf.	gegebenenfalls
GmbHG	Gesetz über Gesellschaften mit beschränkter Haftung
GRC	Governance, Risk und Compliance

H

Hrsg.	Herausgeber

I

i.d.R.	in der Regel
i.V.m.	in Verbindung mit
IACA	International Association of Consulting Actuaries
ICO	Information Commissioner's Office (britische Datenschutzbehörde)
IDW	Institut der Wirtschaftsprüfer
IEC	International Electrotechnical Commission
IKS	Internes Kontrollsystem
IMS	Integriertes Managementsystem
insb.	insbesondere
IoT	Internet of Things
ISMS	Informationssicherheitsmanagementsystem
ISO	Internationale Organisation für Normung
IT	Informationstechnologie
ITIL	IT Infrastructure Library

K

KMU	Kleinere und Mittlere Unternehmen

L

lfd.	laufend
lit.	Littera = Buchstabe

M

Mio.	Million
MS	Managementsystem

N

Nr.	Nummer
NWIP	New Work Item Proposal, ISO-Normenantrag

O

OECD	Organisation for Economic Co-operation and Development
OPC	Office of the Privacy Commissioner of Canada (kanadische Datenschutzbehörde)
OWiG	Gesetz über Ordnungswidrigkeiten

P

pbD	personenbezogene Daten
PDCA	Plan-Do-Check-Act
PET	Privacy Enhancing Technologies
PIA	Privacy impact assessment
PIAF	Privacy Impact Assessment Framework (von der Europäischen Kommission teilfinanziertes Projekt)
PII	Personal identifiable information
PS	Prüfungsstandard

Q

QM	Qualitätsmanagement
QMS	Qualitätsmanagementsystem

R

RDV	Recht der Datenverarbeitung (Zeitschrift)
RL	Richtlinie
RMS	Risikomanagementsystem

S

S.	Seite
s.	siehe
S.a.	siehe auch

T

TKG	Telekommunikationsgesetz
TMG	Telemediengesetz
TOM	Technische und organisatorische Maßnahmen

U

u.a.	unter anderem
u.U.	unter Umständen
UMS	Umweltmanagementsystem
US	United States, Vereinigte Staaten
USA	United States of America

V

vgl.	vergleiche
vs.	versus

W

WG	Working Group
WP	Working Paper

Z

z.B.	zum Beispiel
ZD	Zeitschrift für Datenschutz (Zeitschrift)
Ziff.	Ziffer
z.T.	zum Teil

Teil I:

Einführung in die DS-GVO

1 Einleitung

1.1 An wen richtet sich diese Handlungshilfe

Ab dem 25. Mai 2018 gilt in ganz Europa die **EU-Datenschutz-Grundverordnung**[1] (kurz: EU-DS-GVO bzw. DS-GVO). Die Verordnung wird wesentliche Teile des Datenschutzrechts in Europa vereinheitlichen. Sie enthält viele aus dem Bundesdatenschutzgesetz (BDSG) bereits bekannte Konzepte (z.B. den Datenschutzbeauftragten), aber auch viele neue Konzepte (z.B. Datenschutz durch Technikgestaltung und durch datenschutzfreundliche Voreinstellungen), die bis Mai 2018 umgesetzt sein müssen.

Die **Verordnung gilt für alle Unternehmen und deren Niederlassungen in der Union,** die **personenbezogene Daten verarbeiten** (also Daten von identifizierbaren natürlichen Personen). Sie gilt ferner für Unternehmen mit Sitz außerhalb der Europäischen Union, sofern die Verarbeitung von personenbezogenen Daten im Zusammenhang mit dem Angebot von Waren oder Dienstleistungen in der Union steht oder das Verhalten von natürlichen Personen in der Union beobachtet wird (z.B. im Internet).

Diese Handlungshilfe richtet sich an **Unternehmen der Privatwirtschaft**, die als sog. „Verantwortlicher" (bisher: „Verantwortliche Stelle") personenbezogene Daten verarbeiten. „Verantwortlicher" im Sinne der Verordnung ist die natürliche oder juristische Person, die „über die Zwecke und Mittel der Verarbeitung personenbezogener Daten entscheidet". Nicht im Fokus dieser Handlungshilfe steht der sog. „Auftragsverarbeiter", der Daten im Auftrag eines Verantwortlichen verarbeitet.

Sie soll insbesondere den kleinen und mittelständischen Unternehmen (KMU) einen Einstieg in die Materie erleichtern und bietet einen **ersten Überblick über notwendige Schritte zur Umsetzung** der Verordnung. Dabei erhebt sie keinen Anspruch auf Vollständigkeit, sie ist vielmehr eine erste Orientierung.

1.2 Was beinhaltet diese Handlungshilfe und was nicht

Die Handlungshilfe gliedert sich in drei Teile: Teil I ist eine Einführung in die DS-GVO, Teil II beschreibt die erforderlichen Maßnahmen zur Sicherstellung der Datenschutz-Compliance durch den Verantwortlichen und Teil III stellt die Überwachung der Datenschutz-Compliance durch die Aufsichtsbehörden dar. Datenschutz-Compliance wird als Übereinstimmung des praktischen Handelns mit den datenschutzrechtlichen Vorschriften verstanden. Auf dem Weg dahin gibt es einen **zweistufigen Ansatz zur Risikoreduktion**: Zum einen geht es um die Einhaltung von Datenschutzvorschriften und das Vermeiden von Datenschutzverstößen als Compliance-Thema zur Risikominimierung aus Sicht des Verantwortlichen bzw. Unternehmens durch datenschutzkonformes Handeln (= Vermeidung von Compliance-Risiken für den Verantwortlichen). Zum anderen sollte der Verantwortliche bzw. das Unternehmen sein datenschutzkonformes Handeln (im Wesentlichen) an dem Inte-

---
[1] S. ABL. EU 2016 L 119/1.

1 Einleitung

resse der Betroffenen ausrichten. Das heißt Schaffung von Transparenz, Sicherstellung der Betroffenenrechte und Vermeidung von Risiken für die Rechte und Freiheiten der Betroffenen (= Vermeidung von Datenschutzrisiken für die Betroffenen).

Teil I gibt eine kurze Einführung in die DS-GVO (Kapitel 2) und erläutert ihre wesentlichen Anforderungen an den Verantwortlichen (Kapitel 3). Besonderes Augenmerk wird dabei auf die zukünftigen Anforderungen der Rechenschaftspflicht (*„Accountability"*) und deren Nachweis gelegt.

Der Fokus der Handlungshilfe ist das „Was ist zu tun". Sie kann nicht bereits das „Wie ist es zu tun" adressieren, da dies stark von den Gegebenheiten im Unternehmen und der individuellen Verarbeitung abhängt. Für den Verantwortlichen wird das in Teil II beschrieben: Das „Was ist zu tun" umfasst die Gestaltung einer Aufbauorganisation für die Etablierung einer effektiven Datenschutz-Governance (Kapitel 4) und die dargestellten Kernprozesse „Verarbeitung personenbezogener Daten", „Sicherstellung der Betroffenenrechte" und „Handhabung von Datenschutzverletzungen" (Kapitel 5). Kapitel 6 beleuchtet prozessübergreifend den risikobasierten Ansatz der DS-GVO. Die Dokumentation ist ein elementarer Baustein für die Einhaltung und Nachweiserbringung der DS-GVO (Kapitel 7). Ein entscheidender Faktor für eine wirksame Sicherstellung des Datenschutzes spielt der Mensch, der durch geeignete Maßnahmen über das notwendige Bewusstsein und die Fähigkeiten verfügen sollte (Kapitel 8). Datenschutzaudits sollen die Wirksamkeit der technischen und organisatorischen Maßnahmen überprüfen; Datenschutzzertifikate stellen dabei eine Sonderform dar (Kapitel 9). Zur dauerhaften und systematischen Erfüllung der Rechenschaftspflicht bietet sich ein Datenschutz-Managementsystem an (Kapitel 10).

Teil III (Überwachung der Datenschutz-Compliance) beschreibt in Kapitel 11 die Rolle und Aufgaben der Aufsichtsbehörde. Die in Kapitel 12 enthaltenen Prüffragen sollen einen Eindruck vermitteln, wie Aufsichtsbehörden im Rahmen von Prüfungen die Einhaltung der DS-GVO kontrollieren könnten. Das Buch schließt in Kapitel 13 mit einem Ausblick für Verantwortliche und Aufsichtsbehörden und bietet Verantwortlichen einen Vorschlag, wie sie ihrer Rechenschaftspflicht nachkommen können.

2 Allgemeines zur DS-GVO

Die Datenschutz-Grundverordnung ist ab dem 25. Mai 2018 in Europa und damit auch **in Deutschland unmittelbar anzuwendendes Recht**. Dies bedeutet, dass es in den dort geregelten Bereichen kein abweichendes nationales Recht geben kann, soweit die Verordnung nicht Öffnungsklauseln für Mitgliedstaaten beinhaltet. Solche Öffnungsklauseln sind z.B. gegeben, soweit es um öffentliche Interessen, Datenschutzbeauftragte, Medien oder um Beschäftigtendatenschutz geht.

Die **Artikel** der Verordnung sind dabei immer auch im Zusammenhang mit den **Erwägungsgründen** (ErwGr.) zu lesen. Anders als eine deutsche Gesetzesbegründung sind die Erwägungsgründe integraler Bestandteil der Verordnung. Dementsprechend empfiehlt sich bei einer Lektüre der Verordnung immer auch die Prüfung, ob gegebenenfalls die Erwägungsgründe weitere Ausführungen zu bestimmten Pflichten oder Definitionen enthalten oder gelegentlich Themen nur in den Erwägungsgründen angesprochen sind (wie z.B. die Videoüberwachung in ErwGr. 91).

Die Verordnung betont die sog. **Rechenschaftspflicht des Verantwortlichen** dafür, dass die Regelungen der Verordnung im Unternehmen eingehalten werden (Art. 5 Abs. 2, Art. 24 Abs. 1).[2] Dies bedeutet, dass das **Unternehmen den Nachweis erbringen können muss, dass es die Anforderungen umgesetzt hat**. Neu ist insoweit insbesondere die Nachweispflicht auch für die Wirksamkeit der umgesetzten Maßnahmen (ErwGr. 74). **Der Datenschutz wird somit zu einer kontinuierlichen Verpflichtung zur Überwachung und Verbesserung von Maßnahmen zu seiner Einhaltung.** Aus diesem Grund geht die Handlungshilfe vom sog. PDCA-Zyklus aus („Plan-Do-Check-Act", zu deutsch: „Planung-Betrieb-Bewertung-Verbesserung"), der aus dem Qualitätsmanagement[3] bekannt ist. Diese Handlungshilfe gibt insoweit (hoffentlich) wertvolle Hinweise dafür, was zur dauerhaften Umsetzung des Datenschutzes im Unternehmen zu beachten ist. Datenschutz ist keine einmalige Übung, sondern sollte Teil sämtlicher relevanter Prozesse im Unternehmen sein.

---

[2] Zur Rechenschaftspflicht siehe *Art. 29-Datenschutzgruppe*, Stellungnahme 3/2010 zum Grundsatz der Rechenschaftspflicht (WP 173), 2010 und Die Zukunft des Datenschutzes (WP 168), 2009; *OECD*, The OECD Privacy Framework, 2013, S. 16.
[3] Insbesondere die ISO-Standards der 9000er Serie zu Qualitätsmanagementsystemen.

3 Wesentliche Anforderungen der DS-GVO an den Verantwortlichen

Dieses Kapitel erläutert zunächst die wesentlichen Vorschriften und die daraus resultierenden Prozesse für Unternehmen als Verantwortliche. Nach einer Darstellung der rechtlichen Anforderungen (Kapitel 3.1) wird erläutert, wie diese in einen kontinuierlichen Prozess in Form des PDCA-Zyklus im Unternehmen umgesetzt werden können (Kapitel 3.2) und welche organisatorischen Rahmenbedingungen erforderlich sind (Kapitel 3.3).

3.1 Wesentliche Datenschutzvorschriften der DS-GVO

Die Grundanforderungen an den Verantwortlichen sind zunächst in Art. 5 Abs. 2 und Art. 24 Abs. 1 geregelt. Art. 5 Abs. 2 bestimmt, dass der **Verantwortliche für die Einhaltung der Grundsätze der Verarbeitung personenbezogener Daten verantwortlich** ist und dies nachweisen können muss (*„Rechenschaftspflicht"*). Damit ist die Einhaltung der in Art. 5 Abs. 1 geregelten materiell-rechtlichen Vorgaben gemeint, also der folgenden Grundsätze:

- Rechtmäßigkeit, Verarbeitung nach Treu und Glauben, Transparenz
- Zweckbindung
- Datenminimierung
- Richtigkeit der Daten
- Speicherbegrenzung
- Integrität und Vertraulichkeit

Art. 24 Abs. 1 formuliert die **Pflichten des Verantwortlichen im Hinblick auf die zu ergreifenden technischen und organisatorischen Maßnahmen**. Erforderlich sind Maßnahmen, um *„sicherzustellen und den Nachweis erbringen zu können, dass die Verarbeitung gemäß dieser Verordnung erfolgt"*. Diese Maßnahmen sind erforderlichenfalls zu überprüfen und zu aktualisieren.

Von diesem Grundverständnis ausgehend sind die **wesentlichen Umsetzungserfordernisse für Unternehmen in den Art. 12 bis 23 (Rechte der Betroffenen) und in den Art. 24 bis 43 (Verantwortlicher und Auftragsverarbeiter)** geregelt. Dies zeigt anschaulich die nachfolgende Übersicht:

3.2 Wesentliche Datenschutzprozesse (Ablauforganisation)

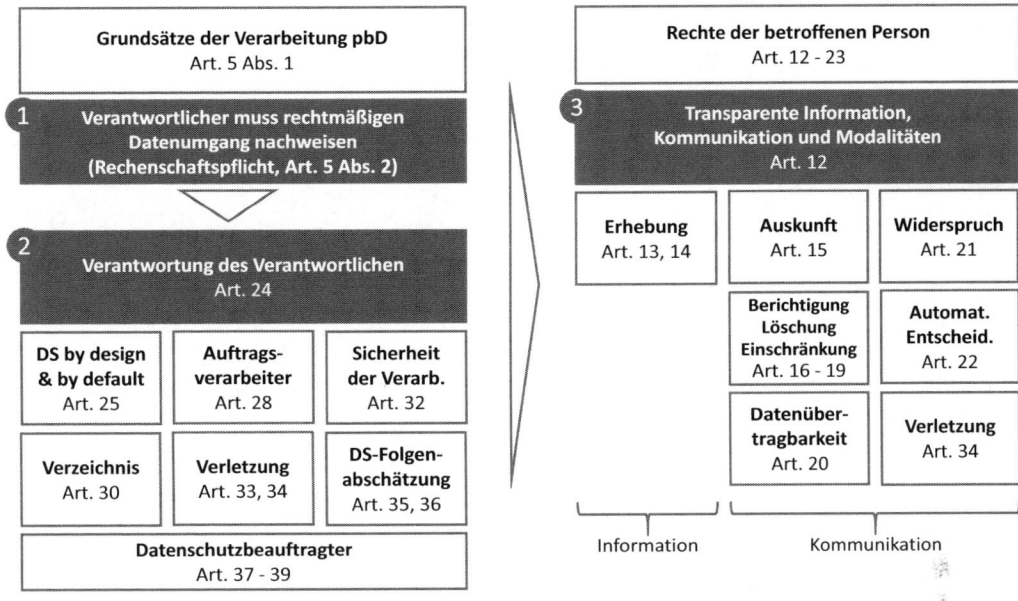

Abbildung 1: Wesentliche Datenschutzvorschriften

Hinzu kommen noch die Vorschriften, die bei einer Übermittlung in ein Drittland (also ein Nicht-EU- bzw. EWR-Mitgliedsland) berücksichtigt werden müssen (Art. 44 bis 49).

3.2 Wesentliche Datenschutzprozesse (Ablauforganisation)

Die Umsetzung des Datenschutzes kann aus Unternehmenssicht in drei Kernprozesse[4] unterteilt werden:

– **Datenschutzkonforme Datenverarbeitung**

– **Sicherstellung der Betroffenenrechte**

– **Handhabung von Datenschutzverletzungen**

Im Einzelnen zu den drei Kernprozessen:

Im Zentrum jeder datenschutzrechtlichen Betrachtung steht zunächst die Verarbeitung der personenbezogenen Daten. Diese muss rechtlich zulässig sein. Dementsprechend betrachtet diese Handlungshilfe den Prozess **„Datenschutzkonforme Verarbeitung"** als einen der drei Kernprozesse. Risikobeurteilung, Datenschutz-Folgenabschätzung und Überprüfung der Wirksamkeit der technischen und organisatorischen Maßnahmen sind bspw. Unterprozesse zu diesem Kernprozess. Daneben steht der Kernprozess der Umsetzung der Betroffenenrechte (z.B. Recht auf Auskunft). Auch dieser Prozess ist in den Unternehmens-

---

4 Unter einem Prozess wird eine Menge logisch verknüpfter Einzeltätigkeiten (Aufgaben, Aktivitäten) verstanden, die ausgeführt werden, um ein bestimmtes Ziel zu erreichen, z.B. Gewährleistung der datenschutzkonformen Verarbeitung, Sicherstellung der Betroffenenrechte oder der datenschutzgerechten Handhabung von Datenschutzverletzungen. Er wird durch ein definiertes Ereignis ausgelöst, z.B. neu geplante Datenverarbeitung, Auskunftsersuchen eines Betroffenen oder im Fall einer Datenschutzverletzung. Ein Verfahren hingegen ist ein geregelter, in einzelne Schritte zerlegbarer, nachvollziehbarer und wiederholbarer Ablauf.

3 Wesentliche Anforderungen der DS-GVO an den Verantwortlichen

alltag zu integrieren. Im Fokus der Betrachtung steht dabei der Betroffene. Wir nennen diesen Prozess nachfolgend **„Sicherstellung der Betroffenenrechte"**.

Schließlich ist ein dritter Kernprozess zur Einhaltung der datenschutzrechtlichen Bestimmungen erforderlich, nämlich das Vorgehen bei sog. **„Datenschutzverletzungen"**. Gemeint ist die gesetzlich in Art. 4 Nr. 12 definierte „Verletzung des Schutzes personenbezogener Daten", welche gem. den Art. 33 bis 34 Melde- und Benachrichtigungspflichten auslösen kann. Eine Verletzung liegt vor, wenn die Sicherheit der Daten verletzt wurde und dies zu einer Vernichtung, einem Verlust, zur Veränderung oder zur unbefugten Offenlegung der oder zum unbefugten Zugang zu personenbezogenen Daten geführt hat. Die prozessorientierte Umsetzung dieser Vorgaben ist besonders plastisch: Nur, wenn das Unternehmen Vorkehrungen getroffen hat, die sicherstellen, dass eine Datenschutzverletzung rechtzeitig bemerkt, adressiert und gemeldet wird, ist eine Einhaltung der Vorgaben in den Art. 33 bis 34 möglich.

Die nachfolgende Übersicht zeigt, dass auf alle drei Kernprozesse das **PDCA-Modell** mit den Phasen Planung, Betrieb, Bewertung und Verbesserung Anwendung findet. Was dies im Einzelnen bedeutet, wird in den Kapitel 3.2 bis 3.4 erläutert.

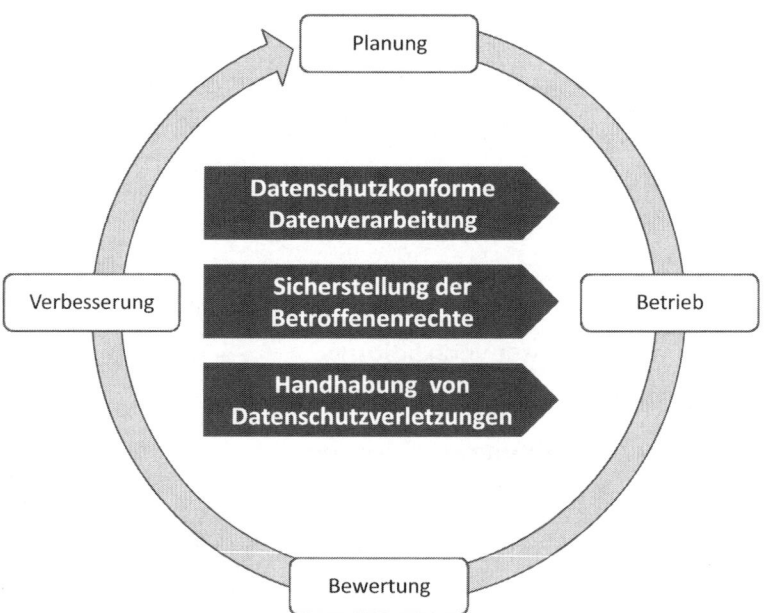

Abbildung 2: Datenschutzkernprozesse und PDCA-Zyklus

3.3 Wesentliche Datenschutzstrukturen (Aufbauorganisation)

Neben den Datenschutzprozessen, die die Abläufe regeln, bedarf es bestimmter organisatorischer Strukturen, um die Einhaltung der Datenschutzanforderungen sicherzustellen. Die wesentlichen Elemente, die die Aufbauorganisation festlegt, sind:

- **Datenschutzziele**
- **Datenschutz-Governance-Struktur** sowie
- **Datenschutzleitlinie**

Im Einzelnen zu den drei Hauptelementen:

Die **Datenschutzziele** leiten sich aus dem Sinngehalt der Datenschutzgesetze ab und dienen zur Steuerung des Datenschutzes im Unternehmen. Die Datenschutzziele müssen durch die Geschäftsleitung als Unternehmensziele bestimmt werden. Sie sind wiederum ein wesentlicher Bestandteil der Datenschutzleitlinie.

Die **Datenschutz-Governance-Struktur** ist ein Steuerungsansatz für den Datenschutz und definiert Rollen und Verantwortlichkeiten in Abhängigkeit von den organisatorischen Rahmenbedingungen.

Die **Datenschutzleitlinie** ist eine Selbstverpflichtung des Unternehmens, in der sich das Unternehmen selbstgewählte Datenschutzziele auferlegt. Sie enthält die Governance-Struktur zur Zuweisung der Verantwortlichkeiten und wird von der Geschäftsleitung verabschiedet. Die nachfolgende Übersicht zeigt den Zusammenhang der Aufbau- und Ablauforganisation auf. Die Elemente der Datenschutzaufbauorganisation werden in Kapitel 4 näher behandelt.

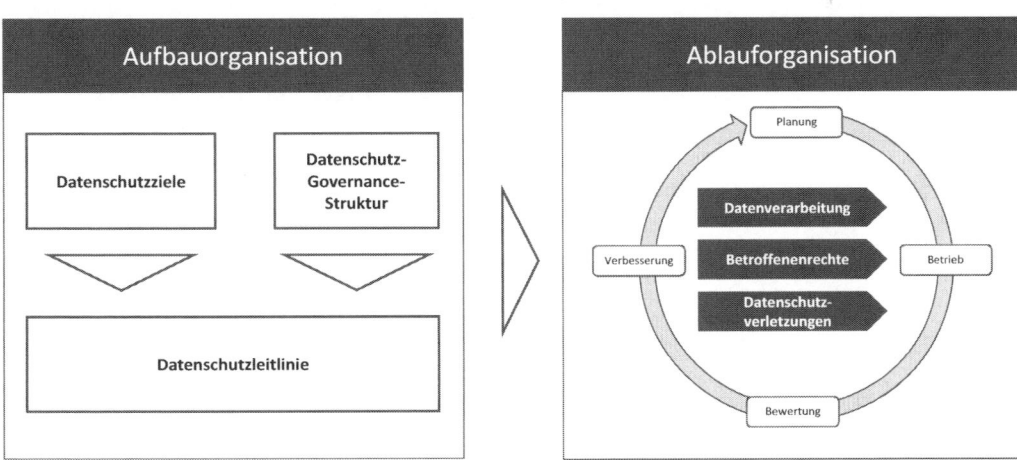

Abbildung 3: Datenschutzaufbau- und -ablauforganisation

Teil II:

Sicherstellung der Datenschutz-Compliance

4 Datenschutzstrukturen (Aufbauorganisation)

Der „Verantwortliche" ist für die Einhaltung der DS-GVO verantwortlich. Er muss diesen Umstand gegenüber der Aufsichtsbehörde nachweisen können (Art. 5 Abs. 2 i.V.m. Art. 58). Der „Verantwortliche" ist dabei die natürliche oder juristische Person, die über die Zwecke und Mittel der Verarbeitung entscheidet (Art. 4 Nr. 7), also auch ein Unternehmen, das unabhängig von seiner Rechtsform eine wirtschaftliche Tätigkeit ausübt (Art. 4 Nr. 18). Das Unternehmen wird rechtlich durch die Geschäftsführung vertreten. Deshalb richten sich Anforderungen an die Einhaltung des Datenschutzes durch das Unternehmen auch direkt an die Geschäftsführung. Dies ergibt sich zum einen bereits aus § 93 AktG und § 43 GmbHG, wonach die Geschäftsführung bzw. Vorstandsmitglieder bei ihrer Geschäftsführung die Sorgfalt eines ordentlichen und gewissenhaften Geschäftsleiters anzuwenden haben. Zum anderen geht das Ordnungswidrigkeitengesetz in § 130 OWiG von einer Haftung des Betriebsinhabers aus, der vorsätzlich oder fahrlässig Aufsichtsmaßnahmen unterlässt, die erforderlich sind, um im Unternehmen Pflichtverletzungen zu verhindern.[5]

Bei einem Unternehmen ist dementsprechend die **Geschäftsführung gegenüber der Aufsichtsbehörde rechenschaftspflichtig** und nicht der Datenschutzbeauftragte (DSB). Der Datenschutzbeauftragte überwacht nach Art. 39 Abs. 1 lit. b die Einhaltung der Datenschutzvorschriften, der Strategien des Unternehmens einschließlich der Zuweisung von Zuständigkeiten, die Sensibilisierung und Schulung von Mitarbeitern sowie die Überprüfungen der Einhaltung der DS-GVO. Es ist aber allein Aufgabe der Geschäftsführung, derartige Strategien und Zuständigkeiten festzulegen sowie für Schulungen und Überprüfungen zu sorgen. Die Geschäftsführung sollte daher geeignete Maßnahmen ergreifen, um ihrer Verpflichtung – im Sinne der *Corporate Governance*, d.h. einer verantwortungsvollen Unternehmensführung – mit der Sorgfalt eines ordentlichen und gewissenhaften Geschäftsleiters gerecht zu werden. Eine wichtige Rolle zur organisatorischen Ausgestaltung spielt dabei eine *„Datenschutzleitlinie"*. Dies ist eine Selbstverpflichtung der Geschäftsführung, die Datenschutzvorschriften einzuhalten. Es empfiehlt sich hierfür folgendes Vorgehen:

– Ermittlung und Festlegung der übergeordneten **Datenschutzziele**

– Verteilung der Verantwortlichkeiten bzgl. der Zielsetzung über eine **Datenschutz-Governance-Struktur**

– Dokumentation der Ergebnisse in einer **Datenschutzleitlinie**, die von der Geschäftsleitung verabschiedet wird und dadurch die Datenschutzziele an die Unternehmensziele knüpft

4.1 Datenschutzziele

Für den Datenschutz – wie auch für andere Unternehmensbereiche, wie z.B. Vertrieb, Finanzen, Informationssicherheit – sollte die Geschäftsführung Ziele definieren, um die an-

---

[5] Rogall, OWiG § 130 Verletzung der Aufsichtspflicht in Betrieben und Unternehmen, in: Karlsruher Kommentar zum OWiG, 4. Auflage 2014, Rn. 39-50.

4 Datenschutzstrukturen (Aufbauorganisation)

gestrebte Grundausrichtung festzulegen. Die Datenschutzziele sollten als Teil der Unternehmensziele insgesamt betrachtet werden.

Abbildung 4: Datenschutzziele als Teil der Unternehmensziele

Für die Zieldefinition ist zu ermitteln, welche externen und internen Anforderungen maßgeblich sind. Dabei ist zu beachten, dass u.U. mehrere Datenschutzgesetze relevant sind, d.h. dass neben der DS-GVO weitere nationale Spezialgesetze Anwendung finden können, z.B. das Telekommunikationsgesetz (TKG) oder das Telemediengesetz (TMG). Bei einer Unternehmensgruppe mit Niederlassungen oder konzernangehörigen Unternehmen im Ausland sind ferner die jeweils dort geltenden lokalen Datenschutzgesetze zusätzlich zu berücksichtigen. Beispielsweise wird es insbesondere im Arbeitsrecht so sein, dass selbst innerhalb der EU lokale Besonderheiten gelten. Denn hier gestattet Art. 88 der DS-GVO explizit nationale Regelungen für Beschäftigtendaten.

Dies vorausgeschickt, sollte sich die Zieldefinition an den Datenschutzgrundsätzen des führenden Gesetzes (*„leading law"*) ausrichten. Dies wären bei der DS-GVO als führende Vorschrift gemäß Art. 5 Abs. 1:

- Rechtmäßigkeit, Verarbeitung nach Treu und Glauben, Transparenz
- Zweckbindung
- Datenminimierung
- Richtigkeit
- Speicherbegrenzung
- Integrität und Vertraulichkeit

Diese Grundsätze sollten spezifisch auf das Unternehmen bezogen, d.h. *„mit Leben gefüllt"* und im betrieblichen Umfeld verankert werden. So auch bereits die Art. 29-Gruppe:

„Solange der Datenschutz nicht Teil der gemeinsamen Werte und Praktiken einer Organisation wird, und solange die Verantwortung für den Datenschutz nicht ausdrücklich zugewiesen wird, ist die tatsächliche Einhaltung der Vorschriften gefährdet und es wird weiterhin zu Pannen kommen."[6]

Als strategische Ausrichtung sollte festgelegt werden, ob bei der Umsetzung von Datenschutz eine größtmögliche Compliance mit den gesetzlichen Vorschriften angestrebt wer-

---

[6] *Art. 29-Datenschutzgruppe*, Die Zukunft des Datenschutzes, WP 168, S. 19, 2009.

den soll (**Compliance-Ansatz**) oder möglicherweise über die gesetzlichen Vorschriften hinaus, z.B. aus Gründen von Wettbewerbsvorteilen, zusätzliche Anforderungen eingehalten werden sollen.

Bei der Definition der Datenschutzziele sollten die wichtigsten datenschutzrechtlichen Risiken berücksichtigt werden, **die über die Umsetzung der Datenschutzziele verringert werden sollen (Compliance-Risiko,** s.a. Kapitel 6.3.2). Da die Risikosituation des Unternehmens Veränderungen unterliegt, sollten auch die Datenschutzziele regelmäßig überprüft werden (z.B. jährlich in Absprache mit der Geschäftsführung).

Datenschutzziele können möglicherweise zu anderen Unternehmenszielen kongruent sein, sich ergänzen, konkurrieren bzw. zu einem Zielkonflikt führen. Beispielsweise stehen die Datenschutzgrundsätze Zweckbindung und Datenminimierung mit Forderungen aus dem Marketing zur umfassenden Nutzung von Kundendaten für Segmentierung, Profilbildung und weiteren Analysen im Zielkonflikt zueinander. Durch die Formulierung von Prinzipien, wie z.B. „Die Einhaltung rechtlicher Vorschriften hat Vorrang vor geschäftlichen Anforderungen.", lassen sich Zielkonflikte z.T. vermeiden bzw. überwinden.

4.2 Datenschutz-Governance-Struktur

Zur effektiven Sicherstellung der Datenschutzvorschriften müssen die „strategischen" Datenschutzziele in geeigneter Art und Weise in ein System aus Rollen und Verantwortlichkeiten übertragen werden. Ein derartiges System nennt sich **Governance-Struktur**. Durch diese lässt sich der Datenschutz im Unternehmen operationalisieren. Der Verantwortliche kann so über die Konzeption, Implementierung, Durchführung und Überwachung seiner Verantwortung gerecht werden.

Die rechtliche Verantwortung für die Einhaltung der Datenschutzvorschriften liegt allein beim Unternehmen als Verantwortlichem (Art. 5 Abs. 2) und damit bei der Geschäftsführung (externe Verantwortung). Intern kann bzw. muss die Verantwortung für eine effektive Einhaltung des Datenschutzes auf verschiedene Ressourcen bzw. Organisationseinheiten verteilt werden (interne Verantwortung).

Die Datenschutz-Governance-Struktur sollte so gestaltet sein, dass jeder Beteiligte auf angemessene Art und Weise die Umsetzung der Datenschutzziele fördern kann. Sie ist dabei als **Steuerungsinstrument der Geschäftsführung** zu verstehen. Es geht dabei explizit nicht um die Auslagerung der Verantwortung für die Einhaltung der Datenschutzvorschriften, diese bleibt immer beim Unternehmen als Verantwortlichem und kann von der Geschäftsleitung nicht delegiert werden.

Die Ausgestaltung der Governance-Struktur ist abhängig von der spezifischen Unternehmenssituation (z.B. Unternehmensgröße). Bei der Ausgestaltung sollte man bestehende Strukturen anderer Managementsysteme (z.B. Qualitäts- und Informationssicherheitsmanagementsysteme)[7] nutzen. Die existierende Organisationsstruktur sollte auf ihre Eignung für die Zuweisung von Verantwortlichkeiten für die Datenschutz-Governance-Struktur

---

7 Qualitätsmanagementsystem (QMS) nach ISO 9001 oder Informationssicherheitsmanagementsystem (ISMS) nach ISO 27001.

4 Datenschutzstrukturen (Aufbauorganisation)

analysiert werden. Die Governance-Struktur kann von einer Ein-Personen-Lösung bis hin zu einem mehrstufigen Rollenkonzept reichen.

Eine genaue Beschreibung sollte entwickelt und im Sinne einer kontinuierlichen Verbesserung regelmäßig überprüft und aktualisiert werden. Grundsätzlich sollten folgende Aspekte berücksichtigt werden:

- Zuweisung der Verantwortlichkeit für den Datenschutz
- Geeignete Arbeitsteilung und Einsatz qualifizierter Ressourcen
- Zentrale und dezentrale Verteilung der Aufgaben

Unabdingbar für eine erfolgreiche Ausgestaltung ist die Unterstützung durch das Top-Management (*„tone from the top"*).

Zu den Punkten im Einzelnen:

Zuweisung der Verantwortlichkeit für den Datenschutz

In jedem Unternehmen bedarf es – unabhängig von einer Bestellpflicht eines Datenschutzbeauftragten (Art. 37) – eines **Verantwortlichen für den Datenschutz**. Dieser sollte Mitglied der Geschäftsführung oder dieser unmittelbar unterstellt sein. Er ist nicht identisch mit dem Datenschutzbeauftragten (DSB). Der DSB stellt im Wesentlichen aufgrund seiner ihm zugewiesenen Aufgaben nach der DS-GVO ein unternehmenseigenes Kontrollorgan dar (Art. 39). Davon unabhängig ist der (mit Entscheidungs- und Vollzugskompetenz auszustattende) Verantwortliche für Datenschutz für die Einhaltung der Datenschutzziele verantwortlich.

Geeignete Arbeitsteilung und Einsatz qualifizierter Ressourcen

Je nach Art und Umfang der Datenverarbeitung, Größe des Unternehmens sowie daraus resultierendem Umfang der notwendigen Datenschutzaufgaben ist zusätzlich zum Verantwortlichen für den Datenschutz der Einsatz von weiteren qualifizierten Ressourcen erforderlich. Mögliche Governance-Rollen können sein:

- Verantwortlicher für den Datenschutz, z.B. ein Mitglied der Geschäftsführung
- Datenschutzbeauftragter
- Datenschutzkoordinatoren, -vertreter bzw. weitere Datenschutz-Multiplikatoren

Die geeignete Verteilung der Aufgaben sollte dabei auch unter Gesichtspunkten der Effizienz erfolgen.

Zentrale und dezentrale Verteilung der Aufgaben

Bei Unternehmen mit mehreren Standorten oder Konzernen sollte die Frage geklärt werden, welche Datenschutztätigkeiten zentral oder dezentral erledigt, d.h. wie die Entscheidungsbefugnisse der einzelnen Datenschutzaufgaben auf die jeweiligen Organisationseinheiten verteilt werden sollen, um den definierten Datenschutzzielen am effektivsten gerecht zu werden.

Die Konzeption einer unternehmensspezifischen Governance-Struktur setzt Folgendes voraus:

- Detaillierte Kenntnisse der Organisationsstrukturen
- Beziehung der Fachbereiche untereinander
- Überwindung von Widerständen durch die Einbindung und Unterstützung des Top-Managements (Promoter)
- Enge Kommunikation mit dem Management der Fachbereiche
- Werbung für die Notwendigkeit von Datenschutz (Datenschutzziele) und einer effektiven Datenschutz-Governance

Das Ziel der Governance ist die bestmögliche Umsetzung der Datenschutzziele durch geeignete Verteilung der Aufgaben. Dabei sollten sich diese an den bestehenden Organisationsformen orientieren und kein vollständig neues System etablieren. Der Datenschutz sollte vielmehr in die bestehenden Unternehmensstrukturen und -prozesse integriert werden.

4.3 Datenschutzleitlinie

Eine Datenschutzleitlinie[8] dokumentiert die Ergebnisse der definierten Datenschutzziele und der Governance-Struktur zur Umsetzung dieser Ziele. Sie ist eine **Selbstverpflichtung des Unternehmens zur Umsetzung des Datenschutzes,** die außerdem verbindliche Rahmenvorgaben dafür aufstellt. Mit einer Datenschutzleitlinie drückt die Geschäftsführung ihre Verantwortung für den Datenschutz aus und hält die obersten Datenschutzziele für das Unternehmen fest. Mit Einführung der Datenschutzleitlinie werden die festgelegten Datenschutzziele zu einem Teil des Unternehmensleitbildes und müssen von allen Mitarbeitern angestrebt werden.

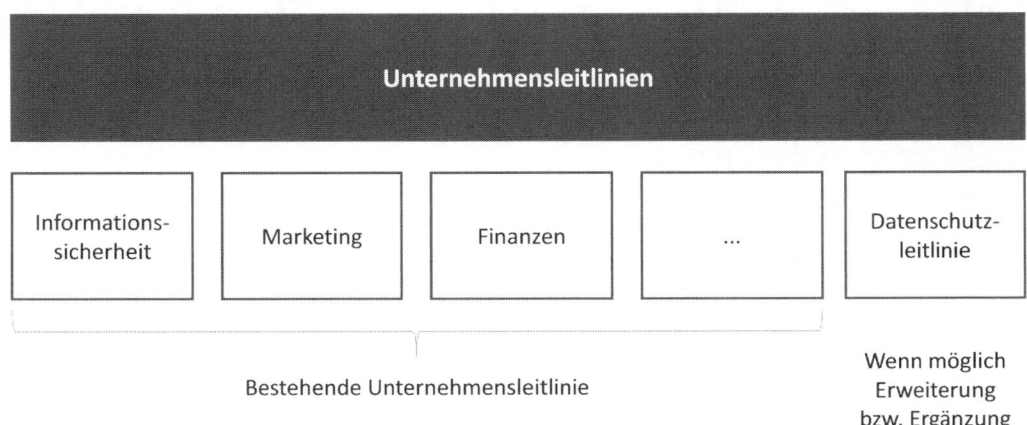

Abbildung 5: Datenschutzleitlinie als Teil der Unternehmensleitlinien

---

8 Bei einer Unternehmensleitlinie handelt es sich um ein System von aufeinander abgestimmten Grundsätzen, mit denen das Unternehmen sich in seinen Zielen, Besonderheiten und Stärken sowie seiner Rolle gegenüber der Außenwelt selbst beschreibt.

4 Datenschutzstrukturen (Aufbauorganisation)

Eine Datenschutzleitlinie gibt den strategischen Rahmen vor, wie der Datenschutz operativ umzusetzen ist (z.B. mittels eines Datenschutz-Managementsystems – DSMS, s. Kapitel 10). Sie enthält keine detaillierten Arbeitsschritte. Die operative Ergänzung zur Leitlinie stellt z.B. ein Datenschutzhandbuch dar, welches auf weitere Dokumente verweist (s. Kapitel 7).

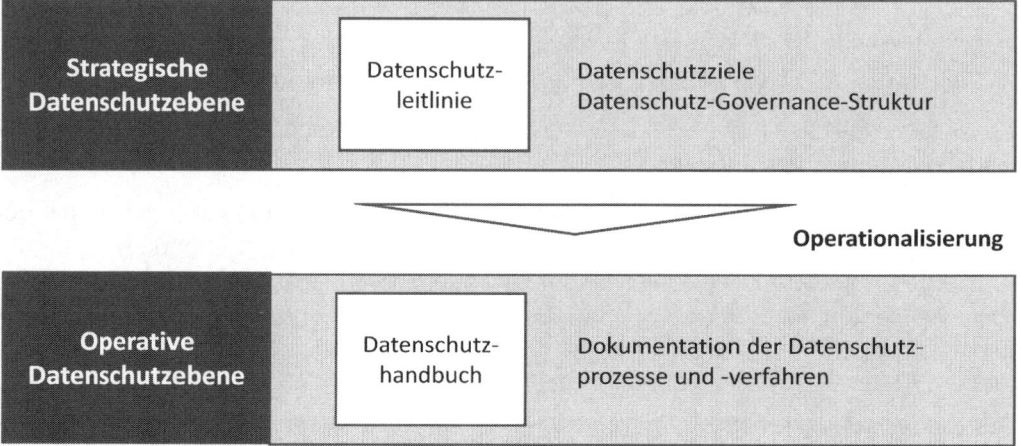

Abbildung 6: Strategische und operative Ebene des Datenschutzes

Eine Datenschutzleitlinie (= Selbstverpflichtung zur Umsetzung der Datenschutzziele) könnte wie folgt inhaltlich strukturiert sein:

- Kurzbeschreibung der Datenschutzleitlinie
- Einführung / Motivation
- Anwendungsbereich
- Benennung der Vorschriften (gesetzlich) und sonstige Grundlagen für die Ableitung der Datenschutzziele
- Datenschutzziele des Unternehmens
- Governance-Struktur
- Verweis auf die operative Umsetzung (z.B. mittels eines DSMS)
- Konsequenzen bei Verstößen
- Dokumentenlenkung (Eigentümer, Revisionszyklen, Definitionen etc.)

5 Datenschutzprozesse (Ablauforganisation)

5.1 Kernprozess: „Datenschutzkonforme Datenverarbeitung"

Bei dem Prozess der datenschutzkonformen Datenverarbeitung stellt sich die Frage, welche Anforderungen ein Unternehmen erfüllen muss, damit die Verarbeitung personenbezogener Daten im Einklang mit der DS-GVO erfolgt. Ferner, welche Pflichten mit den Vorschriften verbunden sind und was droht, wenn diese nicht eingehalten werden.

5.1.1 Überblick Datenverarbeitung

Die Datenschutzkonformität der Datenverarbeitung ist an folgende Voraussetzungen geknüpft:

- Einhaltung der **Datenschutzgrundsätze** (Art. 5 Abs. 1, 2)
- **Rechtmäßigkeit** der Verarbeitung auf Basis einer Rechtsgrundlage (Art. 6)
- **Transparenz** bei der Erhebung durch angemessene Information der betroffenen Person (Art. 12)
- **Sicherheit der Verarbeitung** durch Umsetzung geeigneter technischer und organisatorischer Maßnahmen (Art. 24, 32)
- Datenschutzkonforme **Auftragsverarbeitung**, u.a. durch geeignete technische und organisatorische Maßnahmen (Art. 28)
- Sicherstellung des Schutzniveaus bei der **Übermittlung personenbezogener Daten in Drittländer** (Art. 44)
- **Dokumentation** der Verarbeitungstätigkeiten (Art. 30)

Nochmals in Sätzen: Zunächst bedarf jede Verarbeitung einer Rechtsgrundlage, die sich aus Art. 6 ergibt. Gleichzeitig muss das Unternehmen sicherstellen, dass eine Verarbeitung nur stattfindet, wenn der Betroffene ausreichende Informationen zur Verarbeitung erhalten hat (Art. 12). Der Verantwortliche muss zudem den Nachweis erbringen können, dass er geeignete technische und organisatorische Maßnahmen zum Schutz vor Datenschutzverletzungen ergriffen hat (Art. 24 und 32). Dazu gehört auch die sorgfältige Auswahl und Vertragsgestaltung mit einem Auftragsverarbeiter (Art. 28). Ferner besteht eine Pflicht zur Dokumentation der Verarbeitungsprozesse (Art. 30), die Aufschluss über die Rechtsgrundlage der Verarbeitung, Speicherfristen und getroffene technische und organisatorische Maßnahmen gibt. Sofern es Übermittlungen von personenbezogenen Daten in Drittländer gibt, ist für die Zulässigkeit dieses Verarbeitungsschritts zudem die Einhaltung von Art. 44 maßgeblich. Bei allen diesen Schritten ist der Verantwortliche verpflichtet, einen Nachweis dafür erbringen zu können, dass er die Verordnung einhält. Hierfür muss er z.B. im Verzeichnis der Verarbeitungstätigkeiten (Art. 30) die Rechtsgrundlage und die getroffenen technischen und organisatorischen Maßnahmen dokumentieren. Gleichzeitig muss er in der Lage sein, zu belegen, dass die Betroffenen ausreichend informiert wurden und er bei der Auswahl der technischen und organisatorischen Maßnahmen die Gegebenheiten der

5 Datenschutzprozesse (Ablauforganisation)

Verarbeitung, den Stand der Technik und die Risiken für die Betroffenen angemessen berücksichtigt hat. Die nachfolgende Abbildung zeigt dies überblicksmäßig auf:

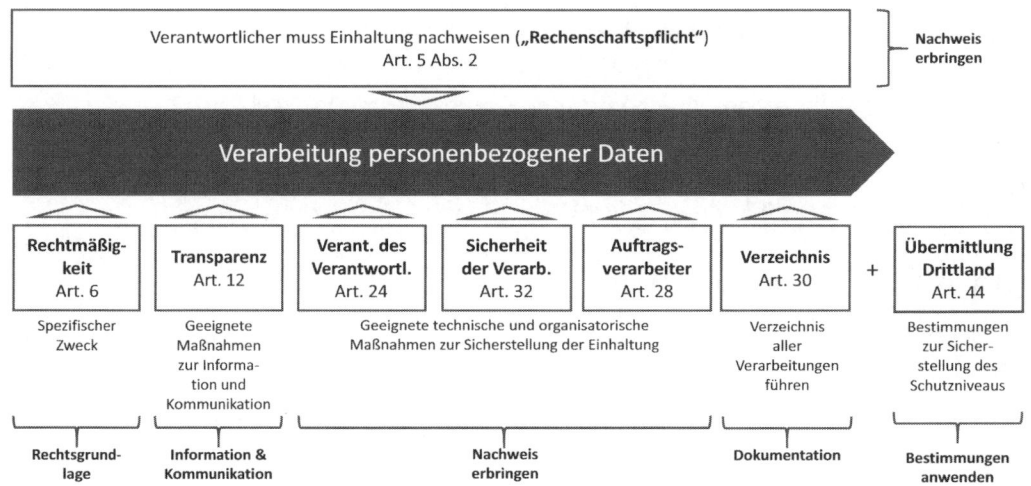

Abbildung 7: Kernprozess „Datenschutzkonforme Verarbeitung"

5.1.2 Anforderungen an die Datenverarbeitung

5.1.2.1 Einhaltung der Datenschutzgrundsätze

Bei jeder Verarbeitung trägt der Verantwortliche dafür Sorge, dass die Grundsätze für die Verarbeitung personenbezogener Daten eingehalten werden (Art. 5 Abs. 2 i.V.m. Abs. 1). Für jede Verarbeitung müssen folgende Fragen geklärt sein:

- **Rechtmäßigkeit, Verarbeitung nach Treu und Glauben, Transparenz**: Was ist die Rechtsgrundlage der Verarbeitung? Wurden die Risiken für den Betroffenen ausreichend bedacht und ist die Verarbeitung dem Betroffenen transparent erläutert worden?

- **Zweckbindung**: Sind die Zwecke der Verarbeitung festgelegt und dokumentiert? Ist sichergestellt, dass die Verarbeitung nur für die eindeutig festgelegten und dem Betroffenen mitgeteilten Zwecke erfolgt?

- **Datenminimierung**: Werden nur Daten verarbeitet, die für den festgelegten Zweck angemessen und auch wirklich erforderlich sind? Ist die Verarbeitung also auf das für die Zwecke der Verarbeitung notwendige Maß beschränkt?

- **Richtigkeit**: Sind die Daten richtig? Können unrichtige Daten unverzüglich gelöscht oder berichtigt werden?

- **Speicherbegrenzung**: Werden Daten nur so lange gespeichert, wie dies für die festgelegten Zwecke erforderlich ist? D.h. ist festgelegt, wann die Daten gelöscht werden bzw. welche Speicherfristen aufgrund welcher Rechtsgrundlage Anwendung finden? Eine „Vorratsdatenspeicherung" für etwaige zukünftige und dem Betroffenen nicht bekannte Zwecke ist unzulässig.

– **Integrität und Vertraulichkeit**: Wird eine in Bezug auf die Umstände der Verarbeitung und der Risiken für die Betroffenen angemessene Sicherheit der Daten gewährleistet?

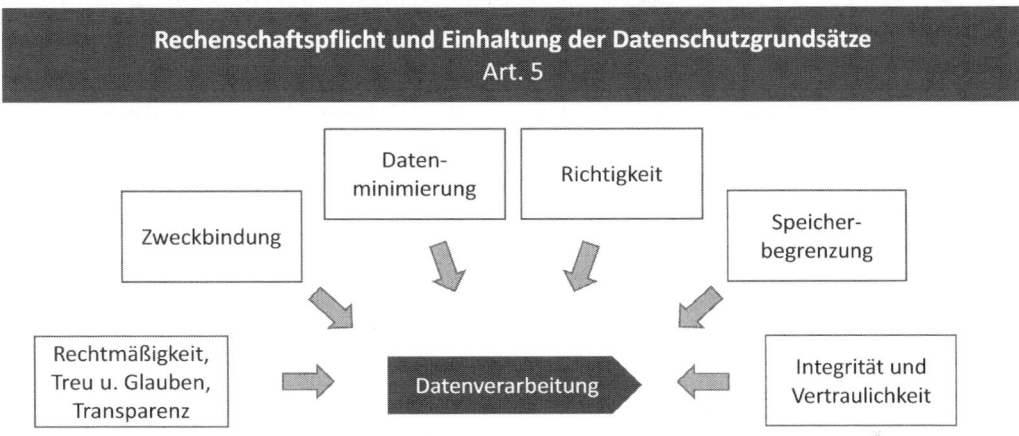

Abbildung 8: Rechenschaftspflicht (Art. 5 Abs. 2)

5.1.2.2 Rechtmäßigkeit der Verarbeitung

Grundsätzlich gilt bei der Verarbeitung von personenbezogenen Daten das **Prinzip des Verbots mit Erlaubnisvorbehalt**. Das heißt, jede Form der Verarbeitung ist verboten, es sei denn, der Betroffene hat eingewilligt oder eine gesetzliche Erlaubnis greift. Diese gesetzlichen Erlaubnistatbestände sind in Art. 6 Abs. 1 geregelt. In der Praxis am häufigsten ist wahrscheinlich eine Zulässigkeit der Verarbeitung, weil diese für Zwecke der Vertragserfüllung oder zur Wahrung berechtigter Interessen des Verantwortlichen „erforderlich" ist und nicht die Interessen der Betroffenen überwiegen. Alternativ kann die Verarbeitung auch auf eine Einwilligung gestützt werden, sofern diese freiwillig und informiert abgegeben wird.

Ohne Rechtsgrundlage keine Verarbeitung: Der Verantwortliche muss für jede Verarbeitung personenbezogener Daten die Zwecke und die damit verbundene Rechtsgrundlage feststellen. Im Verarbeitungsverzeichnis müssen die Zwecke und sollten die Rechtsgrundlagen dokumentiert werden.[9]

---

9 Zu den Dokumentationspflichten s.a. Kapitel 7.1.4.

5 Datenschutzprozesse (Ablauforganisation)

Dies zeigt die nachfolgende Übersicht auf:

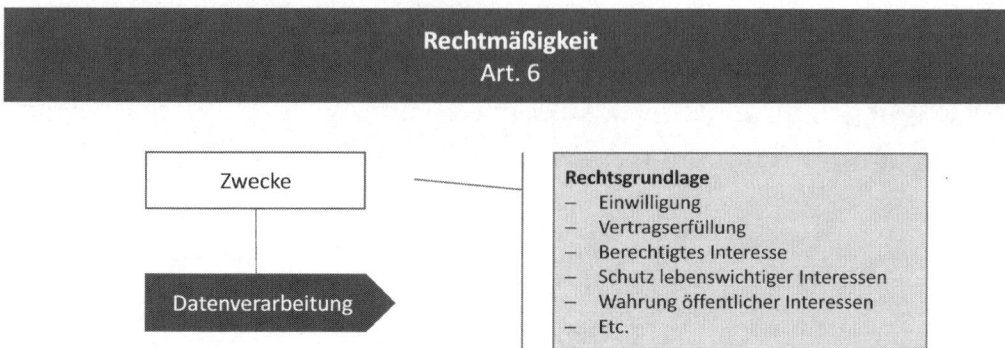

Abbildung 9: Rechtmäßigkeit (Art. 6)

5.1.2.3 Transparenz

Personenbezogene Daten können auf zwei verschiedene Arten erhoben werden:

– Direkt bei der betroffenen Person oder

– Mittelbar über einen Dritten

In Abhängigkeit von der Erhebung sind die Informationspflichten des Verantwortlichen gegenüber der betroffenen Person geregelt. Werden **Daten bei der betroffenen Person erhoben**, so muss der Verantwortliche zum Zeitpunkt der Datenerhebung die betroffene Person umfassend über die Verarbeitung informieren (Art. 13). Werden die **Daten nicht bei der betroffenen Person erhoben**, muss der Verantwortliche die betroffene Person innerhalb einer angemessenen Frist nach Erlangung der personenbezogenen Daten informieren (Art. 14).

Die Informationspflicht umfasst die folgenden Angaben:

– **Name und Kontaktdaten** des Verantwortlichen sowie ggf. seines Vertreters

– Ggf. Kontaktdaten des **Datenschutzbeauftragten**

– **Zwecke** der Verarbeitung und **Rechtsgrundlage** (Grundsatz der Rechtmäßigkeit und Zweckbindung)

– **Empfänger** bzw. Kategorien von Empfängern

– (Absicht der) **Übermittlung in ein Drittland** sowie Information dazu, wie das angemessene Schutzniveau sichergestellt wird

– **Speicherdauer** (Grundsatz der Speicherbegrenzung)

– Hinweis auf **Rechte betroffener Personen**, d.h.

  – Recht auf Auskunft (Art. 15)

  – Recht auf Berichtigung (Art. 16)

  – Recht auf Löschung (Art. 17)

- Recht auf Einschränkung (Art. 18)
- Recht auf Datenübertragbarkeit (Art. 20)
- Recht auf Widerspruch (Art. 21) → über dieses Recht ist „in einer von anderen Informationen getrennten Form" zu unterrichten, vgl. Art. 21 Abs. 4.
- **Recht auf Widerruf** einer Einwilligung
- **Recht auf Beschwerde** bei einer Aufsichtsbehörde
- **Information** dazu, ob die Bereitstellung der Daten gesetzlich oder vertraglich vorgeschrieben ist und welche möglichen Folgen die Nichtbereitstellung hätte
- Hinweis auf das Bestehen einer **automatisierten Entscheidungsfindung** (Art. 22) einschließlich der involvierten Logik sowie Tragweite und Auswirkungen
- Bei der Erhebung der personenbezogenen Daten von einem Dritten Angabe der **Quelle der Daten**

Beabsichtigt der Verantwortliche die personenbezogenen Daten später für einen **anderen Zweck** als den ursprünglich festgelegten zu verarbeiten, so erfordert dies vorab eine erneute Information des Betroffenen gem. Art. 13 Abs. 3 bzw. Art. 14 Abs. 4. Ohnehin ist eine solche Zweckänderung nur im Rahmen von Art. 6 Abs. 4 zulässig. Dieser gestattet eine Verarbeitung für einen anderen Zweck insbesondere nur dann, wenn

- die Verarbeitung nicht auf einer Einwilligung beruht und
- der neue Zweck mit dem alten Zweck „vereinbar" ist (maßgeblich ist hier insbesondere, dass eine Verbindung zwischen den Zwecken besteht, das Verhältnis zwischen Betroffenen und Verantwortlichen sowie die Art der Daten).

Der Verantwortliche sollte sicherstellen, dass seine Datenschutzinformationen den oben genannten Anforderungen entsprechen und er die **Mitteilung der Informationen nachweisen** kann.

5.1.2.4 Sicherheit der Verarbeitung

Nach Art. 24 Abs. 1 muss der Verantwortliche **geeignete technische und organisatorische Maßnahmen** umsetzen, die sicherstellen und den Nachweis erbringen, dass die Verarbeitung gemäß der Verordnung erfolgt. Dabei sind die Maßnahmen erforderlichenfalls zu überprüfen und zu aktualisieren. Welche Maßnahmen geeignet sind, bestimmt sich nach der Art, dem Umfang, den Umständen und Zwecken der Verarbeitung sowie der Schwere und Eintrittswahrscheinlichkeit der Risiken für den Betroffenen. Dieser **risikobasierte Ansatz** findet sich auch in Art. 32, der bezüglich der Sicherheit der Verarbeitung vorgibt, dass die Maßnahmen geeignet sein müssen, um ein dem Risiko angemessenes Schutzniveau zu gewährleisten. Dabei soll der Verantwortliche die folgenden Faktoren berücksichtigen:

- Stand der Technik
- Umstände und Zwecke der Verarbeitung

5 Datenschutzprozesse (Ablauforganisation)

- unterschiedliche Eintrittswahrscheinlichkeit
- Schwere des Risikos für die Rechte und Freiheiten natürlicher Personen

Dieser risikobasierte Ansatz findet sich ferner bei der **Datenschutz-Folgenabschätzung** in Art. 35. Danach muss der Verantwortliche vor der Verarbeitung eine Datenschutz-Folgenabschätzung durchführen, wenn die Verarbeitung voraussichtlich ein „hohes Risiko" für die Rechte und Freiheiten von natürlichen Personen zur Folge hat. Auch für diese Bewertung kommt es auf Art und Umfang sowie Umstände und Zwecke der Verarbeitung im Einzelfall an. Man kann im Grunde sagen, dass der Prozess der Feststellung, ob eine Datenschutz-Folgenabschätzung erforderlich ist oder nicht, bei jeder Neuaufnahme einer Verarbeitung durchzuführen ist. Ergibt die Prüfung ein voraussichtlich hohes Risiko für den Betroffenen, ist vom Verantwortlichen zu prüfen, ob er dieses Risiko durch technische oder organisatorische Maßnahmen so verringern kann, dass kein hohes Risiko mehr besteht. Für diesen Fall oder für den Fall, dass schon von Beginn an kein hohes Risiko besteht, ist keine (weitere) Datenschutz-Folgenabschätzung erforderlich. Allerdings sind die im Rahmen der Überprüfung getroffenen Erwägungen in das Verarbeitungsverzeichnis aufzunehmen. Diese Dokumentation ist wesentlich, um sich z.B. bei Datenschutzverletzungen später ggf. exkulpieren zu können.[10] Die nachfolgende Übersicht zeigt den risikobasierten Ansatz[11]:

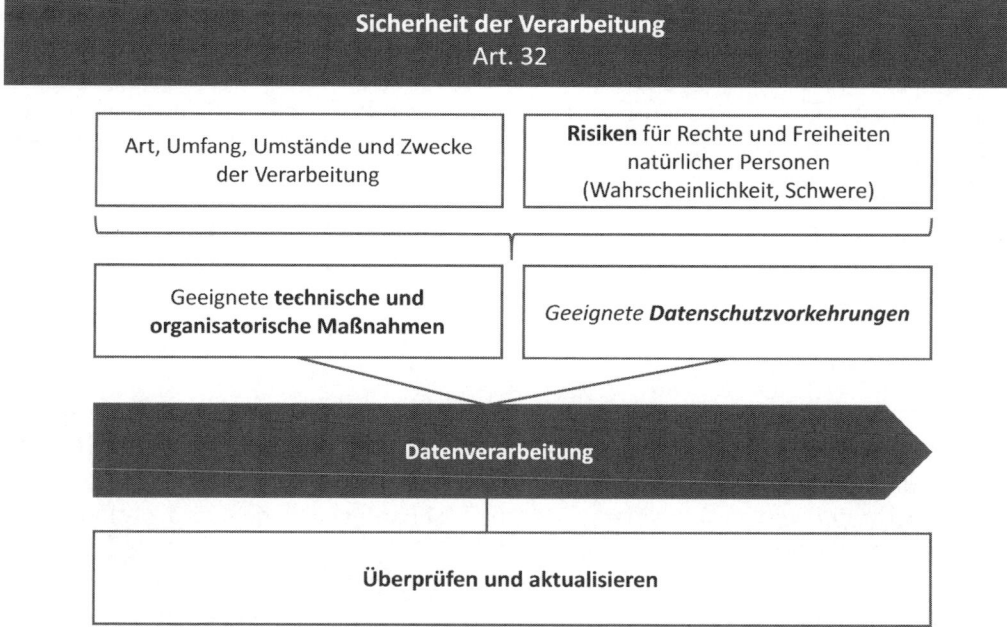

Abbildung 10: Sicherheit der Verarbeitung (Art. 32)

---

10 Die Datenschutz-Folgenabschätzung und mögliche Ansätze – z.B. nach ISO 29134, Privacy Impact Assessment – werden ausführlich in Kapitel 6.3.4 behandelt.
11 Siehe hierzu auch Kapitel 6.1.4.

5.1 Kernprozess: „Datenschutzkonforme Datenverarbeitung"

Wie dargelegt, ist dieser Prüfprozess nicht statisch, sondern unterliegt einer kontinuierlichen Überwachung und Verbesserung (vgl. Art. 24 Abs. 1). Das bedeutet, dass der Verantwortliche Verfahren zur Überprüfung, Bewertung und Evaluierung der Wirksamkeit etabliert haben sollte (s. dazu unten unter „Datenverarbeitung – PDCA" in Kapitel 5.1.3).

5.1.2.5 Auftragsverarbeitung

Unternehmen können Teile oder eine gesamte Verarbeitung von personenbezogenen Daten durch Dritte erledigen lassen. Entscheidend für die Verantwortung, die Haftung und die Feststellung, welche Vorschriften der DS-GVO Anwendung finden, ist die Frage, wer über die **Zwecke und Mittel der Verarbeitung** entscheidet. Entscheidet der Verantwortliche gemeinsam mit einem anderen Unternehmen über die Zwecke und Mittel (z.B. weil beide gemeinsam eine Datenbank nutzen), so ist dieses andere Unternehmen gemeinsam mit dem Verantwortlichen ebenfalls ein Verantwortlicher im Sinne der Verordnung. Ist es dagegen so, dass der Dritte die Verarbeitung lediglich **im Auftrag** und für den Verantwortlichen übernimmt, so handelt es sich um einen Auftragsverarbeiter. Im Überblick:

- **Gemeinsam Verantwortliche**
    - Verantwortliche legen gemeinsam die Zwecke und Mittel der Verarbeitung fest
    - Sie sind gemeinsam Verantwortliche gemäß Art. 26
- **Auftragsverarbeitung**
    - Der Verantwortliche legt die Zwecke und Mittel der Verarbeitung fest
    - Der Auftragsverarbeiter handelt nur im Auftrag des Verantwortlichen
    - Auftragsverarbeitung gemäß Art. 28 ist gegeben

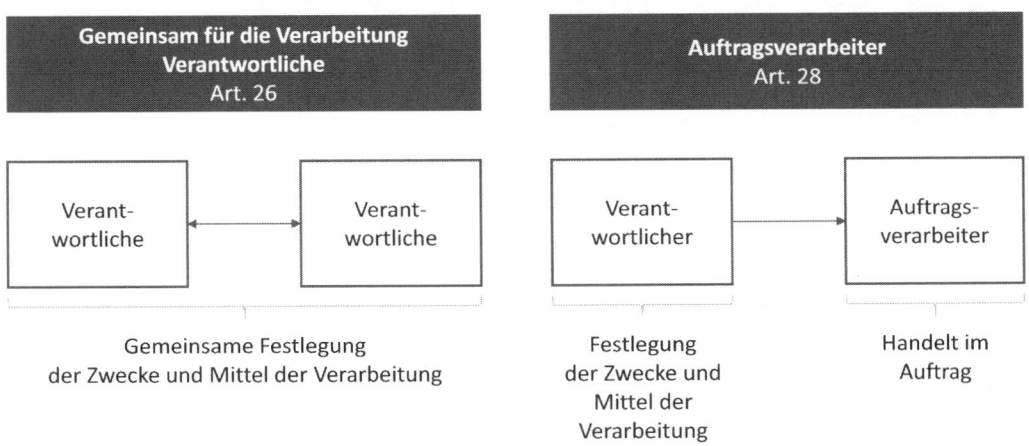

Abbildung 11: Gemeinsam Verantwortliche vs. Auftragsverarbeitung (Art. 26 vs. Art. 28)

Bei gemeinsam für die Verarbeitung Verantwortlichen sind die gegenseitigen Verantwortlichkeiten in einer Vereinbarung festzuhalten, insbesondere soweit es die Erfüllung der Rechte des Betroffenen betrifft (s. dazu Art. 26). Der Fokus dieser Handlungshilfe liegt aber in erster Linie auf dem in der Praxis häufiger vorkommenden Fall, dass ein Auftragsverar-

5 Datenschutzprozesse (Ablauforganisation)

beiter für den Verantwortlichen tätig wird. Der Verantwortliche muss den Auftragsverarbeiter sorgfältig auswählen und mindestens die gem. Art. 28 Abs. 3 festgelegten Regelungen treffen. Die Weisungen an den Auftragsverarbeiter sind zu dokumentieren. Verstößt nämlich der Auftragsverarbeiter gegen die Weisungen, d.h. legt er eigenmächtig die Zwecke und Mittel der Verarbeitung fest, wird er selbst zum Verantwortlichen (vgl. Art. 28 Abs. 10). Im Übrigen ist der **Verantwortliche in erster Linie gegenüber betroffenen Personen unmittelbar zuständig und verantwortlich**. Dies betrifft sowohl die Ausübung von Rechten betroffener Personen als auch Benachrichtigungspflichten bei Datenschutzverletzungen. Mehr dazu finden Sie in den Abschnitten „Sicherstellung der Betroffenenrechte" (Kap. 5.2) und „Handhabung von Datenschutzverletzungen" (Kap. 5.3).

Inanspruchnahme weiterer Unterauftragsverarbeiter

Auftragsverarbeiter können die Dienste weiterer Auftragsverarbeiter in Anspruch nehmen, um bestimmte Verarbeitungstätigkeiten im Namen des Verantwortlichen ausführen zu lassen. Für diesen Fall gilt, dass der Auftragsverarbeiter im Vertrag mit dem Verantwortlichen zur Einhaltung folgender Bedingungen verpflichtet werden muss (Art. 28 Abs. 3):

– Der Auftragsverarbeiter kann nur mit vorheriger Genehmigung des Verantwortlichen weitere Auftragsverarbeiter in Anspruch nehmen (Art. 28 Abs. 2).

– Der Auftragsverarbeiter muss im Wege eines Vertrages dem Unterauftragsverarbeiter dieselben Datenschutzverpflichtungen auferlegen, die auch für ihn gelten. Sollte der Unterauftragsverarbeiter seinen Datenschutzverpflichtungen nicht nachkommen, haftet der Auftragsverarbeiter gegenüber dem Verantwortlichen (Art. 28 Abs. 4).

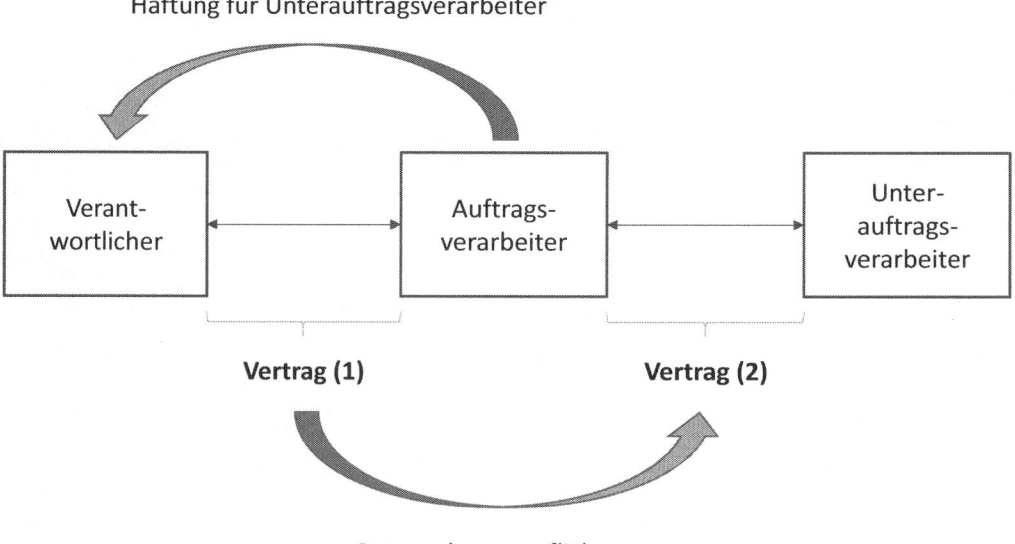

Abbildung 12: Unterauftragsverarbeiter (Art. 28 Abs. 3 lit. d)

Outsourcing (bzw. Auftragsverarbeitung) ist aus Sicht der Unternehmen also immer auch unter datenschutzrechtlichen Aspekten zu beurteilen. Dies fängt bereits bei der Auswahl des Dienstleisters an, ist aber auch relevant für den Vertragsinhalt und die gesamte Leistungserbringung. Ein verantwortungsvoller Umgang mit dem Thema Outsourcing verlangt ein systematisches Management über den gesamten Outsourcing-Zyklus.

5.1.2.6 Übermittlung in Drittländer

Für jede Übermittlung von personenbezogenen Daten in ein Drittland, d.h. in ein Land außerhalb der Europäischen Union oder des EWR, muss der Verantwortliche die zusätzlichen Anforderungen gem. den Art. 44 bis 49 erfüllen. Konkret ist dann eine Datenübermittlung in ein Drittland nur zulässig, wenn entweder

- für das Empfängerland ein Angemessenheitsbeschluss der EU-Kommission vorliegt,
- die Unternehmen geeignete Garantien bieten oder
- eine Ausnahme greift.

Im Einzelnen:

Angemessenheitsbeschluss der EU-Kommission (Art. 45)

- Länder, für die ein Angemessenheitsbeschluss der EU-Kommission vorliegt, sind im Amtsblatt der Europäischen Union bzw. auf der Website der EU-Kommission veröffentlicht.[12]
- Das *EU-US Privacy Shield* ist ebenfalls ein Angemessenheitsbeschluss im Sinne von Art. 45, betrifft aber nur Übermittlungen in die USA.

Geeignete Garantien (Art. 46 bis 47)

- Von der EU-Kommission erlassene oder genehmigte Standarddatenschutzklauseln (bisher „Standardvertragsklauseln" genannt)
- Von der zuständigen Aufsichtsbehörde genehmigte verbindliche interne Datenschutzvorschriften für Datenübermittlungen innerhalb eines Konzerns (bisher auch „Verbindliche Unternehmensregeln" oder „Binding Corporate Rules" genannt)
- Genehmigte Verhaltensregeln oder Zertifizierungsmechanismen

Ausnahmen (Art. 49)

- Ausdrückliche Einwilligung der betroffenen Person
- Vertragserfüllung
- Vertrag im Interesse des Betroffenen
- Wichtige Gründe des öffentlichen Interesses
- Geltendmachung, Ausübung oder Verteidigung von Rechtsansprüchen

---

12 S. http://ec.europa.eu/justice/data-protection/international-transfers/adequacy/index_en.htm

5 Datenschutzprozesse (Ablauforganisation)

- Schutz lebenswichtiger Interessen
- Übermittlung aus einem Register, das für die Öffentlichkeit bestimmt ist

Mit diesen Anforderungen soll sichergestellt werden, dass das durch die DS-GVO gewährleistete Schutzniveau für die betroffenen Personen nicht unterschritten wird. Die nachfolgende Übersicht veranschaulicht dies nochmals:

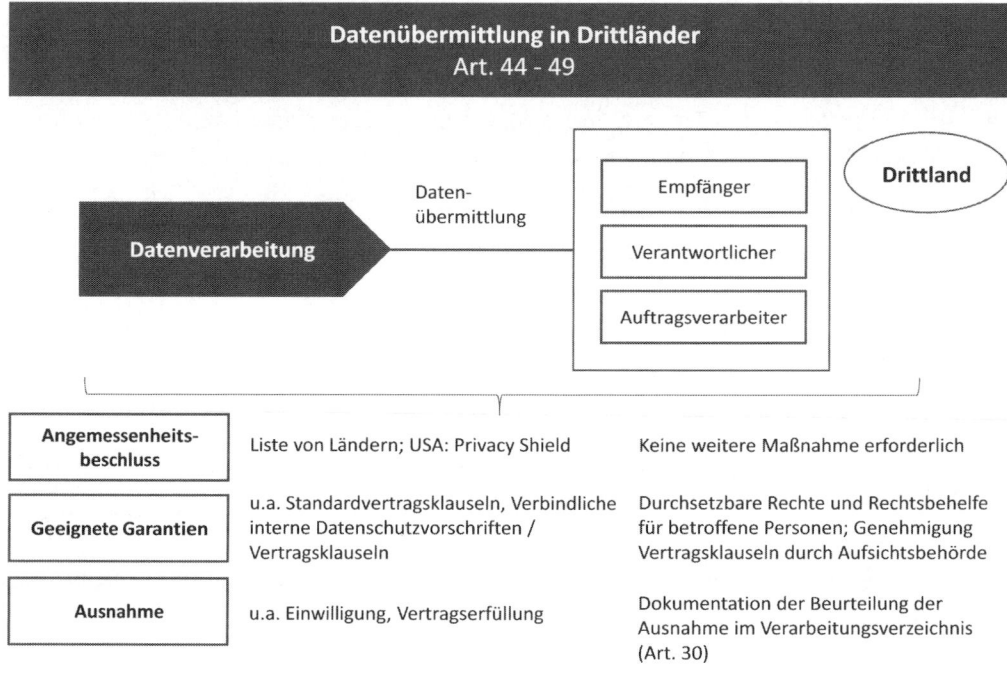

Abbildung 13: Übermittlung in Drittländer (Art. 44 – 49)

5.1.2.7 Dokumentation der Verarbeitungstätigkeiten

Der Verantwortliche muss schriftlich oder in einem elektronischen Format ein **Verzeichnis aller Verarbeitungstätigkeiten** führen (Art. 30). Das Verzeichnis umfasst folgende Angaben:

- Name und Kontaktdaten des Verantwortlichen und ggf. des gemeinsam Verantwortlichen sowie eines etwaigen Datenschutzbeauftragten
- Zwecke der Verarbeitung
- Kategorien betroffener Personen
- Kategorien personenbezogener Daten
- Kategorien von Empfängern
    - Verantwortliche, wenn diese selbst Zwecke und Mittel der Verarbeitung festlegen oder
    - Auftragsverarbeiter, wenn diese ausschließlich im Auftrag handeln

5.1 Kernprozess: „Datenschutzkonforme Datenverarbeitung"

- Ggf. Übermittlung in Drittländer
- Vorgesehene Löschfristen der verschiedenen Datenkategorien
- Wenn möglich, eine allgemeine Beschreibung der technischen und organisatorischen Maßnahmen (TOM) gemäß Art. 32 Abs. 1

Die nachfolgende Übersicht stellt die Anforderungen überblicksmäßig dar:

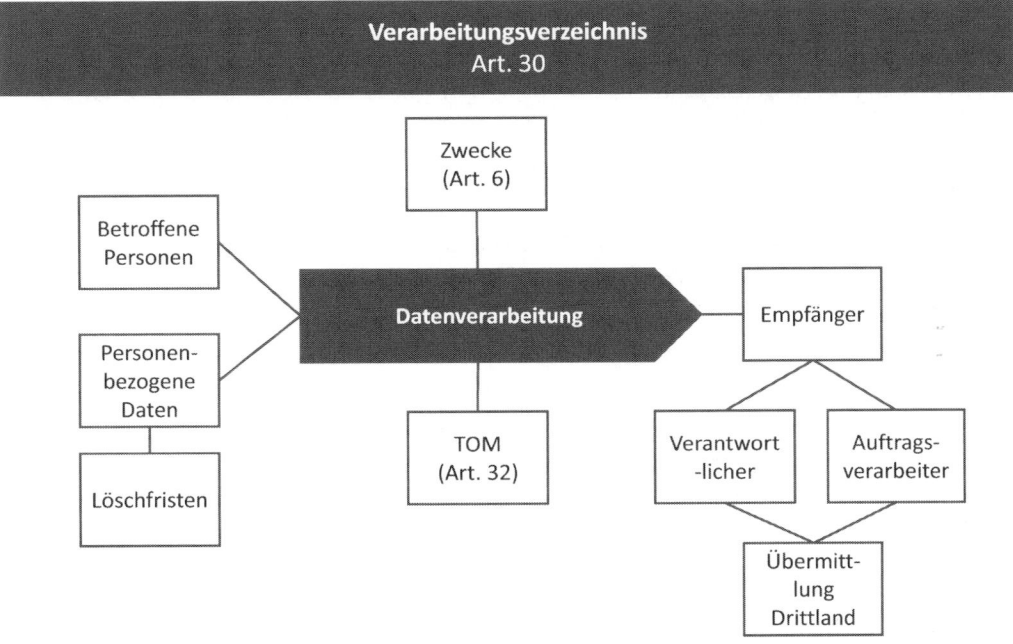

Abbildung 14: Verzeichnis der Verarbeitungstätigkeiten (Art. 30)

Es gibt zwar eine Ausnahme für Unternehmen mit weniger als 250 Mitarbeitern, aber nur für den Fall, dass die Verarbeitung nicht ein Risiko für die Rechte und Freiheiten der betroffenen Personen birgt. Die Beweislast hierfür liegt beim Verantwortlichen. Es ist davon auszugehen, dass diese Ausnahme nur wenige Einzelfälle betrifft.

Auskunftsrecht der Aufsichtsbehörde: Der Verantwortliche muss der Aufsichtsbehörde das Verzeichnis auf Anfrage zur Verfügung stellen (Art. 30 Abs. 4).

5.1.3 Datenverarbeitung – PDCA

Die Umsetzung der oben unter Kapitel 3.2.2 beschriebenen Anforderungen erfordert eine systematische Herangehensweise, die einen kontinuierlichen Prozess im Sinne eines PDCA-Zyklus[13] zum Ziel hat. Konkret müssen die Unternehmen als Verantwortliche zur Gewährleistung der Sicherheit der Verarbeitung nicht nur geeignete technische und organisatorische Maßnahmen umsetzen, sondern auch deren **Wirksamkeit** durch einen Prozess regel-

---

13 Das Konzept des „Deming-Kreises" findet Anwendung in verschiedenen ISO-Standards, u.a. ISO 9001 (Qualitätsmanagement), ISO 27001 (Informationsmanagementsystem), ISO 19600 (Compliance-Management-System) und ISO 31000 (Risikomanagement).

5 Datenschutzprozesse (Ablauforganisation)

mäßig überprüfen und falls erforderlich verbessern (Art. 32). Dieser Prozess ist als dauerhafter Zyklus – bestehend aus den folgenden Phasen – zu verstehen:

- **Planung** und Umsetzung geeigneter technischer und organisatorischer Maßnahmen, einschließlich der Planung der zugehörigen Kontrollen
- **Betrieb** der Verarbeitung
- **Bewertung** in Form von Kontrollen, internen Audits (Überprüfungen) und Einbindung der Unternehmensleitung (Managementbewertung)
- **Verbesserung** durch Aktualisierung nicht geeigneter technischer und organisatorischer Maßnahmen

5.1.3.1 Planung

Ziel der Planung ist die Berücksichtigung und Einhaltung aller relevanten Datenschutzvorschriften. Die Planungsphase beinhaltet im Grunde eine Datenschutz-Folgenabschätzung (DSFA), wenngleich diese formal nur vorgeschrieben ist, wenn eine Verarbeitung voraussichtlich ein hohes Risiko für die Rechte und Freiheiten natürlicher Personen zur Folge hat (Art. 35).

Eine Datenschutz-Folgenabschätzung (bzw. *Privacy Impact Assessment*) ist ein Instrument, um Risiken für Betroffene zu identifizieren, zu bewerten und erforderlichenfalls Maßnahmen zur Risikoreduktion oder gar -vermeidung zu treffen. Derzeit sind bereits einige Ansätze[14] für ein Privacy Impact Assessment (PIA) bekannt, u.a.

- International: Kanada, USA, Neuseeland, Hong Kong
- In Europa: Frankreich (CNIL) und UK
- ISO-Standard: Privacy Impact Assessment, ISO/IEC 29134 FDIS.[15]

Vor der Verarbeitung personenbezogener Daten sind aber die folgenden Planungsschritte erforderlich:

Schritt 1: Zweck

- Spezifikation, welche Daten von welchen Betroffenen zu welchen Zwecken verarbeitet werden sollen
- Ermittlung der Rechtsgrundlage
- Dokumentation der Ergebnisse (s. Verzeichnis gemäß Art. 30)

Schritt 2: Empfänger

- Bestimmung, ob und wem personenbezogene Daten offengelegt werden
- Ermittlung, ob ein Empfänger in einem Drittland ansässig ist

---

14 Ausführlicher im Kapitel 6.3.4. mit Angabe der einschlägigen Fundstellen.
15 Approval Stage, voraussichtliche Veröffentlichung im Mai 2017 (Stand: Januar 2017).

- Bei Übermittlung in ein Drittland: Festlegung, auf welcher Grundlage die Übermittlung erfolgt (Angemessenheitsbeschluss, geeignete Garantien oder Ausnahme)
- Dokumentation der Ergebnisse (s. Verzeichnis gemäß Art. 30)

Schritt 3: Outsourcing/Auftragsverarbeitung

- Festlegung, ob die Verarbeitung mit Unterstützung eines Auftragsverarbeiters erfolgen soll
- Falls ja, Berücksichtigung der datenschutzrechtlichen Anforderungen gemäß Art. 28
- Nimmt der Auftragsverarbeiter weitere Auftragsverarbeiter in Anspruch, müssen die Vorschriften gem. Art. 28 Abs. 2 und 4 berücksichtigt werden

Schaltet der Verantwortliche einen Auftragsverarbeiter ein, so sollte er die folgenden Schritte beachten:

- **Auswahl** des Auftragsverarbeiters
- **Vertragsgestaltung** mit dem Auftragsverarbeiter
- Durchführung und **Überprüfung** der Auftragsverarbeitung
- **Beendigung** der Auftragsverarbeitung

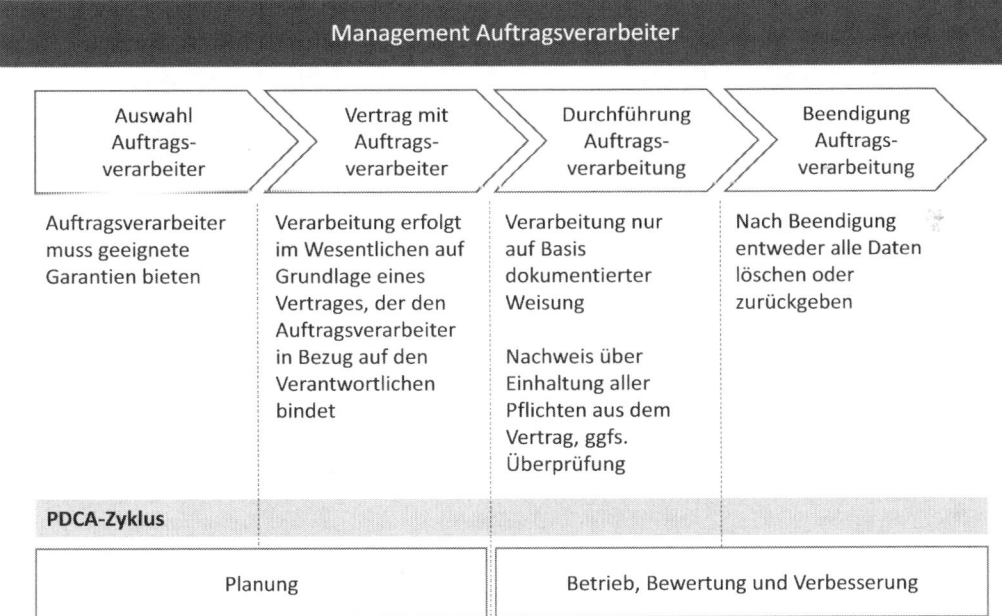

Abbildung 15: Management Auftragsverarbeiter und Zuordnung zu PDCA

Der Verantwortliche sollte die einzelnen Schritte für alle Auftragsverarbeitungen mit einem strukturierten Prozess managen, um die Risiken aus Sicht des Unternehmens zu minimieren (d.h. Nicht-Einhaltung der Datenschutzvorschriften).

5 Datenschutzprozesse (Ablauforganisation)

Schritt 4: Risikomanagement

- Risikobeurteilung der Verarbeitung
- Auswahl und Festlegung der geeigneten technischen und organisatorischen Maßnahmen (u.a. Löschkonzept und Berechtigungskonzept, Schulungskonzept)
- Dokumentation des Vorgehens und der Ergebnisse

Der Prozess des Risikomanagements umfasst folgende Schritte:

- Risikoidentifikation
- Risikoanalyse
- Risikobewertung (Darstellung in einer Risikomatrix)
- Risikosteuerung (u.a. Maßnahmen zur Risikominimierung, -vermeidung)
- Risikocontrolling

Die folgende Abbildung stellt die ersten drei Schritte in Anlehnung an die ISO 29134 (Entwurf in Englisch) dar:[16]

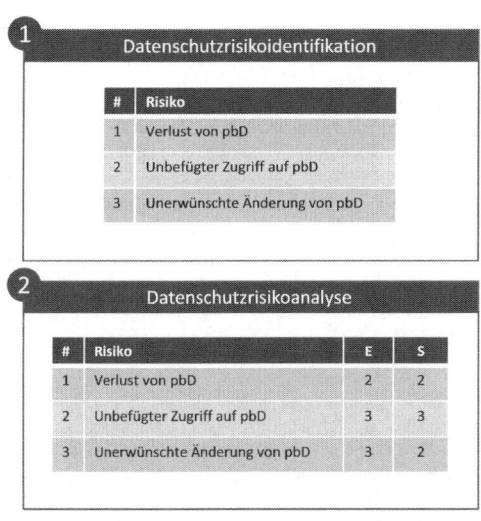
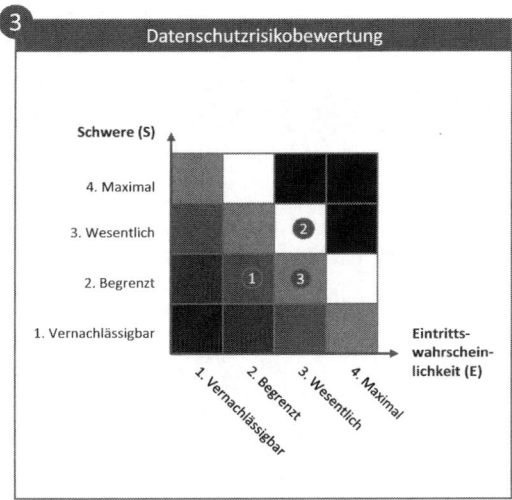

Abbildung 16: Risikobewertung in Anlehnung an die ISO 29134

Schritt 5: Informationen für betroffene Personen

- Spezifikation, welche Informationen den betroffenen Personen mitgeteilt werden müssen
- Festlegung der Art und Weise, wie die Informationen den betroffenen Personen zur Verfügung gestellt werden sollen
- Dokumentation der Ergebnisse

---

16 Ausführliche Darstellung in Kapitel 6.3.4.1.

Schritt 6: Verzeichnis von Verarbeitungstätigkeiten

- Strukturierte Zusammenstellung der dokumentierten Ergebnisse der Planungsschritte im Verzeichnis der Verarbeitungstätigkeiten
- Wichtig ist es, dass das Verzeichnis vollständig und aktuell ist. Dies setzt voraus, dass Prozesse im Unternehmen implementiert sind, um mit Veränderungen umzugehen (Änderung bei der Verarbeitung, den technischen und organisatorischen Maßnahmen, den Systemen, den Risiken, dem Stand der Technik, etc.)

Dieses Verzeichnis ist von zentraler Bedeutung für ein datenschutzkonformes Management

- der Verarbeitung personenbezogener Daten,
- der Betroffenenrechte, aber auch
- bei Datenschutzverletzungen.

5.1.3.2 Betrieb

Für die Umsetzung und den Betrieb sind die folgenden Maßnahmen erforderlich:

- Klare Regelungen für die Zuständigkeiten und Verantwortlichkeiten bei der Durchführung der Datenverarbeitung
- Sensibilisierung und Schulung der mit der Datenverarbeitung betrauten Mitarbeiter
- Durchführung und ggf. Dokumentation der Datenverarbeitung gemäß den Vorgaben (einschl. Informationsmitteilung an Betroffene)
- Umsetzung der Löschfristen und Löschung der Daten bei Wegfall des Zwecks (sog. *Data Life Cycle Management*[17])

5.1.3.3 Bewertung

Ziel der Bewertung bzw. Überprüfung ist die Verbesserung und der Nachweis der Wirksamkeit der technischen und organisatorischen Maßnahmen durch die Einführung von Korrektur- und Präventionsaktivitäten. Die Überprüfung setzt sich zusammen aus den folgenden Aktivitäten:

- Kontrollen (Monitoring)
- Internes Audit
- Managementbewertung (*Management reviews*)

---

17 *Paul, G. L./Copple, R. F.*, Data Life Cycle Management, 2008.

5 Datenschutzprozesse (Ablauforganisation)

Kontrollen

Kontrollen sind ein fester Bestandteil der Datenverarbeitung:

- Laufende Kontrolle der datenschutzkonformen Durchführung der Datenverarbeitung
- Kontrolle der Auftragsverarbeiter
- Dokumentation der Kontrolltätigkeit und -ergebnisse

Internes Audit

Audits überprüfen den Prozess der Datenverarbeitung. Hierfür ist ein eigener Auditprozess erforderlich, der aber entlang vorhandener Auditstrukturen durchgeführt werden kann.[18] Wichtig für die Bewertung der Wirksamkeit der technischen und organisatorischen Maßnahmen sind:

- Planung der Audits (Auditprogrammplanung)
- Vorbereitung der einzelnen Audits (Auditplan)
- Durchführung der einzelnen Audits (Dokumentation der Durchführung und Ergebnisse)
- Bewertung und Dokumentation des Audits (Auditbericht)
- Nachverfolgung der erforderlichen Maßnahmen (Finaler Bericht)

Auditprogramm und Auditprozess der einzelnen Audits lassen sich wie folgt darstellen:

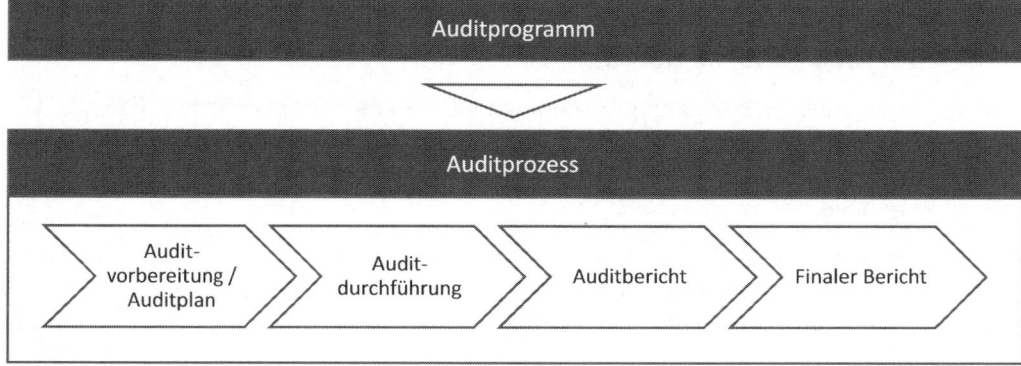

Abbildung 17: Auditprogramm und Auditprozess

Managementbewertung

Das Management sollte regelmäßig in die Überwachung mit eingebunden sein. Dabei sollte das Management u.a. über Folgendes informiert werden:

- Ergebnisse von Audits
- Wesentliche Ergebnisse der laufenden Kontrollen
- Datenschutzverletzungen

---

18 Zum Audit von Managementsystemen siehe *IDW Prüfungsstandard*, Grundsätze ordnungsmäßiger Prüfung von Compliance-Management-Systemen (IDW PS 980).

- Beschwerden von Betroffenen (i.d.R. in Form eines Jahresberichts des Datenschutzbeauftragten)
- Wesentliche Änderungen der Datenverarbeitung
- Anfragen der Aufsichtsbehörde

Regelmäßige und Ad-hoc-Berichterstattung an das Management

Bei der Berichterstattung an das Management sollten die Ergebnisse der Überwachung der drei Kernprozesse aufeinander abgestimmt sein und gegenseitige Abhängigkeiten berücksichtigen. Wichtig ist auch, dass an das Management regelmäßig zu festgelegten Zeitpunkten und bei besonderen Anlässen oder Ausnahmen unverzüglich informiert wird.

5.1.3.4 Verbesserung

Die Ergebnisse der Bewertung (laufende Kontrolle, Auditberichte, Managementbewertungen) sollen die Wirksamkeit kontinuierlich verbessern. Außerdem sollten Beschwerden betroffener Personen, Datenschutzverletzungen und weitere Erkenntnisse in den Verbesserungsprozess mit einfließen.

Konkret bedeutet dies:

- Festlegung von Maßnahmen zur Behebung von identifizierten Schwachstellen und Missständen
- Einbindung des Managements in die Entscheidungen
- Systematische Nachverfolgung der Umsetzung der Verbesserungsmaßnahmen
- Überprüfung der Wirksamkeit der implementierten Verbesserungsmaßnahmen

5.2 Kernprozess: „Sicherstellung der Betroffenenrechte"

Die Verordnung gewährt den Betroffenen eine Reihe von konkret bezeichneten Rechten. Der Anspruch richtet sich gegen den Verantwortlichen, während der Auftragsverarbeiter lediglich den Verantwortlichen bei der Beantwortung von Anträgen der Betroffenen auf Wahrnehmung ihrer Rechte unterstützt (Art. 28 Abs. 3 lit. e). Der Verantwortliche ist verpflichtet, der betroffenen Person die Ausübung ihrer Rechte zu erleichtern (Art. 12 Abs. 2). Kommt das Unternehmen einem Antrag der betroffenen Person nicht nach, droht ein Bußgeld. Der Verantwortliche kann sich nur dann weigern, aufgrund des Antrags tätig zu werden, wenn er glaubhaft machen kann, dass er nicht in der Lage ist, die betroffene Person zu identifizieren (Art. 12 Abs. 2, 11 Abs. 2).

Insgesamt ist erforderlich, dass der Verantwortliche im Unternehmen Prozesse implementiert hat, die eine fristgerechte und korrekte Bearbeitung der Anträge der betroffenen Person gewährleistet.

5 Datenschutzprozesse (Ablauforganisation)

5.2.1 Überblick Betroffenenrechte

Zu den Betroffenenrechten gehören neben den allgemeinen Informationspflichten gem. den Art. 12 bis 14 (siehe Kapitel 5.1.2.3) die folgenden Rechte:

- Recht auf Auskunft (Art. 15)
- Recht auf Berichtigung (Art. 16)
- Recht auf Löschung (Art. 17)
- Recht auf Einschränkung der Verarbeitung (Art. 18)
- Recht auf Datenübertragbarkeit (Art. 20)
- Recht auf Widerspruch (Art. 21)
- Recht, nicht einer automatisierten Einzelentscheidung unterworfen zu sein (Art. 22 Abs. 3)
- Recht auf Widerruf einer Einwilligung (Art. 7 Abs. 3)

Betroffenenrechte

Transparente Information, Kommunikation und Modalitäten Art. 12	
Auskunft Art. 15	Widerspruch Art. 21
Berichtigung, Löschung, Einschränkung Art. 16 - 19	Automatisierte Entscheidungen Art. 22
Datenübertragbarkeit Art. 20	Widerruf der Einwilligung Art. 7 Abs. 3

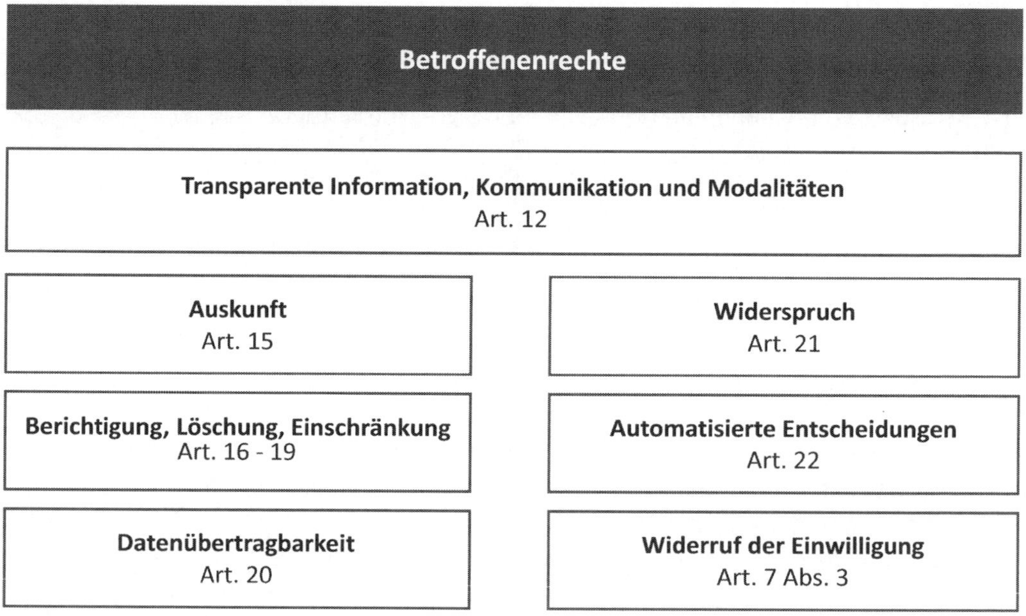

Abbildung 18: Rechte betroffener Personen

5.2.2 Anforderungen an das Management von Betroffenenrechten

5.2.2.1 Antragsbearbeitung durch den Verantwortlichen

Wenn ein Antrag einer betroffenen Person bei dem Verantwortlichen eingeht, hat dieser zwei Möglichkeiten:

- tätig werden, d.h. Maßnahmen ergreifen, z.B. Auskunft erteilen, Daten berichtigen oder löschen (Art. 12 Abs. 3) oder
- nicht tätig werden (Art. 12 Abs. 4)

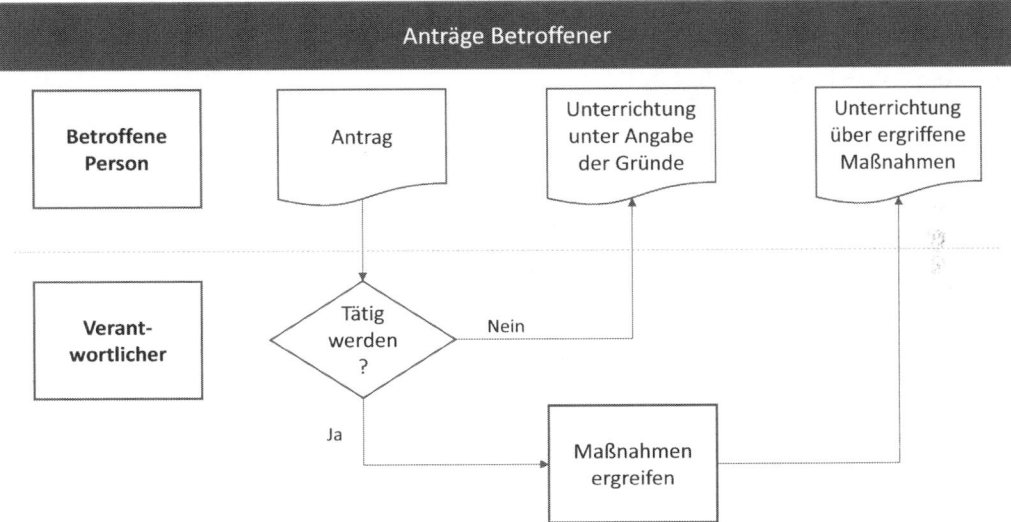

Abbildung 19: Anträge betroffener Personen

Wird der Verantwortliche tätig, muss er auf die Anträge der betroffenen Personen innerhalb der nachfolgenden Fristen reagieren, Art. 12 Abs. 3:

- **unverzüglich**
- in jedem Fall aber **innerhalb eines Monats**
- evtl. **Fristverlängerung um weitere zwei Monate,**
  - falls aufgrund der Komplexität und der Anzahl der Anträge erforderlich
  - Unterrichtung der betroffenen Person innerhalb eines Monats über Fristverlängerung unter Nennung der Gründe für die Verzögerung

Wird der Verantwortliche nicht tätig, hat er die betroffene Person gemäß Art. 12 Abs. 4

- ohne Verzögerung,
- spätestens aber innerhalb eines Monats

nach Eingang des Antrags über die Gründe hierfür zu unterrichten.

5 Datenschutzprozesse (Ablauforganisation)

Wichtig: Der Verantwortliche hat neben den Gründen, dass er nicht tätig wird, die betroffene Person auch über die Möglichkeit zu unterrichten, bei einer Aufsichtsbehörde Beschwerde oder bei Gericht einen entsprechenden Rechtsbehelf einlegen zu können.

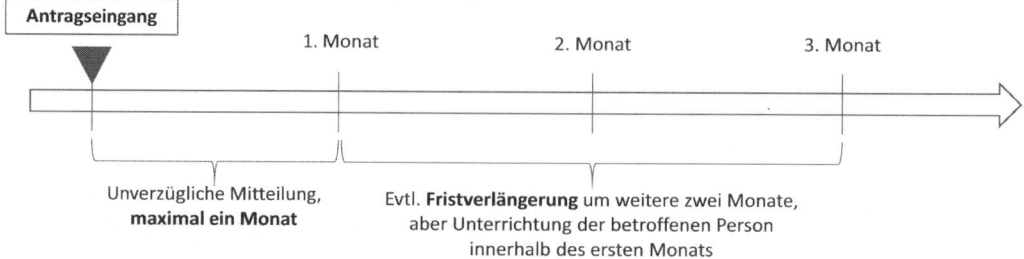

Abbildung 20: Zeitliche Vorgaben

5.2.2.2 Auskunftsrecht

Die betroffene Person kann von dem Verantwortlichen eine **Bestätigung** darüber verlangen, ob dieser sie betreffende **personenbezogene Daten verarbeitet**. Das Auskunftsrecht erstreckt sich dabei auch auf die Information, dass keine personenbezogenen Daten der anfragenden betroffenen Person verarbeitet werden. Wenn der Verantwortliche personenbezogene Daten der anfragenden betroffenen Person verarbeitet, muss er ihr folgende Informationen liefern:

	Information	Quelle / Verweis
1	Verarbeitungszwecke	Verzeichnis, Art. 30
2	Kategorien personenbezogener Daten	Verzeichnis, Art. 30
3	Empfänger oder Kategorien von Empfängern, insbesondere in Drittländern	Verzeichnis, Art. 30
4	(Falls möglich) Geplante Speicherdauer, ansonsten Kriterien für die Festlegung der Dauer	Verzeichnis, Art. 30
5	Bestehen eines Rechts auf:	
	Berichtigung,	Hinweis auf Art. 16
	Löschung,	Hinweis auf Art. 17
	Einschränkung der Verarbeitung oder	Hinweis auf Art. 18
	Widerspruch	Hinweis auf Art. 21
6	Bestehen eines Beschwerderechts bei einer Aufsichtsbehörde	Art. 57 Abs. 1 lit. f
7	Wenn personenbezogene Daten nicht direkt erhoben werden: Alle verfügbaren Informationen über die Herkunft der Daten	Art. 14

	Information	Quelle / Verweis
8	Wenn automatisierte Entscheidungsfindung gemäß Art. 22: Aussagekräftige Informationen über die involvierte Logik sowie die Tragweite und die angestrebten Auswirkungen einer derartigen Verarbeitung für die betroffene Person	Art. 22
9	Wenn Übermittlung an Drittländer: Unterrichtung über die geeigneten Garantien gemäß Art. 46	Art. 46

Tabelle 1: Umfang der Informationen bei Auskunft

Der Verantwortliche stellt der betroffenen Person **eine Kopie** der personenbezogenen Daten zur Verfügung; für weitere Kopien kann er ein angemessenes Entgelt verlangen, Art. 15 Abs. 3. Wird der Antrag elektronisch gestellt, muss der Verantwortliche auch die Informationen in einem gängigen elektronischen Format zur Verfügung stellen, soweit die betroffene Person nichts anders angibt. Er hat dabei sicherzustellen, dass die Auskunft nur der betroffenen oder einer von ihr bevollmächtigten Person erteilt wird und die Rechte und Freiheiten anderer Personen nicht beeinträchtigt werden.

5.2.2.3 Recht auf Berichtigung

Wenn personenbezogene Daten **unrichtig** sind (evtl. auch weil sie nicht mehr aktuell sind), hat die betroffene Person das Recht auf Berichtigung, Art. 16.

5.2.2.4 Recht auf Löschung ("Recht auf Vergessenwerden")

Der Verantwortliche hat einem Löschverlangen der betroffenen Person nachzukommen, wenn einer der in Art. 17 Abs. 1 abschließend aufgezählten Gründe einschlägig ist und keine Ausnahme nach Art. 17 Abs. 3 greift.

Gründe für das Löschverlangen können sein (Art. 17 Abs. 1):

- Die personenbezogenen Daten sind für die Zwecke, für die sie erhoben oder auf sonstige Weise verarbeitet wurden, nicht mehr notwendig (**Wegfall des Zwecks**).
- Die betroffene Person widerruft ihre Einwilligung (gemäß Art. 6 Abs. 1 lit. a oder Art. 9 Abs. 2 lit. a) und es fehlt eine anderweitige Rechtsgrundlage für die Verarbeitung (**Wegfall der Rechtsgrundlage**).
- Die betroffene Person legt gemäß Art. 21 Abs. 1 oder Abs. 2 Widerspruch gegen die Verarbeitung ein und es liegen keine vorrangigen berechtigten Gründe für die weitere Verarbeitung vor (**Widerspruch**).
- Die personenbezogenen Daten wurden unrechtmäßig verarbeitet (**Unrechtmäßigkeit**).

- Die Löschung der personenbezogenen Daten ist zur Erfüllung einer rechtlichen Verpflichtung nach dem Unionsrecht oder dem Recht der Mitgliedstaaten erforderlich, dem der Verantwortliche unterliegt (**spezielleres Gesetz**).
- Die personenbezogenen Daten wurden in Bezug auf direkt gegenüber einem Kind angebotene Dienste der Informationsgesellschaft erhoben (**Einwilligung eines Kindes**).

Besonderheiten bei öffentlich gemachten personenbezogenen Daten, Art. 17 Abs. 2

Hat der Verantwortliche die personenbezogenen Daten öffentlich gemacht und ist er zu deren Löschung verpflichtet (gemäß Art. 17 Abs. 1), muss er zudem angemessene Maßnahmen treffen, um andere ebenfalls für die Datenverarbeitung Verantwortliche über das Löschverlangen zu informieren (Links, Kopien, Repliken), Art. 17 Abs. 2.

Die angemessenen Maßnahmen trifft er unter Berücksichtigung

- der verfügbaren Technologie und
- der Implementierungskosten.

Ausnahmen von der Löschpflicht (Art. 17 Abs. 3)

Für den Verantwortlichen besteht **keine Pflicht zur Löschung**, wenn die weitere Speicherung der personenbezogenen Daten aus einem der folgenden Gründe erforderlich ist:

- Ausübung des Rechts auf **freie Meinungsäußerung und Information**
- **Erfüllung einer rechtlichen Verpflichtung**
- Gründe des **öffentlichen Interesses** im Bereich der öffentlichen Gesundheit
- Im öffentlichen Interesse liegende **Archivzwecke**, wissenschaftliche oder historische **Forschungszwecke** oder statistische Zwecke
- **Geltendmachung, Ausübung oder Verteidigung von Rechtsansprüchen**

5.2.2.5 Recht auf Einschränkung der Verarbeitung

Die betroffene Person hat das Recht, von dem Verantwortlichen die „Einschränkung der Verarbeitung" zu verlangen, wenn die nachfolgend aufgezählten Voraussetzungen vorliegen. Die „Einschränkung der Verarbeitung" kann im Grunde mit dem bisher verwendeten Begriff der „Sperrung" übersetzt werden. Die Voraussetzungen für eine solche Einschränkung sind:

- Die Richtigkeit der Daten ist bestritten und der Verantwortliche konnte dies noch nicht überprüfen.
- Die Verarbeitung ist unrechtmäßig, aber die betroffene Person lehnt die Löschung der Daten ab und verlangt stattdessen eine Einschränkung.
- Der Verantwortliche benötigt die personenbezogenen Daten nicht länger für die Zwecke der Verarbeitung, die betroffene Person benötigt sie jedoch zur Geltendmachung, Ausübung oder Verteidigung von Rechtsansprüchen.

— Die betroffene Person hat Widerspruch gegen eine auf berechtigte Interessen des Verantwortlichen gestützte Verarbeitung eingelegt und es steht noch nicht fest, ob die berechtigten Gründe des Verantwortlichen gegenüber denen der betroffenen Person überwiegen.

Wurde die Verarbeitung eingeschränkt, so dürfen diese personenbezogenen Daten – mit Ausnahme der Speicherung – nur unter folgenden Umständen verarbeitet werden, Art. 18 Abs. 2:

— Einwilligung der betroffenen Person
— Geltendmachung, Ausübung oder Verteidigung von Rechtsansprüchen
— Schutz der Rechte einer anderen natürlichen oder juristischen Person
— Gründe eines wichtigen öffentlichen Interesses der Union oder eines Mitgliedstaates (Öffnungsklausel)

Der Verantwortliche muss die betroffene Person vor Aufhebung der Einschränkung unterrichten, Art. 18 Abs. 3.

5.2.2.6 Recht auf Datenübertragbarkeit

Eine betroffene Person, die dem Verantwortlichen personenbezogene Daten bereitgestellt hat, kann von diesem verlangen, dass sie diese Daten

— in einem strukturierten, gängigen und maschinenlesbaren Format erhält und
— ohne Behinderung durch den Verantwortlichen einem anderen Verantwortlichen übermitteln kann (soweit „technisch machbar", kann sogar verlangt werden, dass der Verantwortliche die Daten gleich direkt an den neuen Verantwortlichen übermittelt).

Dies gilt allerdings nur, sofern die Verarbeitung auf einer Einwilligung oder einem Vertrag beruht und mithilfe automatisierter Verfahren erfolgt. Ausnahmen gelten, wenn die Verarbeitung zur Wahrnehmung einer Aufgabe erfolgt, die im öffentlichen Interesse liegt oder in Ausübung öffentlicher Gewalt erfolgt, die dem Verantwortlichen übertragen wurde.

5.2.2.7 Widerspruchsrecht

Die betroffene Person kann einer Verarbeitung durch den Verantwortlichen widersprechen, wenn die Verarbeitung auf Art. 6 Abs. 1 lit. e (Aufgabe im öffentlichen Interesse oder in Ausübung öffentlicher Gewalt) oder lit. f (zur Wahrung berechtigter Interessen des Verantwortlichen) gestützt wird. Will der Verantwortliche dem Widerspruch nicht stattgeben, muss er nachweisen, dass

— „zwingende schutzwürdige Gründe" vorliegen, die die Interessen, Rechte und Freiheiten der betroffenen Person überwiegen oder
— die Erforderlichkeit der Verarbeitung für die Geltendmachung, Ausübung oder Verteidigung von Rechtsansprüchen erforderlich ist.

Kann dieser Nachweis nicht geführt werden, ist eine weitere Verarbeitung für diese Zwecke untersagt.

5 Datenschutzprozesse (Ablauforganisation)

Einen Sonderfall stellt das sog. **Direktmarketing** dar, d.h. die Verarbeitung personenbezogener Daten für die direkte werbliche Ansprache der betroffenen Person. Hier findet keine Interessenabwägung statt. Im Fall des Widerspruchs ist die Verarbeitung für diese Zwecke automatisch untersagt und auch sofort einzustellen.

Bei einer Verarbeitung zu **wissenschaftlichen oder historischen Forschungszwecken oder zu statistischen Zwecken** führt der Widerspruch ebenfalls zu einem Verarbeitungsstopp, es sei denn, die Verarbeitung ist zur Erfüllung einer im öffentlichen Interesse liegenden Aufgabe erforderlich (Art. 21 Abs. 6).

5.2.2.8 Automatisierte Entscheidungen im Einzelfall

Die betroffene Person hat ferner das Recht, nicht einer automatisierten Entscheidung unterworfen zu sein, die ihr gegenüber rechtliche Wirkung entfaltet oder sie in ähnlicher Weise erheblich beeinträchtigt (z.B. Online-Kreditantrag oder Online-Bewerbung). Der Antrag der betroffenen Person geht dann mindestens auf

- Eingreifen einer Person des Verantwortlichen (also menschliche Intervention),
- Möglichkeit zur Darlegung des eigenen Standpunkts und
- Anfechtung einer solchen Entscheidung.

Ohnehin dürfen automatisierte Entscheidungen nicht auf besonderen Arten personenbezogener Daten (z.B. Gesundheitsdaten, vgl. Art. 9 Abs. 1) beruhen, es sei denn, die betroffene Person hat ausdrücklich eingewilligt oder eine gesetzliche Bestimmung schreibt dies vor (Art. 22 Abs. 4). In diesem Fall müssen angemessene Maßnahmen zum Schutz der Rechte und Freiheiten der betroffenen Person ergriffen sein.

5.2.2.9 Recht auf Widerruf einer Einwilligung

Einwilligungen sind jederzeit frei widerruflich (Art. 7 Abs. 3). Dabei muss der Widerruf so einfach möglich sein wie die Erteilung der Einwilligung. Wird z.B. die Einwilligung elektronisch eingeholt, so hat der Verantwortliche sicherzustellen, dass auch der Widerruf elektronisch möglich ist. Die Einwilligung lässt die bis zum Widerruf erfolgten Verarbeitungen unberührt, d.h., lediglich für zukünftige Verarbeitungen fehlt es an einer Rechtsgrundlage. Der Verantwortliche sollte in jedem Fall bei Verarbeitungen, die auf einer Einwilligung beruhen, immer bedenken, dass es technisch möglich sein muss, einem Widerruf Rechnung zu tragen.

5.2.3 Betroffenenrechte – PDCA

Ziele der Entwicklung von Richtlinien und Verfahrensbeschreibungen für den Umgang mit Anträgen betroffener Personen sind

- die Reduktion der Risiken für das Unternehmen und
- die Einhaltung der Vorschriften.

Jedes Unternehmen muss darauf vorbereitet sein, auf mögliche Anträge bzw. Anfragen von den unterschiedlichen betroffenen Personen (Kunden, Partner, Lieferanten, Mitarbeiter, Shareholder) datenschutzkonform reagieren, d.h. die Anfragen angemessen annehmen, bewerten und beantworten zu können, einschließlich der dazugehörigen Dokumentation.

5.2.3.1 Planung

Ziel der Planung ist die Gestaltung der Verfahren und Prozesse, um die Betroffenenrechte zu managen. Wichtig dabei sind

- Strukturierte und systematische Annahme von Anträgen
- Angemessene Verifikation der Identität
- Konsistente Bearbeitung von Anträgen (z.B. Bewilligung, Ablehnung)

Für den Umgang mit den Betroffenenrechten sollte ein Verfahren implementiert werden, um unverzügliche auf die Betroffenenrechte reagieren zu können und dies zu dokumentieren. Daher sollten folgende Planungsschritte berücksichtigt werden:

Schritt 1: Auskunft (Art. 15)

Betroffene Person	Verantwortlicher
Antrag an Verantwortlichen: **Auskunft über Verarbeitung personenbezogener Daten** (Art. 15)	Maßnahmen: – Überprüfung der Identität der betroffenen Person – Prüfung, ob Daten verarbeitet werden – Wenn ja, unverzügliche Mitteilung
	Rückmeldung an betroffene Person: Bereitstellung einer Kopie der personenbezogenen Daten unter Beachtung von – Umfang der Informationen (gemäß Art. 15 Abs. 1 und 2) – Form und Sprache (Art. 12 Abs. 1) – zeitlichen Vorgaben (Art. 12 Abs. 3)

Tabelle 2: Maßnahmen bei Auskunft

5 Datenschutzprozesse (Ablauforganisation)

Schritt 2: Berichtigung (Art. 16)

Betroffene Person	Verantwortlicher
Antrag an Verantwortlichen: **Unverzügliche Berichtigung unrichtiger Daten** (Art. 16)	Maßnahmen: – Überprüfung der Identität der betroffenen Person – Prüfung, ob die Daten unrichtig sind – Wenn ja, unverzügliche Berichtigung der unrichtigen Daten

	Weitere Maßnahmen bei Empfängern (Art. 19):
	– Prüfung, ob personenbezogene Daten der Betroffenen Empfängern offengelegt wurden
	– Wenn ja,
	  – Liste aller Empfänger erstellen und
	  – Mitteilung an alle Empfänger, dass und welche Daten wie berichtigt wurden
	– Ausnahmen:
	  – Unmöglich
	  – Unverhältnismäßiger Aufwand

	Rückmeldung an betroffene Person:
	– Informationen über die ergriffenen Maßnahmen unter Beachtung von
	  – Umfang der Informationen (gemäß Art. 15 Abs. 1 und 2),
	  – Form und Sprache (Art. 12 Abs. 1) sowie
	  – zeitlichen Vorgaben (Art. 12 Abs. 3)

Mögliches Verlangen, dass der Verantwortliche über die **Empfänger** unterrichtet (Art. 19)	Ggf. Unterrichtung der betroffenen Person über Empfänger, wenn dies seitens der betroffenen Person im Antrag verlangt wurde

Tabelle 3: Maßnahmen bei Berichtigung

5.2 Kernprozess: „Sicherstellung der Betroffenenrechte"

Schritt 3: Löschung (Art. 17)

Betroffene Person	Verantwortlicher

Antrag an Verantwortlichen:
Unverzügliche Löschung von Daten, die bestimmte Voraussetzungen erfüllen
(Art. 17)
	Maßnahmen:
	– Überprüfung der Identität der betroffenen Person
	– Prüfung, ob
	  – ein Grund gemäß Art. 18 Abs. 1 vorliegt und
	  – Verarbeitung nicht nach Art. 18 Abs. 3 erforderlich ist
	– Wenn ja, unverzügliche Löschung der unrichtigen Daten

	Weitere Maßnahmen bei Öffentlichmachung (Art. 17 Abs. 2): – Information anderer Verantwortlicher über Löschverlangen (Links, Kopien, Repliken)

	Weitere Maßnahmen bei Empfängern (Art. 19):
	– Prüfung, ob betroffene Daten Empfängern offengelegt wurden
	– Wenn ja,
	  – Liste aller Empfänger erstellen und
	  – Mitteilung an alle Empfänger, dass und welche Daten wie berichtigt wurden
	– Ausnahmen:
	  – Unmöglich
	  – Unverhältnismäßiger Aufwand

	Rückmeldung an betroffene Person, wenn sie es verlangt:
	– Informationen über die ergriffenen Maßnahmen unter Beachtung von
	  – Umfang der Informationen (gemäß Art. 15 Abs. 1 und 2),
	  – Form und Sprache (Art. 12 Abs. 1) sowie
	  – zeitlichen Vorgaben (Art. 12 Abs. 3)

Tabelle 4: Maßnahmen bei Löschung

5 Datenschutzprozesse (Ablauforganisation)

Schritt 4: Einschränkung der Verarbeitung (Art. 18)

Voraussetzung	siehe	Einschränkung der Verarbeitung	Aufhebung
– Richtigkeit der Daten wird von der betroffenen Person bestritten und – Richtigkeit ist unklar	Recht auf Berichtigung (Art. 16)	… bis Richtigkeit der personenbezogenen Daten durch Verantwortlichen überprüft ist	Berichtigung oder keine Änderung, wenn Richtigkeit geklärt ist
– Die Verarbeitung ist unrechtmäßig und – die betroffene Person lehnt Löschung ab.	Recht auf Löschung bei unrechtmäßiger Verarbeitung (Art. 17)	… solange die betroffene Person die Löschung ablehnt	Löschung
– Die Daten werden für die Zwecke der Verarbeitung nicht länger benötigt, – aber betroffene Person benötigt die Daten für Rechtsansprüche	Recht auf Löschung bei Wegfall der Erforderlichkeit (Art. 17)	… solange betroffene Person die Daten zur Geltendmachung, Ausübung oder Verteidigung von Rechtsansprüchen benötigt	Löschung
– Betroffene Person hat Widerspruch gegen die Verarbeitung eingelegt und – berechtigte Gründe des Verantwortlichen sind unklar	Recht auf Widerspruch (Art. 21)	… solange Klärung, ob die berechtigten Gründe des Verantwortlichen gegenüber denen der betroffenen Person überwiegen	Verarbeitung nur, wenn berechtigte Gründe überwiegen

Tabelle 5: Voraussetzungen für die Einschränkung

5.2.3.2 Betrieb

Für die Umsetzung und den Betrieb sind die folgenden Maßnahmen erforderlich:

- Implementierung eines **zentralen Annahmeprozesses** für die Anfragen bzw. Anträge der Betroffenen (Auskunft, Berichtigung, Löschung und Einschränkung)
- Implementierung eines **Rückmeldeprozesses** für die Anfragen der Betroffenen
- Implementierung von **Eskalationsverfahren** (z.B. bei schwerwiegenden Beschwerden oder umfangreichen und komplizierten Auskunftsanfragen)
- **Verfolgung des Fortschritts/Bearbeitungsstandes** (z.B. mit einem Ticket-Tool), sodass nachvollzogen werden kann, wann welche Anfrage gestellt wurde, wer diese, wann und wie bearbeitet hat und wie lange dies gedauert hat
- Die Verfahren müssen eindeutig dokumentiert sein, im Unternehmen kommuniziert und Verantwortlichkeiten klar zugeordnet werden sowie die entsprechenden Mitarbeiter sensibilisiert und geschult sein

Die folgende Abbildung stellt eine Übersicht über die Bearbeitung der Anfragen dar:

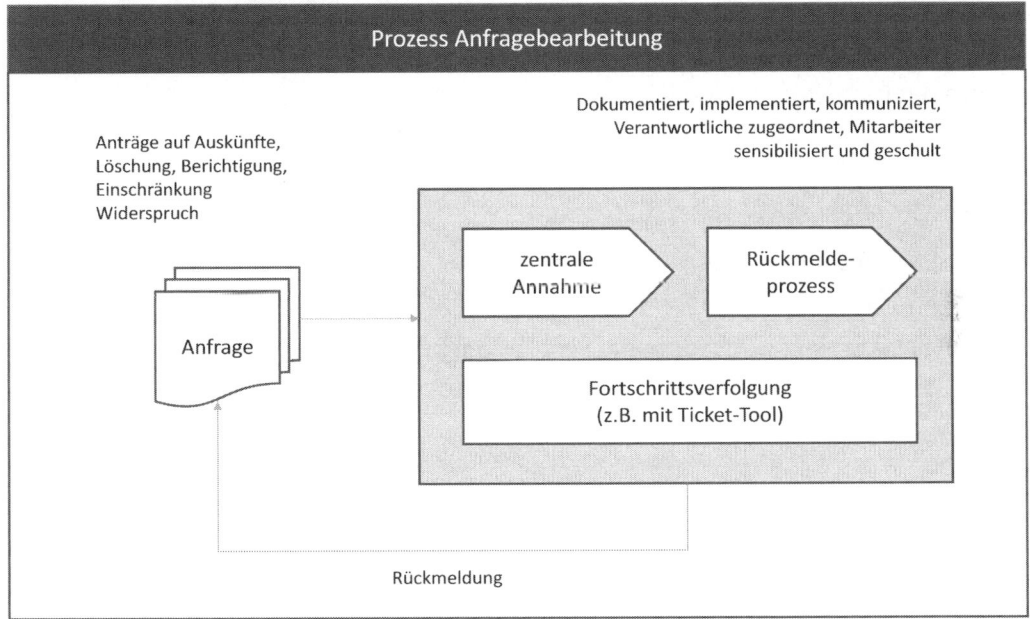

Abbildung 21: Prozess der Anfragebearbeitung

Wichtig sind eine mögliche Status- bzw. Fortschrittsverfolgung sowie eine zeitliche Erfassung. Denkbar wären z.B. folgende Schritte auf Seiten des Verantwortlichen:

#	Schritt	Status
1	Eingehende Anfrage erfassen	Erfasst
2	Identität der betroffenen Person überprüfen	Geprüft
3	Relevante Datenverarbeitungen bzw. Systeme anhand des Verarbeitungsverzeichnisses auswerten	Ausgewertet
4	Unterlagen für den Betroffenen zusammenstellen	Erstellt
5	Informationen an den Betroffenen verschicken bzw. zukommen lassen	Bearbeitet

Tabelle 6: Fortschrittsverfolgung

Wichtige Abgrenzung von Datenschutzanfragen und Kundenbeschwerden: Problematisch bei der Annahme ist die Unterscheidung, ob es sich um eine Beschwerde, z.B. eines Kunden, oder aber um die Ausübung eines Rechtes einer betroffenen Person handelt, da in der Regel unterschiedliche organisatorische Einheiten oder Stellen für die Bearbeitung zuständig sind. Daher ist eine enge Koordination und Abstimmung zwischen den involvierten Parteien erforderlich.

5.2.3.3 Bewertung

Ziele der Bewertung bzw. Überprüfung sind:

- Verbesserung der Wirksamkeit des Managements von Betroffenenrechten (Annahme-, Bearbeitungs- und Eskalationsprozess) sowie
- Identifikation von Ansätzen für die Verbesserung der Datenverarbeitung

Die Überprüfung setzt sich zusammen aus den folgenden Aktivitäten:

- Kontrolle bzw. Auswertung der Ergebnisse der Bearbeitung
- Internes Audit des Managements der Betroffenenrechte
- Managementbewertung der Ergebnisse und der Auditberichte

Kontrollen / Auswertungen

Die Bearbeitung der Geltendmachung von Betroffenenrechten sollte regelmäßig kontrolliert und ausgewertet werden:

- Regelmäßige Auswertung der Bearbeitung der Anfragen, z.B.
  - Anzahl der eingegangenen, bearbeiteten und offenen Anfragen (gemäß Status)
  - Themen und Bereiche, auf die sich die Anfragen beziehen (Cluster-Bildung)
  - Einhaltung der zeitlichen Vorgaben (welche Anfragen wurden länger als einen Monat bearbeitet) und durchschnittliche Bearbeitungsdauer aller Anfragen

- Analyse der Anfragen anhand von definierten Kennzahlen, Vergleich der Entwicklung (Trends)
- Identifikation von wiederkehrenden Mustern und Rückschlüsse auf mögliche Schwachstellen bei der Datenverarbeitung
- Dokumentation der Kontrolltätigkeit und -ergebnisse in Form von Auswertungen

Internes Audit

Interne Audits überprüfen die Prozesse des Managements von Betroffenenrechten, d.h. der Sicherstellung der Erfüllbarkeit von Betroffenenrechten. Diese sollten Bestandteil der übergeordneten Auditprogrammplanung sein und nach dem Auditprozess ablaufen (s. auch Kapitel 5.1.3.3). Bestandteile des internen Audits sind im Wesentlichen

- Konzept des Managements von Betroffenenrechten,
- Angemessenheit des Managements von Betroffenenrechten sowie
- Wirksamkeit des Managements von Betroffenenrechten.

Dies bedeutet u.a.

- Dokumentation der Planung und Durchführung der Audits,
- Dokumentation der Ergebnisse des Audits (Auditbericht) und
- Ableitung und Nachverfolgung erforderlicher Maßnahmen (Finaler Bericht).

Managementbewertung

Die Geschäftsleitung sollte regelmäßig auch in die Überwachung des Managements der Betroffenenrechte mit eingebunden sein. Dabei sollte das Management in diesem Zusammenhang u.a. über Folgendes informiert werden:

- Ergebnisse der Audits
- Wesentliche Ergebnisse der regelmäßigen Auswertungen der Anfragen
- Anfragen der Aufsichtsbehörde

5.2.3.4 Verbesserung

Die Ergebnisse der Bewertung sollen das Management von Betroffenenrechten kontinuierlich verbessern. Dies bedeutet u.a.:

- Festlegung von Maßnahmen zur Behebung von identifizierten Schwachstellen und Missständen des Managements von Betroffenenrechten
- Ggf. Überprüfung der Wirksamkeit der technischen und organisatorischen Maßnahmen der Datenverarbeitung
- Einbindung des Managements in die Entscheidungen
- Systematische Nachverfolgung der Umsetzung der Verbesserungsmaßnahmen und Überprüfung von deren Wirksamkeit

5 Datenschutzprozesse (Ablauforganisation)

5.3 Kernprozess: „Handhabung von Datenschutzverletzungen"

5.3.1 Überblick Datenschutzverletzung

Die Sicherheit der Verarbeitung personenbezogener Daten soll durch die Auswahl, Umsetzung und Überprüfung geeigneter technischer und organisatorischer Maßnahmen sichergestellt werden. Dies wurde in Kapitel 5.1 im Rahmen des Kernprozesses „Datenschutzkonforme Verarbeitung" behandelt.

Sollte es trotz aller Maßnahmen zu Verletzungen des Schutzes personenbezogener Daten kommen, hat der Verantwortliche im Regelfall eine Meldung an die zuständige Aufsichtsbehörde zu machen. Für den Fall, dass ein hohes Risiko für die Rechte und Freiheiten betroffener Personen besteht, sind diese (zusätzlich zur Aufsichtsbehörde) zu benachrichtigen.

Was ist eine „Verletzung des Schutzes personenbezogener Daten"?

Eine Verletzung des Schutzes personenbezogener Daten (kurz „Datenschutzverletzung") ist gemäß Art. 4 Nr. 12 eine **Verletzung der Sicherheit**[19], die

- ob unbeabsichtigt oder unrechtmäßig, zur Vernichtung, zum Verlust oder zur Veränderung (**Verlust der Verfügbarkeit bzw. Integrität**) oder
- zur unbefugten Offenlegung von beziehungsweise zum unbefugten Zugang zu personenbezogenen Daten (**Verlust der Vertraulichkeit**)

führt.

Der Verantwortliche muss auf eine Datenschutzverletzung vorbereitet sein:

ErwGr. 87 bestimmt: *„Es sollte festgestellt werden, ob alle geeigneten technischen Schutz- sowie organisatorischen Maßnahmen getroffen wurden, um sofort feststellen zu können, ob eine Verletzung des Schutzes personenbezogener Daten aufgetreten ist, und um die Aufsichtsbehörde und die betroffene Person umgehend unterrichten zu können."*

Daraus leitet sich unmittelbar ab, dass der Verantwortliche auf Folgendes **vorbereitet** sein muss: Der Verantwortliche muss in der Lage sein,

- sofort festzustellen, ob eine Datenschutzverletzung vorliegt und
- die Aufsichtsbehörde und die Betroffenen umgehend zu unterrichten.

---

19 S.a. Art. 32, der u.a. auf das Risiko einer Datenschutzverletzung abzielt.

5.3.2 Anforderungen bei Vorliegen einer Datenschutzverletzung

Die Melde- und Benachrichtigungspflichten sind im Einzelnen in Art. 33 und Art. 34 geregelt.

5.3.2.1 Meldepflicht gegenüber der Aufsichtsbehörde

Im Falle einer **Verletzung** des Schutzes personenbezogener Daten muss der Verantwortliche diese der zuständigen Aufsichtsbehörde melden, Art. 33 Abs. 1.

Ausnahmen von der Meldepflicht

Eine Ausnahme greift nur dann, wenn der Verantwortliche feststellt, dass die Verletzung voraussichtlich nicht zu einem Risiko für die Rechte und Freiheiten von natürlichen Personen führt. In ErwGr. 85 heißt es hierzu: Verletzungen sind zu melden „..., *es sei denn, der Verantwortliche kann im Einklang mit dem Grundsatz der Rechenschaftspflicht nachweisen, dass die Verletzung des Schutzes personenbezogener Daten voraussichtlich nicht zu einem Risiko für die persönlichen Rechte und Freiheiten natürlicher Personen führt.*"

5.3.2.1.1 Fristen für die Meldung

Die Meldung muss unverzüglich und möglichst binnen 72 Stunden nach Bekanntwerden der Verletzung erfolgen. Kann die 72-Stunden-Frist nicht eingehalten werden, muss der späteren Meldung eine Begründung für diese Verzögerung beigefügt werden. Dabei ist es aber auch möglich, zunächst vorsorglich eine fristgemäße Meldung zu machen und noch fehlende Informationen ohne unangemessene Verzögerung schrittweise zur Verfügung zu stellen, Art. 33 Abs. 4.

5.3.2.1.2 Inhalt der Meldung

Der Mindestmeldeumfang ist in Art. 33 Abs. 3 geregelt. Der Verantwortliche muss der Aufsichtsbehörde mindestens folgende Informationen zur Verfügung stellen:

- Name und Kontaktdaten des Datenschutzbeauftragten oder einer sonstigen Anlaufstelle für weitere Informationen
- Beschreibung von:
  - Art der Verletzung des Schutzes personenbezogener Daten
  - Kategorien und ungefähre Anzahl von betroffenen Personen und von personenbezogenen Datensätzen, soweit möglich
  - Wahrscheinliche Folgen der Verletzung
  - Vom Verantwortlichen ergriffene oder vorgeschlagene Maßnahmen zur Behebung der Verletzung und ggf. Maßnahmen zur Abmilderung möglicher nachteiliger Auswirkungen

5 Datenschutzprozesse (Ablauforganisation)

Sofern die Meldung verspätet ist, sind ferner Gründe für die Verzögerung beizufügen.

Art. 33 Abs. 3	Verletzung	Auswirkung / Folge
Beschreibung	Art der Verletzung, Betroffene Personen (Kategorien / Anzahl), Betroffene Daten (Kategorien / Anzahl)	Wahrscheinliche Folgen, Schwere der Folgen (Risikoabschätzung): Kein Risiko[20], Risiko oder hohes Risiko
Maßnahmen	Getroffene oder vorgeschlagene Maßnahmen zur Behebung der Verletzung für die Zukunft	Ggf. getroffene oder vorgeschlagene Maßnahmen zur Abmilderung möglicher nachteiliger Auswirkungen der vorliegenden Verletzung

Tabelle 7: Meldepflicht

5.3.2.1.3 Dokumentationspflichten

Nach Art. 33 Abs. 5 hat der Verantwortliche die Verletzung zu dokumentieren. Dazu gehört die Dokumentation der Umstände der Verletzung, deren Auswirkungen und die ergriffenen Maßnahmen. Ferner empfiehlt sich die Dokumentation der Risiko-Folgenabschätzung, insbesondere für den Fall, dass das Unternehmen keine Meldung vorgenommen hat, weil es der Auffassung war, dass kein Risiko vorliegt. Die Dokumentation muss derart gestaltet sein, dass die Aufsichtsbehörde die Einhaltung der Vorgaben des Art. 33 überprüfen kann.

5.3.2.2 Benachrichtigungspflicht gegenüber den betroffenen Personen

Die von einer Datenschutzverletzung betroffenen Personen sind gem. Art. 34 Abs. 1 dann zu benachrichtigen, wenn voraussichtlich ein „hohes Risiko" für deren Rechte und Freiheiten besteht. Wann genau ein *„hohes Risiko"* besteht, lässt sich nicht verallgemeinernd sagen. Aus den Erwägungsgründen 75 bis 77 und 91 bis 94 lassen sich aber Rahmenbedingungen entnehmen, die wie folgt überblicksartig zusammengefasst werden können:

– Das Risiko ist stets objektiv zu bewerten.

– Eintrittswahrscheinlichkeit und Schwere des Risikos sind maßgeblich.

– In Bezug auf die Schwere des Risikos ist zum einen auf die Sensibilität der Daten (z.B. Gesundheitsdaten) abzustellen, zum anderen sind mögliche Konsequenzen für den Betroffenen zu berücksichtigen (z.B. Identitätsdiebstahl).

– Maßgeblich ist ferner, ob die personenbezogenen Daten durch geeignete technische Sicherheitsvorkehrungen geschützt waren, welche die Wahrscheinlichkeit eines hohen Risikos verringern.

---

20 Unter dem Begriff „Kein Risiko" wird im Folgenden auch verstanden, dass voraussichtlich kein Risiko für die Rechte und Freiheiten natürlicher Personen besteht.

Der Verantwortliche kann eine Benachrichtigungspflicht gem. Art. 34 Abs. 3 abwenden, wenn er

- geeignete technische und organisatorische Sicherheitsvorkehrungen getroffen und auf die von der Verletzung betroffenen Daten angewendet hat (insbes. Verschlüsselung der Daten zum Schutz vor unbefugtem Zugriff) oder
- durch nachfolgende (d.h. nach der Verletzung erfolgte) Maßnahmen sichergestellt hat, dass ein hohes Risiko aller Wahrscheinlichkeit nach nicht mehr besteht.

Ferner entfällt die individuelle Benachrichtigungspflicht, wenn diese mit einem unverhältnismäßig hohen Aufwand verbunden wäre. Allerdings muss dann stattdessen eine öffentliche Bekanntmachung oder ähnlich und vergleichbar wirksame Maßnahme die betroffenen Personen informieren.

5.3.2.2.1 Zeitpunkt der Benachrichtigung

Die betroffenen Personen sind „unverzüglich" zu benachrichtigen. Anders als bei der Meldepflicht gegenüber der Behörde ist keine feste Frist vorgegeben, sodass ein gewisser Auslegungsspielraum verbleibt, wenn eine Benachrichtigung des Betroffenen noch nicht sinnvoll erscheint. ErwGr. 88 erwähnt insoweit z.B. die Gefährdung von Strafermittlungen.

5.3.2.2.2 Inhalt der Benachrichtigung

Inhaltlich muss die Benachrichtigung mindestens die folgenden Angaben enthalten:

- Name und Kontaktdaten des Datenschutzbeauftragten oder einer sonstigen Anlaufstelle für weitere Informationen
- Beschreibung von:
  - Art der Verletzung
  - Wahrscheinliche Folgen
  - Vom Verantwortlichen ergriffene oder vorgeschlagene Maßnahmen zur Behebung der Verletzung und ggf. Maßnahmen zur Abmilderung möglicher nachteiliger Auswirkungen

5.3.3 Datenschutzverletzung – PDCA

5.3.3.1 Planung

Ziel der Planung ist die Festlegung der Abläufe, die im Falle einer Datenschutzverletzung greifen sollen, um die Anforderungen der DS-GVO zu erfüllen.

5 Datenschutzprozesse (Ablauforganisation)

Erstellung eines Reaktionsplans für die Handhabung von Datenschutzverletzungen

Der Reaktionsplan sollte im Wesentlichen folgende Aktivitäten umfassen:

	Aktivität	Zeitpunkt
1	**Identifikation der Datenschutzverletzung:** – Interne Meldung der Datenschutzverletzung – Liegt eine Datenschutzverletzung vor?	Zeitpunkt der Kenntniserlangung
2	**Bewertung / Risikoanalyse:** – Welche Art von Verletzung liegt vor? – Wer sind die betroffenen Personen (Kategorie / Anzahl)? – Welche Daten sind betroffen (Kategorie / Anzahl)? – Was sind die wahrscheinlichen Folgen / Auswirkungen der Verletzung? – Was ist die Schwere der Folge / Auswirkung der Verletzung? Kategorien: Kein Risiko, Risiko, hohes Risiko	unverzüglich nach Identifikation der Verletzung
3	**Auswahl geeigneter Maßnahmen** – Durch welche Maßnahmen lässt sich die Verletzung beheben? – Können die Maßnahmen zur Behebung der Verletzung unmittelbar umgesetzt werden? = getroffene Maßnahme bzw. vorgeschlagene Maßnahme – Durch welche Maßnahmen lassen sich mögliche nachteilige Auswirkungen der Verletzung abmildern? – Können die Maßnahmen zur Abmilderung möglicher nachteiliger Auswirkungen unmittelbar umgesetzt werden? = getroffene Maßnahme bzw. vorgeschlagene Maßnahme	unverzüglich nach Bewertung der Verletzung, sofern nicht „kein Risiko" festgestellt wurde
4	**Entscheidung über Meldung / Benachrichtigung** – Muss die Verletzung der Aufsichtsbehörde gemeldet werden? (Risiko oder hohes Risiko) – Müssen die Betroffenen benachrichtigt werden? (hohes Risiko) – Einbindung der Geschäftsführung	unverzüglich nach Bewertung der Verletzung, wenn Maßnahmen nicht zur gleichen Zeit zur Verfügung stehen, sonst nach Auswahl der Maßnahmen
5	**Meldung an Aufsichtsbehörde** Datenschutzverletzung birgt Risiko oder hohes Risiko für die Betroffenen	Innerhalb von 72 Stunden!

	Aktivität	Zeitpunkt
6	**Benachrichtigung der Betroffenen** Datenschutzverletzung birgt hohes Risiko für die Betroffenen	Unverzüglich

Tabelle 8: Reaktionsplan Datenschutzverletzungen

Bei der Erstellung des Planes ist u.a. auf Folgendes zu achten:

Bewertung / Risikoanalyse

Die Beurteilung des Risikos für die Rechte und Freiheiten der natürlichen Person ist von entscheidender Bedeutung dafür, ob der Verantwortliche melden oder benachrichtigen muss.[21]

Pflichten des Verantwortlichen	Voraussichtliche Folge der Datenschutzverletzung		
	kein Risiko	Risiko	hohes Risiko
Meldung an Aufsichtsbehörde gem. Art. 33	Nein	Ja	Ja
Benachrichtigung an betroffene Person gem. Art. 34	Nein	Nein	Ja

Tabelle 9: Risikoabhängige Melde- und Benachrichtigungspflichten

Die Risikobeurteilung sollte Bestandteil eines allgemeinen und unternehmensweiten datenschutzbezogenen Risikomanagements sein.

Zeitnahes Handeln gefordert

Sofern der Verantwortliche im Falle einer Datenschutzverletzung aufgrund der erfolgten Risikobeurteilung diese an die zuständige Aufsichtsbehörde melden bzw. die betroffene Person benachrichtigen muss, hat dies innerhalb eines vorgeschriebenen Zeitrahmens zu erfolgen.

Pflichten des Verantwortlichen	Wenn Meldung bzw. Benachrichtigung, dann ...
Meldung an Aufsichtsbehörde gem. Art. 33	Innerhalb von 72 Stunden nach Kenntnis
Benachrichtigung an betroffene Person gem. Art. 34	Unverzüglich

Tabelle 10: Zeitliche Vorgaben bei Datenschutzverletzungen

---

21 Zum Datenschutz-Risikomanagement siehe auch Kapitel 6.

5 Datenschutzprozesse (Ablauforganisation)

5.3.3.2 Betrieb

Für die Umsetzung und den Betrieb wird folgendes **zweistufiges Vorgehen** empfohlen, welches sich aus dem ErwGr. 87 ableitet:

- Vorbereitung auf eine mögliche Datenschutzverletzung
- Reaktion auf eine tatsächliche Datenschutzverletzung

Stufe 1: Vorbereitung auf eine mögliche Datenschutzverletzung

- Auf Grundlage des Reaktionsplans für eine Datenschutzverletzung sollte ein Probelauf (wie eine Feuerwehrübung) vorbereitet werden, um zu testen, ob die geplanten Maßnahmen im Ernstfall greifen und das Unternehmen in geeigneter Form auf mögliche Datenschutzverletzungen vorbereitet ist.
- Der Probelauf sollte Szenarien von Datenschutzverletzungen unter Einbindung aller erforderlichen Ressourcen möglichst realistisch durchspielen.
- Anschließend sollten die Erkenntnisse des Probelaufs ausgewertet und ggf. der Reaktionsplan aktualisiert werden.

Stufe 2: Reaktion auf eine tatsächliche Datenschutzverletzung

- Ein Reaktionsplan sollte implementiert werden.
- Den einzelnen Aktivitäten müssen eindeutige Verantwortlichkeiten und Zuständigkeiten zugewiesen werden.
- Datenschutzverletzungen sollten entsprechend dem Reaktionsplan behandelt werden.
- Datenschutzverletzungen müssen vom Verantwortlichen dokumentiert werden, einschließlich aller im Zusammenhang damit stehender Fakten sowie der Auswirkungen und Abhilfemaßnahmen.
- Die Dokumentation der Datenschutzverletzungen sowie der Umgang mit diesen sind von hoher Wichtigkeit, da sie der Aufsichtsbehörde die Überprüfung der Einhaltung der Bestimmungen der DS-GVO ermöglichen.

Das zweistufige Vorgehen ist in der folgenden Übersicht dargestellt:

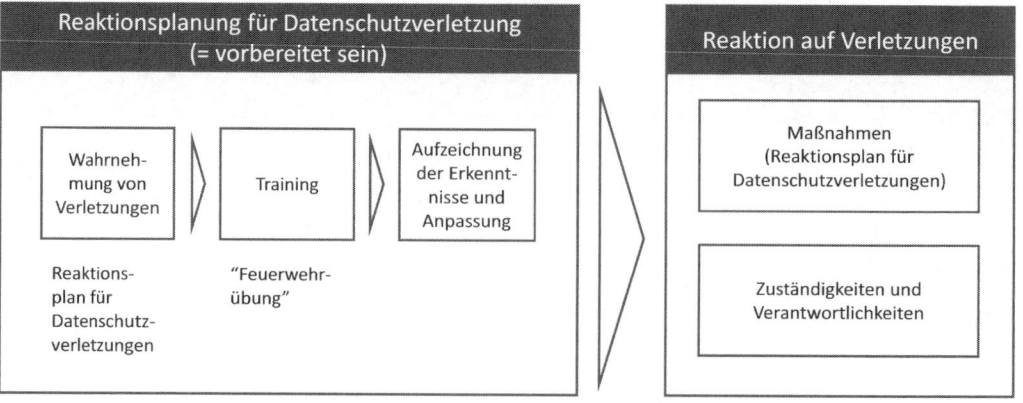

Abbildung 22: Zweistufiges Vorgehen bei Datenschutzverletzungen

5.3.3.3 Bewertung

Ziele der Bewertung sind

- Verbesserungen der Handhabung von Datenschutzverletzungen, aber auch
- Verbesserung der technischen und organisatorischen Maßnahmen bei der Datenverarbeitung aufgrund der Erkenntnisse aus Datenschutzverletzungen (oder auch nur der „Feuerwehrübungen" zum Training der Reaktion im Fall reeller Datenschutzverletzungen).

Die Bewertung setzt sich zusammen aus den folgenden Aktivitäten:

- Auswertung der Ergebnisse von Reaktionen auf Datenschutzverletzungen
- Audit des Managements von Datenschutzverletzungen
- Probeläufe für unterschiedliche Szenarien von Datenschutzverletzungen
- Managementbewertung der Ergebnisse von Datenschutzverletzungen, Auditberichte sowie Erkenntnisse der Probeläufe

Die folgende Abbildung stellt den Zusammenhang zwischen den Prozessen Datenschutzverletzung und Datenverarbeitung dar:

Abbildung 23: Rückkopplung von Datenschutzverletzungen auf die Datenverarbeitung

Auswertung der Ergebnisse von Datenschutzverletzungen

- Analyse der Ursache für eine Datenschutzverletzung
- Auswertung der Folgen der Datenschutzverletzung
- Auswertung der Abhilfemaßnahmen

5 Datenschutzprozesse (Ablauforganisation)

Audit der Handhabung von Datenschutzverletzungen

Interne Audits überprüfen den Reaktionsprozess auf eine Datenschutzverletzung. Diese sollten Bestandteil der übergeordneten Auditprogrammplanung sein und nach dem Auditprozess ablaufen (s. auch Kapitel 5.1.3.3). Bestandteile der internen Audits sind im Wesentlichen

- Konzept für die Handhabung von Datenschutzverletzungen (Reaktionsplan),
- Angemessenheit des Umgangs mit Datenschutzverletzungen und
- Wirksamkeit des Umgangs mit Datenschutzverletzungen.

Dies bedeutet u.a.

- Dokumentation der Planung und Durchführung der Audits,
- Dokumentation der Ergebnisse des Audits (Auditbericht) und
- Ableitung und Nachverfolgung erforderlicher Maßnahmen (Finaler Bericht).

Probeläufe für unterschiedliche Szenarien von Datenschutzverletzungen

Probeläufe sollten in regelmäßigen Abständen durchgeführt werden. Sie sollten widerspiegeln, wie gut das Unternehmen auf mögliche Datenschutzverletzungen vorbereitet ist. Die Bewertung des Probelaufes liefert wichtige Erkenntnisse über Schwachstellen, die nachgebessert werden müssen. Darüber hinaus sind Probeläufe Test und Training gleichermaßen und sensibilisieren die involvierten Mitarbeiter.

Bestandteile der Probeläufe (Feuerwehrübungen) sollten sein:

- Dokumentation der Planung des Probelaufs (u.a. Zielsetzung, Szenarien)
- Dokumentation des Ablaufes des Probelaufs (Wesentliche Erkenntnisse)
- Auswertung des Probelaufs
- Ableitung und Nachverfolgung erforderlicher Maßnahmen
- Information der involvierten Personen über die Erkenntnisse und getroffene Verbesserungsmaßnahmen

Managementbewertung

Die Geschäftsleitung sollte regelmäßig in die Überwachung der Datenschutzverletzungen mit eingebunden sein. Dabei sollte das Management in diesem Zusammenhang u.a. über Folgendes regelmäßig und ggf. unverzüglich informiert werden:

- Datenschutzverletzungen
- Ergebnisse der Audits
- Erkenntnisse der Probeläufe
- Anfragen der Aufsichtsbehörde

5.3.3.4 Verbesserung

Die Ergebnisse der Bewertung sollen die Handhabung von Datenschutzverletzungen kontinuierlich verbessern bzw. das zukünftige Eintreten von Datenschutzverletzungen reduzieren. Dies erfordert u.a.:

- Festlegung von Maßnahmen zur Behebung von identifizierten Schwachstellen und Missständen der Handhabung von Datenschutzverletzungen
- Berücksichtigung der Wechselwirkung mit der Wirksamkeit technischer und organisatorischer Maßnahmen der Datenverarbeitung
- Einbindung des Managements in die Entscheidungen
- Systematische Nachverfolgung der Umsetzung der Verbesserungsmaßnahmen
- Überprüfung der Wirksamkeit der implementierten Verbesserungsmaßnahmen

6 Datenschutz-Risikomanagement

Um als Verantwortlicher datenschutzkonform zu handeln und die Vorschriften der DS-GVO einzuhalten, ist eine angemessene Berücksichtigung der Risiken von zentraler Bedeutung. Der Begriff des Risikos kommt an verschiedenen Stellen in der DS-GVO vor (z.B. Art. 35, 36: Datenschutz-Folgenabschätzung und Art. 33, 34: Datenschutzverletzungen) und sollte einheitlich interpretiert und angewandt werden. Der Risikobegriff ist in der Verordnung nicht definiert, wenngleich Beispiele für Risiken genannt werden (u.a. ErwGr. 75). Dabei muss zwischen unterschiedlichen Risikoarten differenziert werden (z.B. Datenschutzrisiken und Compliance-Risiken). Der Verantwortliche sollte sich, um den Anforderungen einer „risikobasierten" Umsetzung der DS-GVO gerecht zu werden, an bereits existierenden Ansätzen des Risikomanagements orientieren. Diese werden in Kapitel 6.2 dargestellt, bevor auf Ansätze und Elemente für ein mögliches Datenschutz-Risikomanagement in Kapitel 6.3 eingegangen wird. Datenschutz-Risikomanagement sollte als Teil des unternehmensweiten Risikomanagements verstanden werden, das in hohem Maß die unternehmensindividuellen Besonderheiten berücksichtigen sollte. Daher kann es auch kein allgemeingültiges Datenschutz-Risikomanagement geben. Zunächst aber wird in Kapitel 6.1 erläutert, an welchen Stellen in der DS-GVO überhaupt ein Risikobezug besteht.

6.1 Risikobezug in der DS-GVO

Der Verantwortliche muss bei jeder **Verarbeitung von personenbezogenen Daten** die Risiken für die Rechte und Freiheiten natürlicher Personen berücksichtigen, die mit der Verarbeitung personenbezogener Daten einhergehen und zu einem – physischen, materiellen oder immateriellen – Schaden[22] für den Betroffenen führen können (Art. 24). Die Einschätzung von Risiken ist ferner bei der Sicherheit von Verarbeitungen (Art. 32) sowie Datenschutz durch Technikgestaltung und durch datenschutzfreundliche Voreinstellungen (Art. 25) relevant. Kommt man bei der Einschätzung zu einem voraussichtlich „hohen Risiko", muss der Verantwortliche außerdem vor Aufnahme einer Verarbeitung eine Datenschutz-Folgenabschätzung durchführen (Art. 35 und 36). Der Verantwortliche muss insgesamt den Risiken entsprechend geeignete technische und organisatorische Maßnahmen umsetzen. Schließlich spielt der Risikobegriff auch bei der **Handhabung von Datenschutzverletzungen** eine wichtige Rolle. Denn von der Einstufung des Risikos (kein Risiko, Risiko oder hohes Risiko) hängt ab, welche Schritte er unternehmen muss: Bei einer Datenschutzverletzung mit einem möglichen Risiko für die Betroffenen muss er zunächst die Verletzung der Aufsichtsbehörde melden (Art. 33). Handelt es sich aber möglicherweise um ein „hohes Risiko", hat der Verantwortliche außerdem die Betroffenen zu benachrichtigen (Art. 34).

---

22 ErwGr. 75.

Im Überblick:

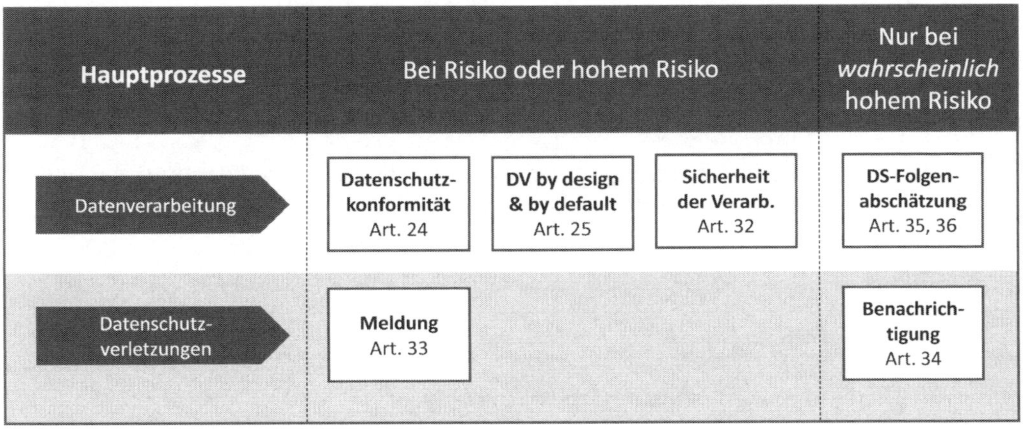

Hauptprozesse	Bei Risiko oder hohem Risiko			Nur bei *wahrscheinlich* hohem Risiko
Datenverarbeitung	Datenschutz-konformität Art. 24	DV by design & by default Art. 25	Sicherheit der Verarb. Art. 32	DS-Folgen-abschätzung Art. 35, 36
Datenschutz-verletzungen	Meldung Art. 33			Benachrichtigung Art. 34

Abbildung 24: Der Begriff Risiko in den einzelnen Vorschriften

Nachfolgend wird vertieft auf die eben dargestellten risikorelevanten Stellen der DS-GVO eingegangen. Dabei wird unterteilt nach Risiken in der Datenverarbeitung (6.1.1), Risiken bei einer Datenschutzverletzung (6.1.2), Beispielen in der DS-GVO für Risiken, Schaden und hohe Risiken (6.1.3), bevor abschließend der sog. *„risikobasierte Ansatz"* der DS-GVO erläutert wird (6.1.4). Erst wenn der Verantwortliche die Relevanz des Risikos für die Umsetzung des Datenschutzes kennt, kann er sich mit dem Management solcher Risiken angemessen auseinandersetzen.

6.1.1 Risiken bei der Datenverarbeitung

Der Verantwortliche muss bei jedweder Verarbeitung unter Berücksichtigung der Art, des Umfangs, der Umstände und Zwecke der Verarbeitung und der Eintrittswahrscheinlichkeit und Schwere der Risiken für die Rechte und Freiheiten natürlicher Personen durch die Auswahl geeigneter technischer und organisatorischer Maßnahmen eine wirksame Einhaltung der DS-GVO sicherstellen und nachweisen können (Art. 24). Zusätzlich muss er – unter Berücksichtigung des Stands der Technik und möglicher Implementierungskosten – ein dem Risiko angemessenes Schutzniveau[23] sowie eine Aufrechterhaltung der Sicherheit[24] gewährleisten (Art. 32). Insofern ist Art. 32 als Konkretisierung des Art. 24 zu betrachten.

Die Risiken für die Datenverarbeitung und der Umgang damit werden in der DS-GVO an verschiedenen Stellen beschrieben. Im Einzelnen:

---

23 Das Schutzniveau ist die Menge aller rechtlichen, technischen und organisatorischen Rahmenbedingungen, welche die Gewährleistung der Freiheiten und Rechte natürlicher Personen bei der Verarbeitung ihrer personenbezogenen Daten sicherstellen sollen.
24 Sicherheit („*Security*") kann als Abwesenheit von Gefährdungen, die zu einer Beeinträchtigung der Rechte und Freiheiten natürlicher Personen bei der Verarbeitung ihrer personenbezogenen Daten führen, verstanden werden. Dazu werden insbesondere die aus der Informationssicherheit bekannten Schutzziele Vertraulichkeit, Verfügbarkeit und Integrität betrachtet – diese aber mit dem Blickwinkel des Datenschutzes, d.h., statt der Unternehmenswerte steht der einzelne Betroffene im Mittelpunkt der Betrachtung.

6 Datenschutz-Risikomanagement

Risikobeurteilung

In ErwGr. 76 wird explizit eine **Risikobeurteilung** anhand einer objektiven – d.h. einer nachvollziehbaren – Risikobewertung gefordert, durch die eine Risikoklassifikation einer Datenverarbeitung in ein Risiko oder ein hohes Risiko möglich ist.[25] Der ErwGr. 77 zeigt erforderliche Schritte im Umgang mit Risiken auf:[26]

- Ermittlung des mit der Verarbeitung verbundenen Risikos: Abschätzung des Risikos in Bezug auf Ursache, Art, Eintrittswahrscheinlichkeit und Schwere und Festlegung von Verfahren für dessen Eindämmung
- Durchführung geeigneter und wirksamer Maßnahmen[27]
- Nachweis der Einhaltung

Datensicherheitsrisiken und angemessenes Schutzniveau

Zur Gewährleistung eines dem Risiko angemessenen Schutzniveaus fordert Art. 32 in Verbindung mit dem ErwGr. 83, dass auch die Datensicherheitsrisiken berücksichtigt werden.

Bei der **Beurteilung eines angemessenen Schutzniveaus** (nicht zu verwechseln mit dem „angemessenen Schutzniveau" in Drittländern) sind zur Sicherstellung des Datenschutzes beim Verantwortlichen insbesondere die Risiken zu berücksichtigen, die mit der Verarbeitung verbunden sind, insbesondere durch – ob unbeabsichtigt oder unrechtmäßig – Vernichtung, Verlust, Veränderung oder unbefugte Offenlegung von beziehungsweise unbefugten Zugang zu personenbezogenen Daten, die übermittelt, gespeichert oder auf andere Weise verarbeitet wurden (Art. 32 Abs. 2).

Die Risiken von Vernichtung, Verlust, Veränderung, unbefugter Offenlegung oder unbefugtem Zugang zu personenbezogenen Daten werden bei der Definition einer Datenschutzverletzung in Art. 4 Ziff. 12 konkret benannt. Die Definition stellt dabei ausdrücklich auf eine „Verletzung der Sicherheit" ab. **Eine Datenschutzverletzung gemäß den Art. 33 und 34 bezieht sich folglich ausschließlich auf eine Verletzung der Sicherheit der Verarbeitung!**

Zur Gewährleistung eines dem Risiko angemessenen Schutzniveaus in Bezug auf die Datensicherheit sind u.a. folgende Maßnahmen gemäß Art. 32 Abs. 1 gefordert:

- Verschlüsselung und Pseudonymisierung von personenbezogenen Daten
- Dauerhafte Sicherstellung von Fähigkeit, Vertraulichkeit, Integrität, Verfügbarkeit und Belastbarkeit der für die Verarbeitung relevanten Systeme und Dienste
- Bei einem technischen oder physischen Zwischenfall rasche Wiederherstellung von Fähigkeit und Verfügbarkeit der relevanten Systeme und Dienste und Zugang zu personenbezogenen Daten

---

[25] ErwGr. 76: *„Das Risiko sollte anhand einer objektiven Bewertung beurteilt werden, bei der festgestellt wird, ob die Datenverarbeitung ein Risiko oder ein hohes Risiko birgt."*
[26] Dies entspricht in etwa der Formulierung in ErwGr. 90, d.h., die Risikobewertungen nach Art. 24 und Art. 35 (Datenschutz-Folgenabschätzung) sind in ihrer Art und Weise ähnlich.
[27] Die Wirksamkeit bedingt Überwachungsmechanismen und -maßnahmen, u.a. Audits, s. hierzu auch Kapitel 9.

6.1 Risikobezug in der DS-GVO

– Verfahren zur regelmäßigen Überprüfung, Bewertung und Evaluierung der Wirksamkeit der technischen und organisatorischen Maßnahmen

Dabei fordert Art. 25 von dem Verantwortlichen, dass bereits frühzeitig bei der Entwicklung von Anwendungen, Produkten und Diensten Aspekte des Datenschutzes, insbesondere durch Einbeziehung geeigneter technischer und organisatorischer Maßnahmen berücksichtigt werden. Damit ergänzt Art. 25 die Art. 24 und 32 durch zeitliche und inhaltliche Forderungen nach datenschutzfreundlicher Technik und datenschutzfreundlichen Voreinstellungen.

	Art. 24	Art. 25	Art. 32
Risikobasierter Ansatz			
Bezieht sich auf:	Jedwede Verarbeitung	Anwendungen, Produkte und Dienste	Sicherheit der Verarbeitung
Mit dem Ziel:	Sicherstellung einer wirksamen und nachweisbaren Einhaltung der DS-GVO (= Verarbeitung im Einklang mit DS-GVO)	Datenschutzfreundliche Technik und Voreinstellungen	Gewährleistung eines dem Risiko angemessenen Schutzniveaus und Aufrechterhaltung der Sicherheit
Unter Berücksichtigung von:			
Art, Umfang, Umständen und Zwecken der Verarbeitung	✓	✓	✓
Eintrittswahrscheinlichkeit und Schwere der **Risiken für die Rechte und Freiheiten natürlicher Personen**	✓	✓	✓
Stand der Technik und Implementierungskosten		✓	✓
Durch			
Geeignete technische und organisatorische Maßnahmen	✓	✓	✓

Tabelle 11: Übersicht der Risikobeurteilung

6 Datenschutz-Risikomanagement

Datenschutz-Folgenabschätzung (DSFA)

Eine weitergehende und umfangreichere Verpflichtung muss der Verantwortliche erfüllen, wenn mit einer Verarbeitung hohe oder zumindest wahrscheinlich hohe Risiken verbunden sind. Er hat dann eine Datenschutz-Folgenabschätzung gemäß Art. 35 und eine vorherige Konsultation bei der Aufsichtsbehörde gemäß Art. 36 durchzuführen. Durch eine Datenschutz-Folgenabschätzung sollen die – wahrscheinlich hohen – mit einer Verarbeitung verbundenen Risiken evaluiert[28] werden, insbesondere Ursache, Art, Besonderheit und Schwere des Risikos (ErwGr. 84) unter Berücksichtigung von Art, Umfang, Umständen und Zwecken der Datenverarbeitung (ErwGr. 90).

Der **Mindestinhalt einer DSFA** ist in Art. 35 Abs. 7 geregelt:

- Systematische Beschreibung[29] der geplanten Verarbeitungsvorgänge und des Zwecks der Verarbeitung, gegebenenfalls einschließlich der von dem Verantwortlichen verfolgten berechtigten Interessen[30]
- Bewertung der Notwendigkeit und Verhältnismäßigkeit der Verarbeitungsvorgänge in Bezug auf den Zweck
- Bewertung der Risiken für die Rechte und Freiheiten der betroffenen Personen
- Die zur Bewältigung der Risiken geplanten Abhilfemaßnahmen, einschließlich Garantien, Sicherheitsvorkehrungen und Verfahren, durch die der Schutz personenbezogener Daten sichergestellt und der Nachweis dafür erbracht wird, dass die Verordnung eingehalten wird, wobei den Rechten und berechtigten Interessen der betroffenen Personen und sonstiger Betroffener Rechnung getragen wird

Die Aufsichtsbehörde erstellt zukünftig eine Liste der Verarbeitungsvorgänge, für die eine DSFA durchzuführen ist (Black-List, Art. 35 Abs. 4). Darüber hinaus kann die Aufsichtsbehörde eine Liste der Verarbeitungsvorgänge erstellen, für die keine DSFA erforderlich ist (White-List, Art. 35 Abs. 5). Die Listen veröffentlicht die Aufsichtsbehörde und übermittelt sie an den Europäischen Datenschutzausschuss (Art. 68). Bei der Erstellung der Listen wendet die zuständige Aufsichtsbehörde das Kohärenzverfahren gemäß Art. 63 an. Beispiele für Verarbeitungen mit hohem Risiko sind in Kapitel 6.1.3 aufgeführt. Es wird sicherlich noch eine Weile dauern, bis derartige Listen verfügbar sind.[31] Sie sind dann aber voraussichtlich eine gute Orientierung für Verantwortliche zur Einschätzung, ob eine Datenschutz-Folgenabschätzung erforderlich ist oder nicht. Abschließenden Charakter haben diese Listen selbstverständlich nicht.

---

28 Im Englischen „*to evaluate*"; wichtig ist die Unterscheidung der Begriffe Risikobeurteilung (*risk assessment*) und Risikobewertung oder auch Risikoevaluation (*risk evaluation*).
29 Detaillierte schriftliche Darstellung einer Verarbeitungstätigkeit/eines Produktes inklusive Beschreibung aller verarbeitenden Datenfelder samt Schutzbedarfsfeststellung sowie der Schnittstellen zu anderen Verarbeitungstätigkeiten/Produkten. Das Verarbeitungsverzeichnis kann als Grundlage verwendet werden, sofern der Blickwinkel der Datenschutz-Folgenabschätzung darin abgebildet ist – dies kann mitunter bei der Entwicklung von Produkten nicht der Fall sein.
30 S. Art. 6 Abs. 1 lit. f und ErwGr. 47, 48.
31 Die Art. 29-Gruppe erarbeitet dazu ein Positionspapier, s. Art. 29-Gruppe, WP 236, 2016.

6.1.2 Risiken einer Datenschutzverletzung

Der Begriff der **Datenschutzverletzung** ist in **Art. 4 Ziff. 12** definiert als**:** „*… eine Verletzung der Sicherheit, die, ob unbeabsichtigt oder unrechtmäßig, zur Vernichtung, zum Verlust, zur Veränderung, oder zur unbefugten Offenlegung von beziehungsweise zum unbefugten Zugang zu personenbezogenen Daten führt, die übermittelt, gespeichert oder auf sonstige Weise verarbeitet wurden.*" Bei der Datenschutzverletzung handelt es sich also im Wesentlichen um eine Verletzung der Sicherheit, analog zu **Art. 32 Abs. 2.** Im Überblick:

Schritt 1: Risiko einer Datenschutzverletzung
- Beurteilung des Risikos der Verarbeitung für Betroffene
- Festlegung von Schutzmaßnahmen (TOMs)

Schritt 2: Datenschutzverletzung
- Verletzung der Schutzmaßnahmen = Datenschutzverletzung
- Risiko / Schaden für Betroffene (= Datenschutzrisiko bzw. Schaden)
- ABER auch: Risiko / Schaden für Verantwortlichen (= Compliance-Risiko bzw. Schaden)

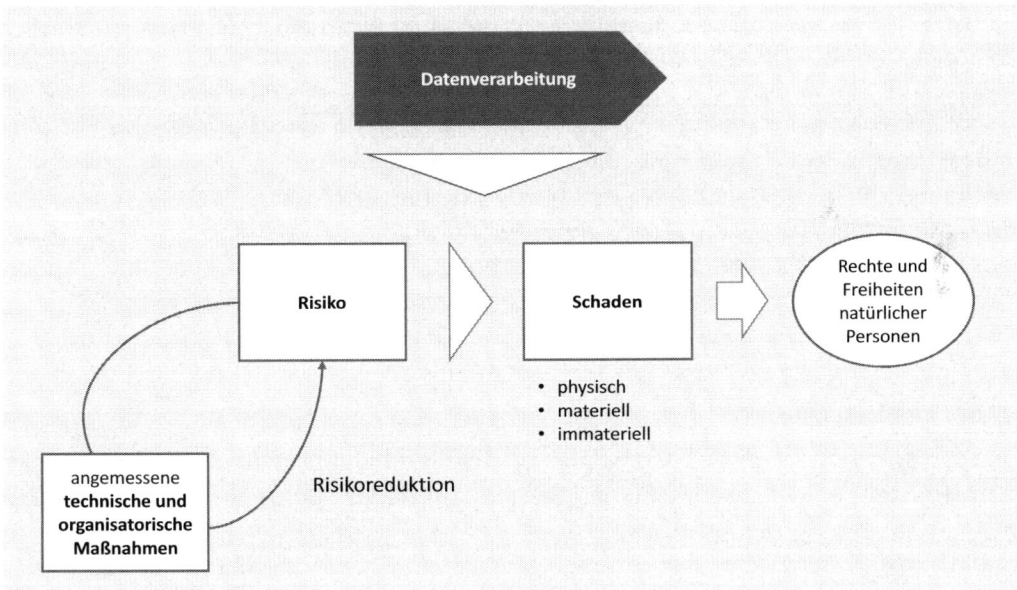

Abbildung 25: Datenschutzrisiko

Beurteilung der Folgen einer Datenschutzverletzung

Der Verantwortliche muss die Folgen einer Datenschutzverletzung beurteilen können, um die sich daraus ergebenden Risiken für die persönlichen Rechte und Freiheiten natürlicher Personen in Folgen ohne Risiko, mit Risiko oder mit hohem Risiko klassifizieren zu können. Davon ist abhängig, ob die Datenschutzverletzung der Aufsichtsbehörde zu melden ist

(Art. 33) oder – bei hohem Risiko – auch die betroffenen Personen zu benachrichtigen sind (Art. 34).

ErwGr. 85 erwähnt mögliche Folgen einer Datenschutzverletzung. Es heißt dort: Eine Datenschutzverletzung kann „…– *wenn nicht rechtzeitig und angemessen reagiert wird – einen physischen, materiellen oder immateriellen Schaden für natürliche Personen nach sich ziehen, wie etwa Verlust der Kontrolle über ihre personenbezogenen Daten oder Einschränkung ihrer Rechte, Diskriminierung, Identitätsdiebstahl oder -betrug, finanzielle Verluste, unbefugte Aufhebung der Pseudonymisierung, Rufschädigung, Verlust der Vertraulichkeit von dem Berufsgeheimnis unterliegenden Daten oder andere erhebliche wirtschaftliche oder gesellschaftliche Nachteile für die betroffene natürliche Person.*"[32]

6.1.3 Beispiele aus der DS-GVO für Risiko, Schaden und hohes Risiko

Der Begriff „Risiko" wird in der DS-GVO nicht genauer definiert. In den Erwägungsgründen finden sich aber Beispiele für Schäden und Hinweise an die Verantwortlichen zum Umgang mit Risiken.

Beispiele für Risiken und Schäden

In der folgenden Tabelle sind – gemäß ErwGr. 75 – Beispiele für Datenschutzrisiken aufgeführt, die aus einer Datenverarbeitung resultieren und zu einem physischen, materiellen oder immateriellen Schaden führen können.[33]

ErwG 75	Beispiele
physischer, materieller oder immaterieller Schaden	– Diskriminierung – Identitätsdiebstahl oder -betrug – finanzieller Verlust, Rufschädigung – Verlust der Vertraulichkeit von dem Berufsgeheimnis unterliegenden personenbezogenen Daten – unbefugte Aufhebung der Pseudonymisierung oder – andere erhebliche wirtschaftliche oder gesellschaftliche Nachteile
Mögliche Ursachen	
Einschränkung der Rechte	– Betroffene werden um ihre Rechte und Freiheiten gebracht oder – daran gehindert, die sie betreffenden personenbezogenen Daten zu kontrollieren

---

[32] Zur Nennung von Beispielen für Schäden s.a. ErwGr. 75.
[33] Zu den Indizien für die Erforderlichkeit einer Datenschutz-Folgenabschätzung s.a. *Wybitul/Ströbel*, BB 2016, S. 2308 bis 2309.

6.1 Risikobezug in der DS-GVO

ErwG 75	Beispiele
Sensible Daten	– rassische oder ethnische Herkunft – politische Meinungen – religiöse oder weltanschauliche Überzeugungen – Zugehörigkeit zu einer Gewerkschaft – genetische Daten – Gesundheitsdaten – Sexualleben – strafrechtliche Verurteilungen und Straftaten
Bewertung persönlicher Aspekte (Profilerstellung)	– Arbeitsleistung – wirtschaftliche Lage – Gesundheit – persönliche Vorlieben oder Interessen – Zuverlässigkeit oder Verhalten – Aufenthaltsort oder Ortswechsel
Besonders schutzbedürftige Personen	– personenbezogene Daten schutzbedürftiger natürlicher Personen, insbesondere Daten von Kindern
Große Reichweite	– große Menge personenbezogener Daten und – große Anzahl von betroffenen Personen

Tabelle 12: Beispiele für Schäden gemäß ErwGr. 75

Beispiele für Verarbeitungen mit hohem Risiko

In ErwGr. 89 sind einige Arten von Verarbeitungsvorgängen aufgeführt, die wahrscheinlich ein hohes Risiko für die Rechte und Freiheiten natürlicher Personen bedeuten und somit eine DSFA benötigen:

– Verarbeitungen, bei denen neue Technologien eingesetzt werden

– Neuartige Verarbeitungen, bei denen der Verantwortliche noch keine DSFA durchgeführt hat und

– Bestehende Verarbeitungen, bei denen aufgrund der vergangenen Zeit eine DSFA notwendig geworden ist.

Letztere werden in ErwGr. 91 konkretisiert.

ErwGr. 91	Konkretisierung von Art. 35 Abs. 1 – Verarbeitungsvorgänge mit hohem Risiko
Umfangreiche Verarbeitungen	– Umfangreiche Verarbeitungsvorgänge, die dazu dienen, große Mengen personenbezogener Daten auf regionaler, nationaler oder supranationaler Ebene zu verarbeiten, eine große Zahl von Personen betreffen könnten und – beispielsweise aufgrund ihrer Sensibilität – wahrscheinlich ein hohes Risiko mit sich bringen und bei denen entsprechend dem jeweils aktuellen Stand der Technik in großem Umfang neue Technologien eingesetzt werden, sowie für andere Verarbeitungsvorgänge, die ein hohes Risiko für die Rechte und Freiheiten der betroffenen Personen mit sich bringen, insbesondere dann, wenn diese Verarbeitungsvorgänge den betroffenen Personen die Ausübung ihrer Rechte erschweren
Systematische und eingehende Bewertung persönlicher Aspekte	– Wenn die personenbezogenen Daten für das Treffen von Entscheidungen in Bezug auf bestimmte natürliche Personen im Anschluss an eine systematische und eingehende Bewertung persönlicher Aspekte natürlicher Personen auf der Grundlage eines Profilings dieser Daten oder im Anschluss an die Verarbeitung besonderer Kategorien von personenbezogenen Daten, biometrischen Daten oder von Daten über strafrechtliche Verurteilungen und Straftaten sowie damit zusammenhängenden Sicherungsmaßregeln verarbeitet werden
Weiträumige Überwachung öffentlich zugänglicher Bereiche	– Bei weiträumiger Überwachung öffentlich zugänglicher Bereiche, insbesondere mittels optoelektronischer Vorrichtungen

Liste der Aufsichtsbehörde	– Vorgänge mit wahrscheinlich hohem Risiko, insbesondere
	  – bei Einschränkungen von Betroffenenrechten oder Behinderung der Nutzung von Dienstleistungen bzw. Durchführung von Verträgen
	  – bei großem systematischem Umfang

Ausnahmen	– Verarbeitung personenbezogener Daten von Patienten oder Mandanten durch einen einzelnen Arzt, sonstigen Angehörigen eines Gesundheitsberufes oder Rechtsanwalt

Tabelle 13: Beispiele für Verarbeitungen mit hohem Risiko gemäß ErwGr. 91

6.1.4 Risikobasierter Ansatz

Die DS-GVO verfolgt bei der Auswahl der Maßnahmen einen risikobasierten Ansatz. Der Verantwortliche muss bei seiner Datenverarbeitung Risiken für die Rechte und Freiheiten natürlicher Personen berücksichtigen und die angemessene und geeignete Auswahl seiner technischen und organisatorischen Maßnahmen an den Risiken ausrichten. Dabei werden dem Verantwortlichen durch die DS-GVO bei hohen Risiken zusätzliche Verpflichtungen auferlegt.

Die folgende Übersicht fasst die risikorelevanten Vorschriften zusammen:

Bereich	Art.	ErwGr.	Risikobasierter Ansatz	Nur bei hohem Risiko
Datenschutzkonforme Verarbeitung	24	74-77	Risikobeurteilung und Risikobehandlung	Nein
Datenschutz durch Technikgestaltung und durch datenschutzfreundliche Voreinstellungen	25	78		Nein
Sicherheit der Verarbeitung	32	83		Nein
Datenschutz-Folgenabschätzung	35, 36	84, 89-96		Ja
Datenschutzverletzung – Meldung an die Aufsichtsbehörde	33	85, 87, 88	Beurteilung und Behandlung der Verletzung und Folgen	Nein
Datenschutzverletzung – Benachrichtigung der Betroffenen	34	86-88		Ja

Tabelle 14: Zusammenfassung der risikorelevanten Vorschriften

Wesentliche Anforderungen

Der risikobasierte Ansatz[34] stellt folgende Anforderungen an den Verantwortlichen:

- Risikobeurteilung anhand objektiver Bewertung
- Systematische Identifikation von Risiken, die mit einer Verarbeitung verbunden sind
- Analyse der Risiken hinsichtlich Eintrittswahrscheinlichkeit und Schwere der Folgen
- Qualitative Risikoklassifizierung (Feststellung, ob Risiko oder hohes Risiko)
- Risikobehandlung durch geeignete (und wirksame) Maßnahmen

---

34 *Maldoff, Gabriel*: The Risk-based approach in the GDPR – Interpretation and Implications, IAPP, 2016.

6 Datenschutz-Risikomanagement

Dabei ist zunächst der Risikobegriff zu konkretisieren und zu ermitteln, woran sich der Verantwortliche bei der Umsetzung des risikobasierten Ansatzes im Sinne der DS-GVO orientieren kann. Als Orientierungshilfe dienen die Methoden und Ansätze des Risikomanagements.

6.2 Risikomanagement

Ausgehend von einer Risikodefinition werden die Elemente eines Risikomanagements in Anlehnung an ISO-Standards aufgezeigt. Derartige Standards sind weder durch die DS-GVO vorgegeben, noch beinhalten sie alle materiellen Prüfkriterien der DS-GVO, erleichtern aber aufgrund eines möglicherweise zu anderen Zwecken schon erfolgenden Einsatzes im Unternehmen die Einführung von Prozessen zur Einhaltung der Anforderungen der DS-GVO.

6.2.1 Risiko

Risiko ist gegeben bei Entscheidungen auf der Grundlage von unvollständigen Informationen und durch Unsicherheit. Allgemein wird Risiko in der „ISO 31000 – Risikomanagement" definiert als *Auswirkung von Unsicherheit auf Ziele*.[35] Dies bedeutet, dass

- die Auswirkung positiv oder negativ sein kann,
- die Ziele sich auf unterschiedliche Bereiche einer Organisation beziehen (z.B. Finanzen, Qualität, Informationssicherheit) und auf unterschiedliche Ebenen einer Organisation anwendbar sein können (z.B. unternehmensweit, auf einzelne Produkte, Prozesse oder Projekte),
- sich Risiken oft durch mögliche Ereignisse und deren Folgen und Eintrittswahrscheinlichkeiten beschreiben lassen oder
- Unsicherheit sich auf den Zustand unvollständiger Informationen auch teilweise bezüglich Wissen oder Kenntnis über die Ereignisse, deren Folgen oder Eintrittswahrscheinlichkeiten bezieht.

Risiko und Schaden

Risiko kann also als ein virtueller Sachverhalt definiert werden, dessen möglicher Eintritt in der Zukunft liegt und ungewiss ist, wohingegen **Schaden** ein realer Sachverhalt ist, der in der Vergangenheit liegt und gewiss ist. Ein Risiko ist die Beschreibung eines Ereignisses mit der Möglichkeit negativer Auswirkungen (= potentieller Schaden). Sollte sich ein Risiko konkretisieren, wird aus dem möglichen ein konkreter Schaden.

---

35 *„effect of uncertainty on objectives"*, s.: ISO 31000:2009, Risk management – Principles and guidelines; ISO Guide 73:2009, Risk management – Vocabulary.

6.2 Risikomanagement

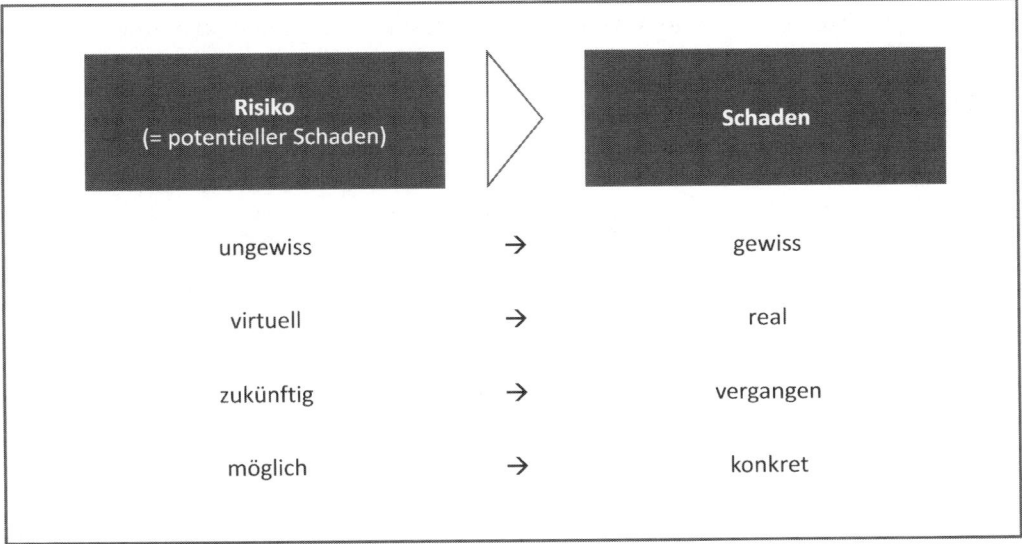

Abbildung 26: Risiko und Schaden

Insgesamt sollte der Risikobegriff nur in negativer Hinsicht – also auf das Schadensausmaß – betrachtet werden. Dies entspricht dem praktischen Ansatz von Risikomanagement als Methode zur Schadensbegrenzung. Danach wird Risiko als Produkt aus Schadensausmaß (Schwere) und Eintrittswahrscheinlichkeit verstanden.

> **Risiko** = Schadensausmaß (Schwere) x Eintrittswahrscheinlichkeit

Abbildung 27: Risikodefinition

6.2.2 Risikomanagement

„Risikomanagement" ist – nach ISO Guide 73 – eine systematische Erfassung, Bewertung, Behandlung und Steuerung von Risiken im Unternehmen. Bei den Risiken aus unternehmerischer Tätigkeit kann es sich um eine Vielzahl von Risiken handeln, z.B. technische Risiken, finanzielle Risiken, operative Risiken, strategische Risiken oder wirtschaftliche Risiken. Risikomanagement ist eine originäre Aufgabe der Unternehmensführung. Das Risikomanagement trägt zur Leistungssteigerung und zur Effizienzverbesserung einer Organisation bei und dient der Sicherstellung der Unternehmensfortführung.[36]

---

[36] Risk management is defined as *„coordinated activities to direct and control an organization with regard to risk"* (ISO 73:2009).

6 Datenschutz-Risikomanagement

Das Risikomanagement[37] umfasst vor allem folgende wesentliche Komponenten:

- Risikomanagementgrundsätze
- Risikomanagementsystem
- Risikomanagementprozess

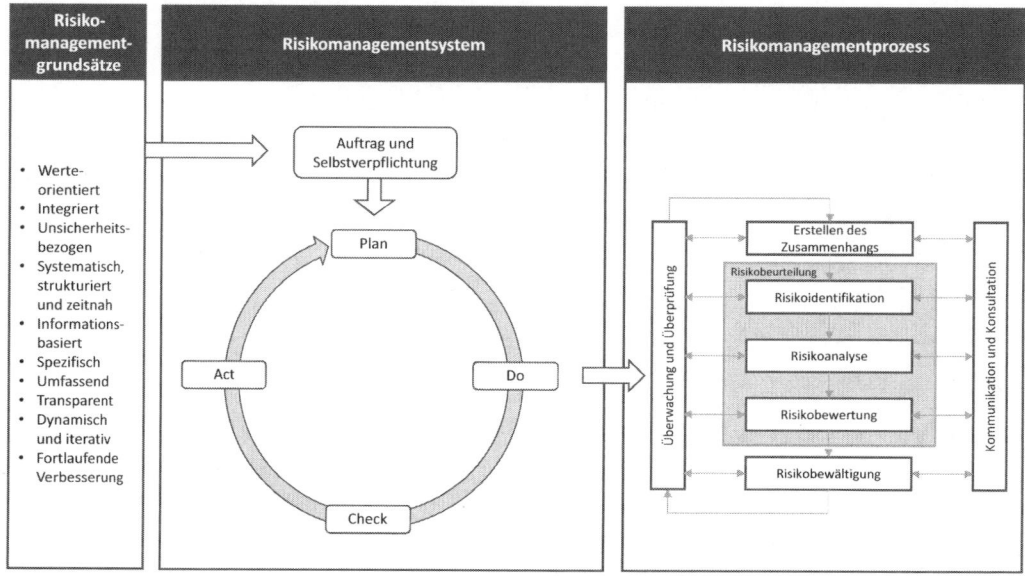

Abbildung 28: Komponenten des Risikomanagements

Der z.T. generische Risikomanagementprozess wird durch die ISO 31010 für die Risikobewertung durch unterschiedliche Methoden und Techniken konkretisiert (s. hierzu Kapitel 6.2.2.4).

6.2.2.1 Risikomanagementgrundsätze

Das Risikomanagement sollte sich an folgenden Grundsätzen (*risk management principles*) orientieren:[38]

- Schafft Werte (*wertebezogen*)
- Ist Integraler Bestandteil aller Geschäftsprozesse (*prozessbezogen*)
- Ist Teil der Entscheidungsfindung (*entscheidungsbezogen*)
- Adressiert gezielt die Unsicherheiten (*wahrscheinlichkeitsbezogen*)
- Ist systematisch, strukturiert und zeitgerecht (*ergebnisbezogen*)
- Basiert auf den bestverfügbarsten Informationen (*informationsbezogen*)
- Ist maßgeschneidert (situationsbezogen)

---

[37] In Anlehnung an ISO 31000 und ISO 31010:2009, Risk management – Risk assessment techniques.
[38] ISO 31000:2009(E), Kapitel 3; s.a. *Klipper, Sebastian*: Information Security Risk Management, 2. Auflage, 2015, S. 29 bis 31.

- Berücksichtigt soziale und kulturelle Faktoren (*kulturbezogen*)
- Ist transparent und integrativ (*bedeutungsbezogen*)
- Ist dynamisch, iterativ und reagiert gezielt auf Veränderungsprozesse (*änderungsbezogen*)
- Erleichtert kontinuierliche Verbesserung (*zukunftsbezogen*)

6.2.2.2 Risikomanagementsystem

Ein „Risikomanagementsystem" (*risk management framework*) besteht aus verschiedenen Elementen, die die Grundlage für die organisatorische Gestaltung zur Entwicklung, Einführung, Überwachung, Überprüfung und kontinuierlichen Verbesserung des Risikomanagements innerhalb der Organisation bilden.

Das ISO 31000 Risikomanagementsystem besteht aus fünf Elementen:[39]

- Auftrag und Selbstverpflichtung
- Entwicklung eines Systems für das Managen von Risiken (PLAN)
- Einführung des Risikomanagements (DO)
- Überwachung und Überprüfung des Systems (CHECK)
- Kontinuierliche Verbesserung des Systems (ACT)

Die folgende Abbildung stellt das Risikomanagementsystem dar:

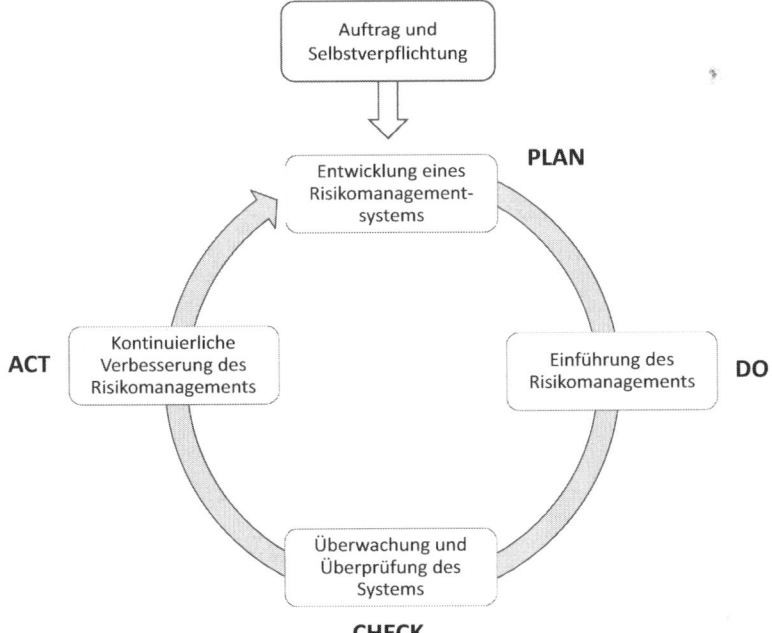

Abbildung 29: Elemente des Risikomanagementsystems

---

39 ISO 31000: Risk management – A practical guide for SMEs, ISO 2015, S. 12.

6 Datenschutz-Risikomanagement

Die Grundlage bildet der **Auftrag und die Selbstverpflichtung** des Unternehmens zum Managen von Risiken (*mandate and committment*). Die organisatorische Gestaltung beinhaltet Regelungen von Verantwortlichkeiten, Zuordnung von erforderlichen Ressourcen, Prozessen und Maßnahmen. Das Risikomanagementsystem sollte an der unternehmensweiten Strategie und den Unternehmensrichtlinien ausgerichtet sein.[40]

Organisationsverschulden ist die Haftung wegen der Verletzung von Organisationspflichten oder wegen Nichterfüllung rechtlicher Anforderungen an betriebliche organisatorische Maßnahmen. Die Organisationspflichten umfassen u.a. die Wahl einer geeigneten Aufbau- und Ablauforganisation. Das betriebliche Organisationsverschulden wurde von der Rechtsprechung als Unterfall der unerlaubten Handlung nach § 823 Abs. 1 BGB entwickelt. Hiernach haftet die Unternehmensleitung, wenn sie versäumt hat, allgemeine organisatorische Anordnungen zu treffen. Dies gilt u.a. auch für die Gestaltung und Umsetzung des Risikomanagementsystems.[41]

6.2.2.3 Risikomanagementprozess

Der „Risikomanagementprozess" (*risk management process*) ist schließlich die systematische Anwendung von Richtlinien, Verfahren und Praktiken auf alle risikoorientierten Maßnahmen, wie z.B. Identifikation, Analyse, Bewertung und Behandlung von Risiken sowie die damit verbundene Überwachung und Überprüfung einschließlich der Kommunikation und Konsultation.

Nach ISO 31000 besteht der Risikomanagementprozess aus folgenden Schritten:[42]

- **Festlegung des Kontextes**: Festlegung der externen und internen Parameter, die beim Risikomanagement berücksichtigt werden müssen; Bestimmung des Umfangs und der Risikokriterien für die Risikomanagement-Richtlinie

- **Risikobeurteilung**: Prozess der Risikoidentifikation, -analyse und -bewertung

- **Risikobehandlung**: Prozess zur Modifikation der Risiken (z.B. Risiko tragen, reduzieren, übertragen oder vermeiden)

- **Risikoüberwachung und -überprüfung**: Fortlaufende Steuerung und Kontrolle der Durchführung der Risikomaßnahmen, des Risikomanagementprozesses sowie des Risikomanagementsystems hinsichtlich Angemessenheit und Wirksamkeit

- **Risikokommunikation und -konsultation**: Kontinuierlicher und iterativer Prozess, um Informationen zu erheben, zu teilen und um die Stakeholder am Dialog bzgl. des Managements von Risiken zu beteiligen

---

[40] S.a. in Analogie Kapitel 4 zur Aufbauorganisation für den Datenschutz.
[41] Glage/Grötzner, § 14. Unternehmensrisiken und Risikomanagement, in: Hauschka/Moosmayer/Lösler, Corporate Compliance, 3. Auflage 2016, Rn. 20 ff.; Veltins, § 22. Qualität und Produktentwicklung, in: Hauschka/Moosmayer/Lösler, Corporate Compliance, 3. Auflage 2016, Rn. 10 f.; Arnold/Rohner, § 3 Compliance und Business Governance bei Personengesellschaften, in: Gummert, MAH Personengesellschaftsrecht, 2. Auflage 2015, Rn. 6 ff.
[42] ISO 31000: Risk management – A practical guide for SMEs.

6.2 Risikomanagement

Dieser Risikomanagementprozess lässt sich wie folgt darstellen:[43]

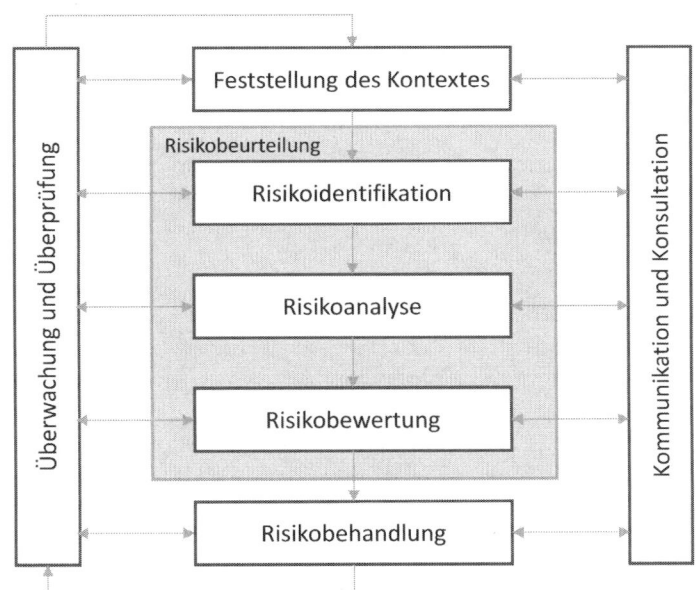

Abbildung 30: Risikomanagementprozess nach ISO 31000

6.2.2.4 Techniken zur Risikobeurteilung

Die wichtigste Zielsetzung der Risikobeurteilung ist, die Risiken zu verstehen und potenzielle Auswirkungen einschätzen zu können. Dies setzt die Risikoidentifikation in Bezug auf die Ziele voraus (z.B. Risiken für das Unternehmen resultierend aus einem bestimmten Geschäftsprozess). Hierbei spielen auch Ursache und Wirkung eines Risikos eine Rolle.

In der ISO 31000 werden vor allem die Methode des Risikomanagements und der Risikomanagementprozess behandelt. Die ISO 31010[44] befasst sich mit der praktischen Anwendung der Risikobeurteilung (*risk assessment*) und stellt Techniken zur Verfügung. Sie können einem Verantwortlichen als Orientierung für ein Risikomanagement dienen.

Die Auswahl der über 30 Techniken zur Risikobeurteilung der ISO 31010 ist allgemeiner Natur, die sich in folgende Methodengruppen zusammenfassen lässt:

– Nachschlagmethoden, wie z.B. Checklisten

– Unterstützende Methoden, wie z.B. Brainstorming

– Szenario-Analysen

– Maßnahmen-Analysen

– Wirtschaftlichkeitsanalysen, wie z.B. Kosten-Nutzen-Analyse oder Gesamtbetriebskosten (*Total Cost of Ownership*)

---
[43] Übersetzung in Anlehnung an die deutschsprachige Version ÖNORM ISO 31000:2010, Risikomanagement Grundsätze und Richtlinien.
[44] ISO/IEC 31010:2009, Risk management – Risk assessment techniques.

6 Datenschutz-Risikomanagement

Die Risikoanalyse lässt sich in drei Gruppen einteilen:[45]

- **Qualitative Analyse**: Zuordnung eines Risikos zu einer Kategorie, z.B. gering, mittel, hoch
- **Semiqualitative Analyse**: Eingruppierung der Auswirkungen und Wahrscheinlichkeiten in numerische Skalen
- **Quantitative Analyse**: Rechnen mit finanziellen Werten, wenngleich dies oft nur eine Scheingenauigkeit darstellt

6.3 Datenschutz-Risikomanagement

Ein Risikomanagement sollte einen unternehmensweiten Ansatz und Systematik verfolgen. Das Datenschutz-Risikomanagement[46] wiederum sollte dabei als ein Teil des unternehmensweiten Risikomanagementsystems verstanden werden. Es geht also nicht um eine spezielle „Insellösung" für den Datenschutz, sondern vielmehr darum, dass der Verantwortliche das Managen der Datenschutzrisiken in seine Unternehmensprozesse integriert.

Ein betriebliches Risikomanagementsystem erstreckt sich auf unterschiedliche Bereiche, wie z.B. finanzielle Risiken, Umwelt- und Qualitätsrisiken, aber auch Risiken der Informationssicherheit. Für einige Sachgebiete, wie z.B. die Informationssicherheit, gibt es bereits eigene ISO-Standards zum Risikomanagement, wie beispielsweise die ISO 27005[47]. Sofern vorhanden und möglich, sollte das bestehende Risikomanagementsystem also um die Aspekte des Datenschutzes[48] ergänzt bzw. erweitert werden. Man muss also nicht ein eigenständiges, neues Risikomanagementsystem für den Datenschutz etablieren, sondern kann vielmehr ein bereits bestehendes Risikomanagementsystem nutzen und damit auf vorhandenes Know-how, Strukturen und Verfahren aufbauen. So werden Synergien geschaffen.

---

45 *Klipper, S.*: Information Security Risk Management, 2. Aufl., 2015, S. 34.
46 Ansätze zur Integration von Datenschutz-Risikomanagement: Information and Privacy Commissioner of Ontario, Privacy Risk Management – Building privacy protection into a Risk Management Framework, 2010; CNIL, Methodology for Privacy Risk Management, 2012.
47 ISO 27005, Informations security risk management, 2011.
48 ISO 29190, Privacy capability assessment model, 2015.

6.3 Datenschutz-Risikomanagement

Die folgende Abbildung skizziert grob die offene Struktur eines unternehmensweiten Risikomanagementsystems:

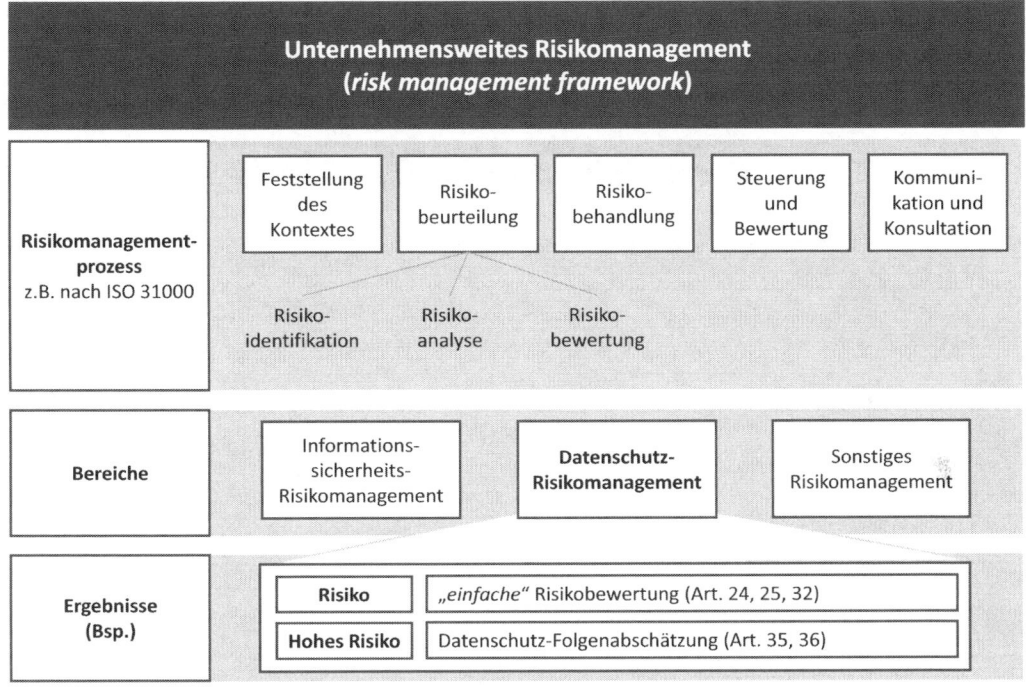

Abbildung 31: Datenschutz-Risikomanagement als Teil des Gesamtrisikomanagements

6.3.1 Datenschutzrisiko

In Erweiterung der Definition des Risikobegriffs nach ISO 31000 (s. Kapitel 6.2.1) wird unter einem Datenschutzrisiko (*privacy risk*) in der „ISO 29100, Privacy framework" die *Auswirkung von Unsicherheit speziell auf Datenschutz* verstanden.[49]

Hilfreich für die Beschreibung eines Datenschutzrisikos ist der Ansatz der CNIL[50], die ein Datenschutzrisiko als ein hypothetisches Szenario beschreibt, nämlich

- wie *Risikoquellen* (z.B. ein vom Konkurrenten bestochener Mitarbeiter)
- Schwachstellen von *„personenbezogenen Daten unterstützenden Werten"*[51] ausnutzen (z.B. ein Dateimanagementsystem zur Manipulation von Daten), um
- in Verbindung mit einer *Bedrohung* (z.B. Missbrauch beim Versenden von E-Mails) und
- dem Eintreten eines *befürchteten Ereignisses* (z.B. unberechtigter Zugriff auf personenbezogene Daten) bzgl.

---

[49] „effect of uncertainty on privacy", s. ISO 29100, Privacy framework, 2011, S. 3.
[50] CNIL, Privacy Impact Assessment (PIA) – Methodology (how to carry out a PIA), 2015, S. 6; auch die ISO 27005:2011, Information security risk management definiert den Risikobegriff als Möglichkeit, dass eine vorhandene Bedrohung eine Schwachstelle eines Wertes oder einer Gruppe von Werten ausnutzt und dadurch der Organisation Schaden zufügen könnte.
[51] Der Begriff Wert ist die Übersetzung der englischen Bezeichnung *„assets"*, wenngleich dies neben materiellen Gegenständen (Hardware, Software, Netzwerke und Dokumente) auch Personen umfasst.

6 Datenschutz-Risikomanagement

- personenbezogener Daten (z.B. Kundendaten)
- Auswirkungen auf betroffene Personen zur *Folge* haben (z.B. unerwünschte Kundenwerbung, Eingriff in die Privatsphäre).

Das Szenario lässt sich wie folgt darstellen:

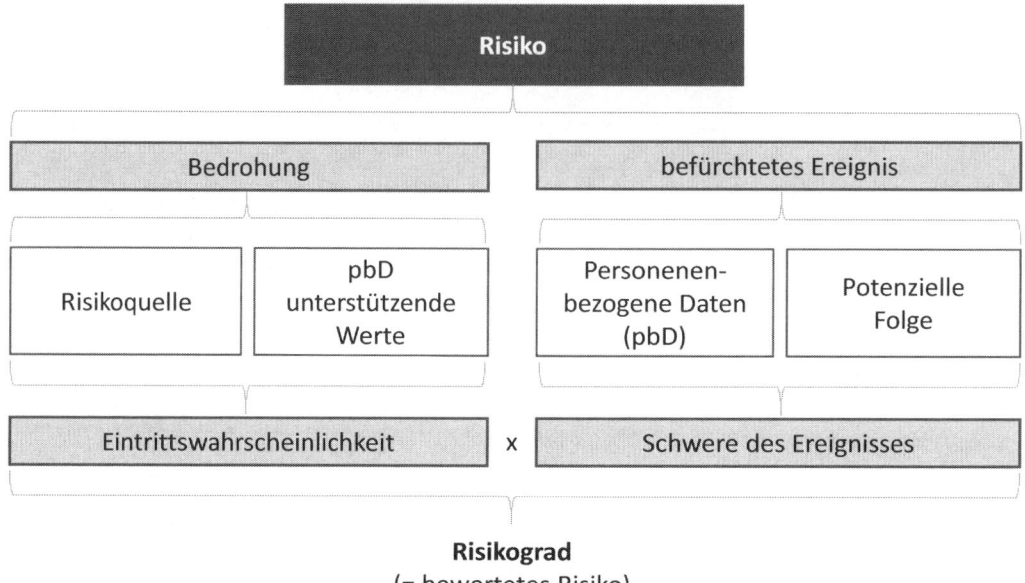

Abbildung 32: Risikoszenarien nach CNIL

6.3.2 Datenschutz- und Compliance-Risiken

Die Risiken im Bereich des Datenschutzes beziehen sich zum einen auf natürliche Personen (Betroffene) und auf den Verantwortlichen selbst. Daher sollte zwischen Datenschutzrisiken und datenschutzbezogenen Compliance-Risiken unterschieden werden.

Bei **Datenschutzrisiken** handelt es sich um Risiken für die Rechte und Freiheiten natürlicher Personen, d.h. um Risiken, die mit der Verarbeitung verbunden sind oder um Risiken einer Datenschutzverletzung. **Datenschutzbezogene Compliance-Risiken** resultieren aus der Nichteinhaltung bzw. einer unzureichenden Einhaltung datenschutzrechtlicher Vorschriften. Mögliche Schäden derartiger Compliance-Risiken können u.a. Bußgelder gemäß Art. 83, aber auch Image-Schäden bei Kunden, Mitarbeitern und Partnern sowie finanzielle Verluste sein.

Die Datenschutzrisiken beziehen sich auf natürliche Personen, die Betroffenen. Datenschutzbezogene Compliance-Risiken betreffen hingegen den Verantwortlichen bzw. das Unternehmen. Gleichwohl gibt es zwischen den beiden Risikoarten Wechselwirkungen, d.h. mangelnde Datenschutz-Compliance (wenn z.B. unzureichende technische und organisatorische Maßnahmen für Verarbeitungen von personenbezogenen Daten zu Risiken für die Rechte und Freiheiten natürlicher Personen führen) kann zu einem relevanten Bußgeld und damit zu Compliance-Risiken im o.g. Sinne für das Unternehmen führen.

6.3 Datenschutz-Risikomanagement

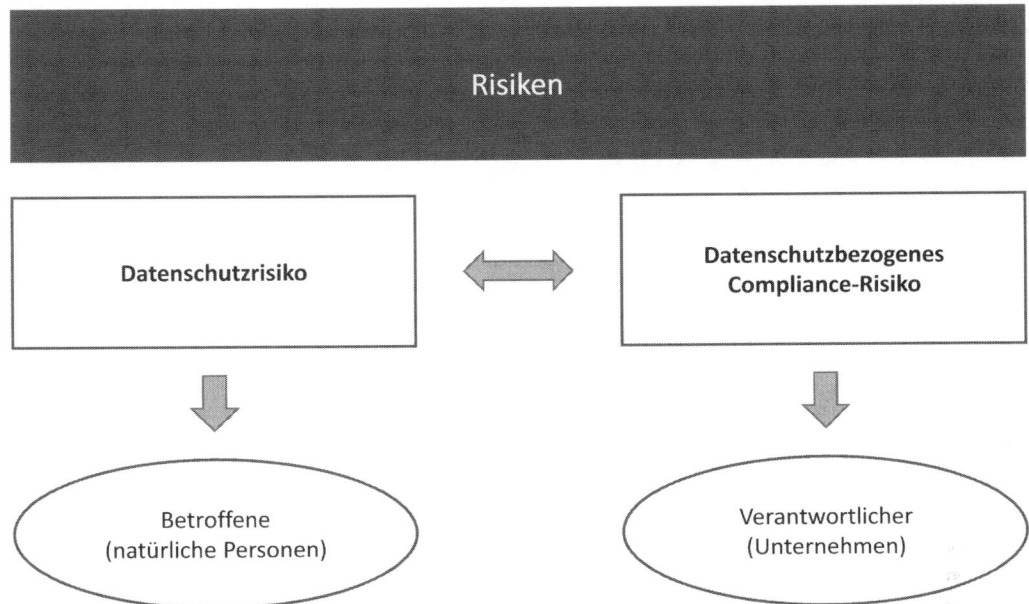

Abbildung 33: Datenschutz- und Compliance-Risiken

Datenschutz-Compliance Grundsätze: Die Einhaltung der Datenschutz-Compliance ist – gemäß ISO/IEC 29100 – von folgenden drei Grundsätzen geprägt:[52]

- Entwicklung und Anwendung von Verfahren zur Datenschutzrisikobeurteilung
- Regelmäßige Überprüfung der Wirksamkeit der technischen und organisatorischen Maßnahmen durch interne und externe Audits
- Einsatz geeigneter und angemessener interner Kontrollen und Überwachungsmechanismen in Form von Richtlinien, Verfahren, Prozessen und Maßnahmen

Im Folgenden soll nur auf Datenschutzrisiken eingegangen werden.

6.3.3 Datenschutz-Risikomanagementprozess

In der ISO 29100 wird in Anlehnung an die ISO 31000 der Datenschutz-Risikomanagementprozess skizziert (*privacy risk management process*):[53]

- **Festlegung des Kontextes:** Verständnis über die Organisation (z.B. Datenverarbeitung, Verantwortlichkeiten, technisches Umfeld) und weiterer externer und interner Faktoren, die beim Datenschutz-Risikomanagement berücksichtigt werden müssen (z.B. rechtliche, regulatorische, vertragliche oder sonstige Faktoren)
- **Datenschutzrisikobeurteilung**: Prozess der Datenschutzrisikoidentifikation, -analyse und -bewertung

---

52 ISO 29100, Privacy framework, 2011, S. 19.
53 ISO/IEC 29100:2011(E), S. 10.

6 Datenschutz-Risikomanagement

- **Datenschutzrisikobehandlung**: Prozess zur Modifikation der Datenschutzrisiken (z.B. Risiko tragen, reduzieren, übertragen oder vermeiden)
- **Datenschutzrisikoüberwachung und -überprüfung**: Fortlaufende Steuerung und Kontrolle der Durchführung der Datenschutzrisikokontrollen, des Datenschutz-Risikomanagementprozesses sowie des Datenschutz-Risikomanagementsystems hinsichtlich Angemessenheit und Wirksamkeit
- **Datenschutzrisikokommunikation und -konsultation**: Kontinuierlicher und iterativer Prozess, um Informationen zu erheben, zu teilen und um die Stakeholder am Dialog bzgl. des Managements von Datenschutzrisiken zu beteiligen

Im Rahmen der **Festlegung des Kontextes** sollte der Verantwortliche die Faktoren ermittelt haben, die Einfluss auf das Datenschutz-Risikomanagement haben. Diese Faktoren lassen sich in vier Bereiche einteilen:[54]

- Rechtliche und regulatorische Faktoren: Welche Gesetze finden Anwendung?
- Vertragliche Faktoren: Welche Verträge und Regelungen sind zu berücksichtigen?
- Geschäftliche Faktoren: Welche Industriestandards und Vorgaben gelten?
- Sonstige Faktoren: Welche technischen Standards sollen angewendet werden?

In der folgenden Abbildung sind für diese Faktoren Beispiele aufgeführt:

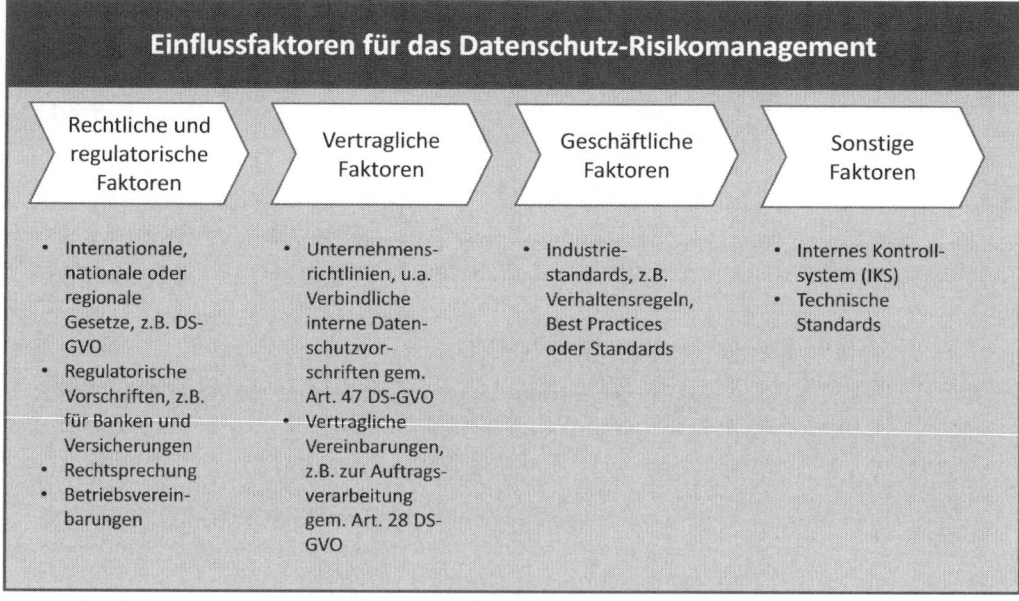

Abbildung 34: Einflussfaktoren für ein Datenschutz-Risikomanagement

---

54 In Anlehnung an ISO/IEC 29100:2011(E), S. 11.

6.3.4 Datenschutz-Folgenabschätzung

Eine Datenschutz-Folgenabschätzung (*data protection impact assessment*) ist ein spezielles Instrument des Datenschutz-Risikomanagements zur Beurteilung (*assessment*) und Behandlung (*treatment*) von Datenschutzrisiken.

Derzeit existieren bereits einige Ansätze bzw. Orientierungshilfen für Datenschutz-Folgenabschätzungen (auch *„Privcay Impact Assessment"* genannt):[55]

– Von internationalen Gremien und Aufsichtsbehörden, u.a. USA[56], Kanada[57], Hong-Kong[58], Australien[59], Neuseeland[60]

– Von europäischen Aufsichtsbehörden, z.B. CNIL[61] aus Frankreich und ICO[62] aus UK

– Von internationalen Organisationen, z.B. von der ISO die Standards ISO/ICE 29134[63] bzw. ISO/ICE 22307[64] für den Finanzsektor

– Sonstige Institutionen oder Verbände, z.B. Forum Privatheit[65]

Aufgrund der internationalen Bekanntheit und Anerkennung von ISO-Standards kann es sinnvoll sein, sich an der ISO/ICE 29134 „Privacy Impact Assessment" zu orientieren, die wiederum auf dem Privacy Impact Assessment der CNIL aufbaut. Daher soll im Folgenden die Datenschutz-Folgenabschätzung (DSFA) in Anlehnung an diesen Standard näher dargestellt werden. An dieser Stelle sei aber darauf hingewiesen, dass der ISO-Standard als Orientierung zu verstehen ist, der unabhängig von länderspezifischen Datenschutzvorschriften allgemeingültig für Privacy Impact Assessments anzuwenden ist. Anforderungen der DS-GVO müssen daher vorrangig behandelt werden. Empfehlungen des ISO-Standards gehen z.T. über die Pflichten der DS-GVO hinaus, z.B. die Veröffentlichung von Teilen der Ergebnisse der DSFA.

6.3.4.1 DSFA in Anlehnung an die ISO 29134

Die ISO 29134 bietet Orientierungshilfe für die Durchführung einer DSFA (*DSFA-Prozess*) und der damit verbundenen Dokumentation (*DSFA-Bericht*).

---

[55] S. u.a. Privacy Impact Assessment Framework (PIAF), A Privacy Impact Assessment Framework for data protection and privacy rights, verschiedene Berichte von vorhandenen PIA-Ansätzen für die Europäische Kommission, www.piafproject.eu, 2011 und 2012.
[56] Department of Homeland Security, Privacy Impact Assessments Official Guidance, 2010.
[57] Treasury Board, Privacy Impact Assessment Guidelines, 2010.
[58] Office of the Privacy Commissioner, Privacy Impact Assessments, 2010.
[59] Office of the Australian Information Commissioner, Privacy Impact Assessment Guide, 2010.
[60] New Zealand Privacy Commissioner, Privacy Impact Assessment Handbook, 2008.
[61] CNIL, Privacy Impact Assessment (PIA) – Methodology (how to carry out a PIA), 2015; CNIL, PIA – Tools (templates and knowledge bases), 2015.
[62] Information Commissioner's Office (ICO), Conducting privacy impact assessments – code of conduct, 2014 und Privacy Impact Handbook, Version 2.0, 2009.
[63] ISO/IEC FDIS 29123, Information technology – Security techniques – Privacy Impact Assessment – Guidelines, 2016. Der Entwurf existiert per Stand Januar 2017 nur in Englisch.
[64] ISO/ICE:2008, Financial services – Privacy impact assessment.
[65] White Paper Datenschutz-Folgenabschätzung, herausgegeben von Forum Privatheit; s.a. Bieker/Hansen/Friedewald, Die grundrechtskonforme Ausgestaltung der Datenschutz-Folgenabschätzung nach der neuen europäischen Datenschutz-Grundverordnung, in RDV 2016, 188 bis 197.

6 Datenschutz-Risikomanagement

6.3.4.1.1 DSFA-Prozess

Der DSFA-Prozess gliedert sich in vier Unterprozesse:

- Schwellwertanalyse, d.h. Ermittlung der Notwendigkeit einer DSFA (*threshold analysis*)
- Vorbereitung der DSFA (*preparation of the PIA*)
- Durchführung der DSFA (*perform the PIA*)
- Nachverfolgung der DSFA (*follow-up of the PIA*)

Bei der Feststellung der Erforderlichkeit einer DSFA – der **Schwellwertanalyse** – ist auf die rechtlichen Anforderungen an eine DSFA abzustellen. Laut DS-GVO muss der Verantwortliche eine DSFA durchführen, wenn die Datenverarbeitung voraussichtlich ein hohes Datenschutzrisiko mit sich bringt (Art. 35 Abs. 1). Bei der Frage, ob ein hohes Risiko vorliegt, sollte der Verantwortlich folgende – nicht abschließenden – Indizien beachten:[66]

- neue Technologien
- neue Verarbeitungen
- Verarbeitungen großer Datenmengen
- Betroffenheit einer großen Personenanzahl
- Sensibilität der Daten
- Profiling
- erschwerte Rechtsausübung
- systematische Verarbeitung
- öffentliche Überwachung

Sollte eine Erforderlichkeit – voraussichtlich hohes Risiko – festgestellt worden sein, sind im Rahmen der **Vorbereitung der DSFA** u.a. die Personen zu ermitteln, die die DSFA durchführen sollen, ist ein Plan für die Durchführung zu erstellen und der Umfang festzulegen (z.B. welche Geschäftsprozesse und welche Informationssysteme). Schließlich sind die sog. Stakeholder (u.a. relevante Bereiche und Abteilungen, Betriebsrat und evtl. Betroffene) einzubinden.

Ausgangspunkt für die **Durchführung der DSFA** sind die *Datenflüsse* des festgelegten Umfangs der Geschäftsprozesse und Informationssysteme. Anhand der Datenflüsse lassen sich die dabei verarbeiteten personenbezogenen Daten identifizieren. Dabei sind die verschiedenen Einflussfaktoren des Datenschutz-Risikomanagements zu berücksichtigen (s. Festlegung des Kontextes in Kapitel 6.2.2.3). Dies ist die Grundlage für die Risikobeurteilung (*risk assessment*), die die Risikoidentifikation, -analyse und -bewertung umfasst. Der Risikobeurteilung schließt sich die Risikobehandlung (*risk treatment*) an. Für die bewerteten Risiken ist die jeweils geeignetste Risikobehandlungsoption (Risiko tragen, reduzieren, transferieren oder vermeiden) auszuwählen. Um die Risiken zu reduzieren, sollten die

---

[66] *Wybitul/Ströbel*, BB 2016, S. 2307 bis 2308; s.a. Kapitel 6.1.3.

angemessenen technischen und organisatorischen Maßnahmen bestimmt und in einem Plan zur Datenschutzrisikobehandlung (*privacy risk treatment plan*) dokumentiert werden.

Im Nachgang – **Nachverfolgung der DSFA** – sollten noch der DSFA-Bericht erstellt und der „Plan zur Datenschutzrisikobehandlung" umgesetzt werden. Zukünftige Änderungen sollten berücksichtigt werden. Möglich wären auch eine Überprüfung der DSFA und ggf. auch ein internes bzw. externes Audit der DSFA.

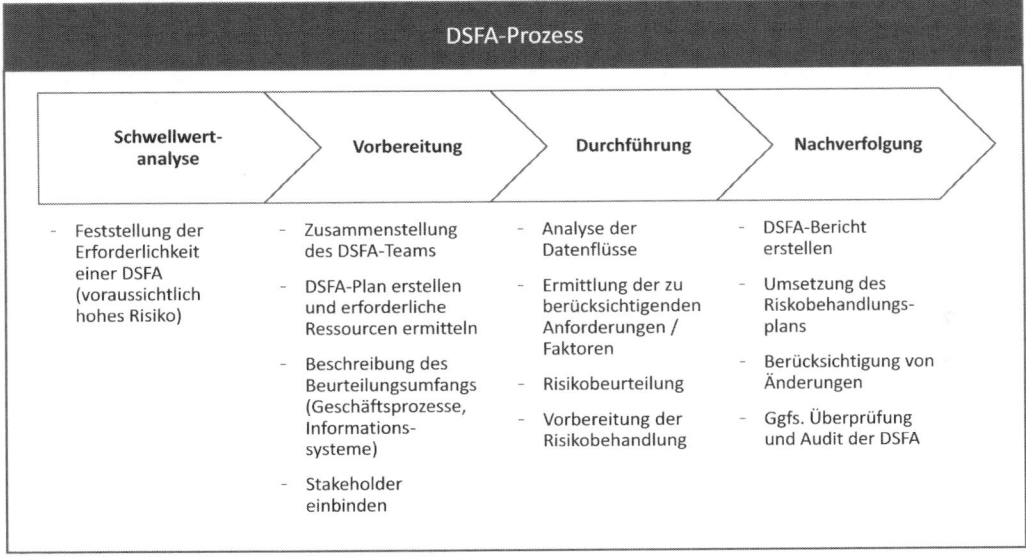

Abbildung 35: DSFA-Prozess nach ISO 29134

6.3.4.1.2 DSFA-Bericht

Parallel zum DSFA-Prozess sollte die Dokumentation erfolgen, sodass am Ende die wesentlichen Teile in einem DSFA-Bericht zusammengeführt werden können. Dies ist auch für die Erbringung des Nachweises der Rechenschaftspflicht gegenüber der Aufsichtsbehörde erforderlich.

Die ISO empfiehlt, dass der DSFA-Bericht folgende Inhalte umfassen sollte:

– relevante Datenschutzanforderungen

– Beschreibung des Umfangs

– verwendete Risikokriterien

– Beteiligte bei der Durchführung

– konsultierte Stakeholder

Der Hauptteil des DSFA-Berichts stellt die Risikobeurteilung dar, d.h. Beschreibung der Risikoszenarien durch die Risikoquellen, Bedrohungen (einschl. Eintrittswahrscheinlichkeiten) sowie mögliche Folgen (einschl. Schweregrad). Die getroffenen Entscheidungen bzgl. der jeweiligen Risikobehandlungen und der Plan zur Umsetzung der ausgewählten Maßnahmen sind aufzuführen. Die Compliance-Analyse dokumentiert die Einhaltung bzw. Abwei-

6 Datenschutz-Risikomanagement

chung der Datenschutzanforderungen. Aus Gründen der Transparenz und Nachvollziehbarkeit, aber auch um für zukünftige Verarbeitungen zu „lernen", sollten die wesentlichen Erkenntnisse und Entscheidungen der Datenschutz-Folgenabschätzung dokumentiert werden. Die Struktur des DSFA-Berichtes nach ISO könnte wie folgt aussehen:

DSFA-Bericht

- Umfang der DSFA
    - Verarbeitung
        - Übersicht
        - Systemanforderungen
        - Systemarchitektur
        - Wartung und Betrieb
    - Risikokriterien
    - Beteiligte Personen
    - Konsultierte Stakeholder
    - Datenschutzanforderungen
- Risikobeurteilung
    - Risikoquellen
    - Bedrohungen / Eintrittswahrscheinlichkeiten
    - Folgen / Schwere
    - Risikobewertung (Risikomatrix)
    - Compliance-Analyse
- Maßnahmenplan zur Risikobehandlung
- Fazit und Entscheidungen

Abbildung 36: DSFA-Bericht nach ISO 29134

Der Mindestumfang einer DSFA nach der DS-GVO richtet sich vor allem nach Art. 35 Abs. 7 (s.a. Kapitel 6.1.1).

6.3.4.2 Datenschutzrisikobeurteilung und Datenschutzrisikobehandlung

Zwei wichtige Punkte bei der *„Durchführung der DSFA"* sind die Beurteilung und Behandlung der Datenschutzrisiken, die mit der zu untersuchenden Verarbeitung verbunden sind.

6.3.4.2.1 Risikobeurteilung

Die Risikobeurteilung (*risk assessment*) setzt sich zusammen aus den drei Schritten:

- Risikoidentifikation (*risk identification*)
- Risikoanalyse (*risk analysis*) und
- Risikobewertung (*risk evaluation*)

6.3 Datenschutz-Risikomanagement

Im Einzelnen:

1. Schritt: Risikoidentifikation

Risikoidentifikation bedeutet die Identifikation möglicher Risikoszenarien und der daraus resultierenden potenziellen Folgen. Dazu sollten ausgehend von den Risikoquellen (interne und externe Personen, nicht-menschliche Quellen) mögliche Handlungen und Aktivitäten (z.B. Änderung, Verlust, Beschädigung, Missbrauch) berücksichtigt werden, die sich auf Schwachstellen im Zusammenhang mit der Verarbeitung von personenbezogenen Daten beziehen. Diese Schwachstellen beziehen sich auf alle die Verarbeitung unterstützenden Werte (*assets*)[67], d.h. technische und organisatorische Mittel. Für die identifizierten Bedrohungen sollten die möglichen negativen – befürchteten – Ereignisse (Folgen) analysiert werden. Die Ergebnisse sollten dokumentiert werden, z.B. in einer Liste „Identifizierte Risiken und deren Folgen".

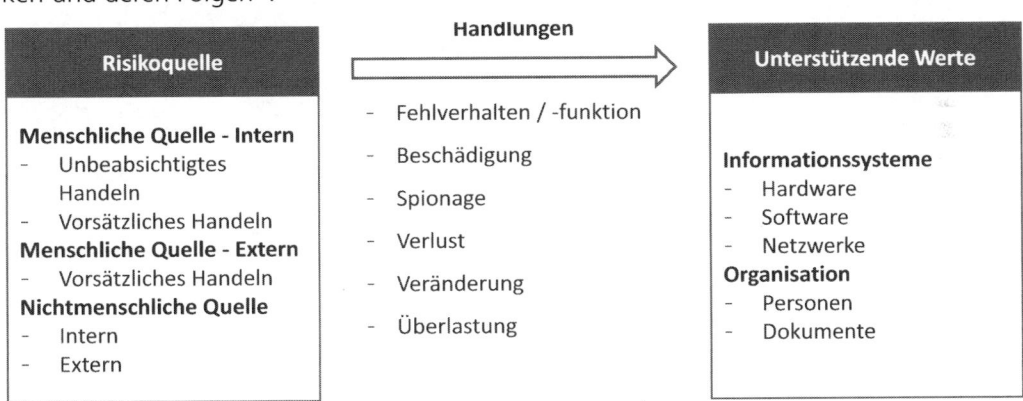

Abbildung 37: Risikoidentifikation

Als schwierig könnte sich dabei in der Praxis herausstellen, alle relevanten Szenarien zu berücksichtigen, da ansonsten entscheidende Risiken übersehen werden könnten. Dies erfordert u.a. die Auswahl der „richtigen" Personen mit der erforderlichen Qualifikation und der erforderlichen Erfahrung sowie wesentliche und aktuelle Informationen.

2. Schritt: Risikoanalyse

Die Risiken sollen hinsichtlich der Schwere des Schadens und der Eintrittswahrscheinlichkeit beschrieben werden. Dabei kann die Risikoanalyse nicht eine exakte Bestimmung dieser beiden Dimensionen im Sinne einer quantitativen Analyse bedeuten, sondern sollte unter Berücksichtigung von Verhältnismäßigkeit und Augenmaß *pragmatisch* – also qualitativ – durchgeführt werden. Das Risiko bzw. die beiden Dimensionen werden in zuvor festgelegte Kategorien eingruppiert.

Bzgl. der Anzahl der Kategorien empfehlen die ISO wie auch die CNIL[68] jeweils vier Kategorien für die Zuordnung des Risikos hinsichtlich der Schwere und der Eintrittswahrscheinlichkeit. Mehr als vier Kategorien scheinen auch nicht praktikabel. Die DS-GVO macht hier

---
67 S.a. Fußnote 51.
68 Vgl. CNIL, PIA, 2015.

6 Datenschutz-Risikomanagement

keine konkreten Vorgaben. Es wird lediglich gefordert, dass hinsichtlich des Risikogrades (*risk level*) eine Einteilung in Risiko und hohes Risiko möglich ist.[69]

Denkbar wäre die Einteilung der Schwere des Risikos (*severity*) in folgende vier Kategorien:

Bereich	Auswirkung auf Betroffenen	Folgen überwinden können	Beispiele
1. Vernachlässigbar	Nicht betroffen oder nur kleine Unannehmlichkeiten	Unannehmlichkeiten sollten sich problemlos beheben lassen	Zeitverlust durch erneute Eingabe von Informationen, Ärgernisse, Irritationen, etc.
2. Begrenzt	Wesentliche Unannehmlichkeiten	Wesentliche Unannehmlichkeiten sollten sich – trotz gewisser Schwierigkeiten – überwinden lassen	Zusätzliche Kosten, Verweigerung des Zugangs zu Geschäftsdiensten, Angst, Mangel an Verständnis, Stress, leichte körperliche Beschwerden, etc.
3. Wesentlich	Wesentliche Folgen	Wesentliche Folgen sollten sich – trotz gewisser Schwierigkeiten – überwinden lassen	Missbrauch von Geldern, Blacklisting von Banken, Sachschäden, Arbeitslosigkeit, Vorladung, Verschlechterung des Gesundheitszustands usw.
4. Maximal	Wesentliche und/oder irreversible Folgen	Irreversible Folgen kaum bzw. nicht überwindbar	Finanzielle Not wie Schulden oder Arbeitsunfähigkeit, langfristige psychische oder körperliche Beschwerden, Tod usw.

Abbildung 38: Kategorien für die Schwere des Risikos

Die Eintrittswahrscheinlichkeit (*likelihood*) könnte ebenfalls in vier Kategorien unterteilt werden:

Bereich	Realisierbarkeit der Bedrohung durch die Risikoquelle in Bezug auf einen Vermögenswert	Beispiele
1. Vernachlässigbar	Scheinbar unmöglich	z.B. Diebstahl von Papierdokumenten, die in einem von einem Ausweisleser und einem Zugangscode geschützten Raum gelagert sind
2. Begrenzt	Schwierig (machbar mit gewissem Aufwand)	z.B. Diebstahl von Papierdokumenten, die in einem durch ein Ausweislesegerät geschützten Raum aufbewahrt werden
3. Wesentlich	Möglich (machbar auch mit geringem Aufwand)	z.B. Diebstahl von Papierdokumenten, die in Büros gelagert sind, die durch Personenkontrollen geschützt sind
4. Maximal	Einfach	z.B. Diebstahl von Papierdokumenten, die in einer Lobby lagen

Abbildung 39: Kategorien für die Eintrittswahrscheinlichkeit des Risikos

---

69 S. hierzu Kapitel 6.1.4.

3. Schritt: Risikoevaluation

Der Risikograd (*risk level*) wird durch die Kombination aus Eintrittswahrscheinlichkeit und Schwere bestimmt. Dies lässt sich in einer Risikomatrix darstellen. Die einzelnen Felder der Risikomatrix gehören zu einem bestimmten Risikobereich, z.B. geringes Risiko, Risiko oder hohes Risiko. Den Risikobereichen lassen sich unterschiedliche Handlungsstrategien und Prioritäten für die Risikobehandlung zuordnen.

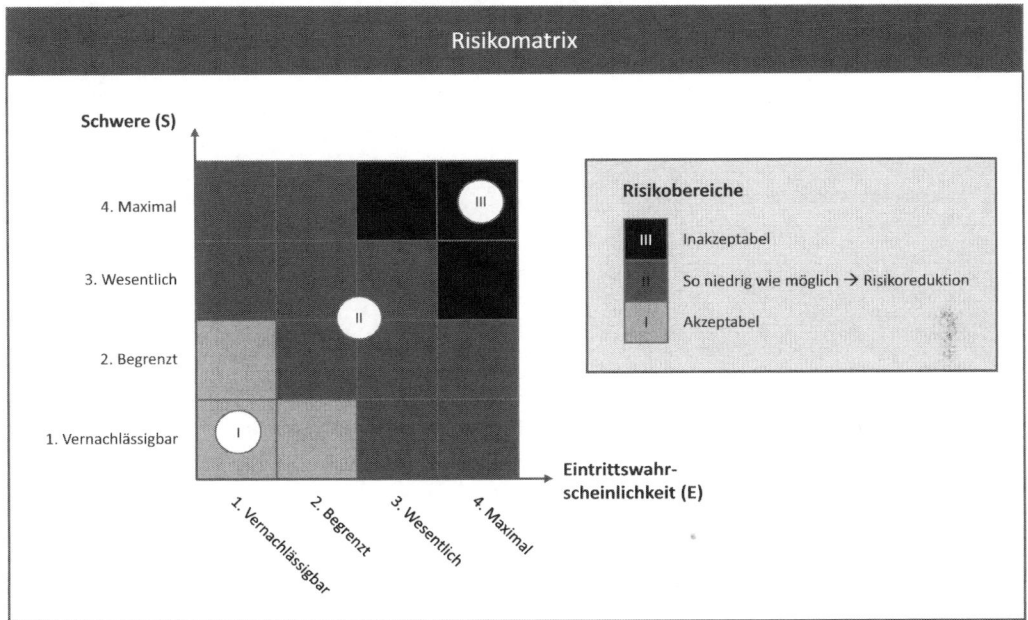

Abbildung 40: Risikomatrix

Beispiel einer Risikobeurteilung

Szenario: Ein regelmäßig geschulter interner Mitarbeiter (= Risikoquelle) kann durch unsachgemäße Nutzung (= Handlung) einer CRM-Software (= unterstützender Wert) personenbezogene Daten löschen.

- Die Verletzung der Verfügbarkeit durch die gelöschten personenbezogenen Daten stellt eine potenzielle Bedrohung dar (1).

- Eine mögliche Folge dieses befürchteten Ereignisses wäre der Zeitverlust durch ein erneutes Erfassen der Informationen (2).

- Dieses Risiko würde hinsichtlich der Schwere als „Begrenzt" eingestuft, d.h., es könnten sich für den Betroffenen Unannehmlichkeiten ergeben, die aber trotz einiger Schwierigkeiten zu überwinden wären. Auch die Eintrittswahrscheinlichkeit würde für dieses Risiko mit „Begrenzt" zugeordnet, da ein mögliches Löschen aufgrund von Schulungen und technischen Funktionen eher nicht zu erwarten ist (3).

6 Datenschutz-Risikomanagement

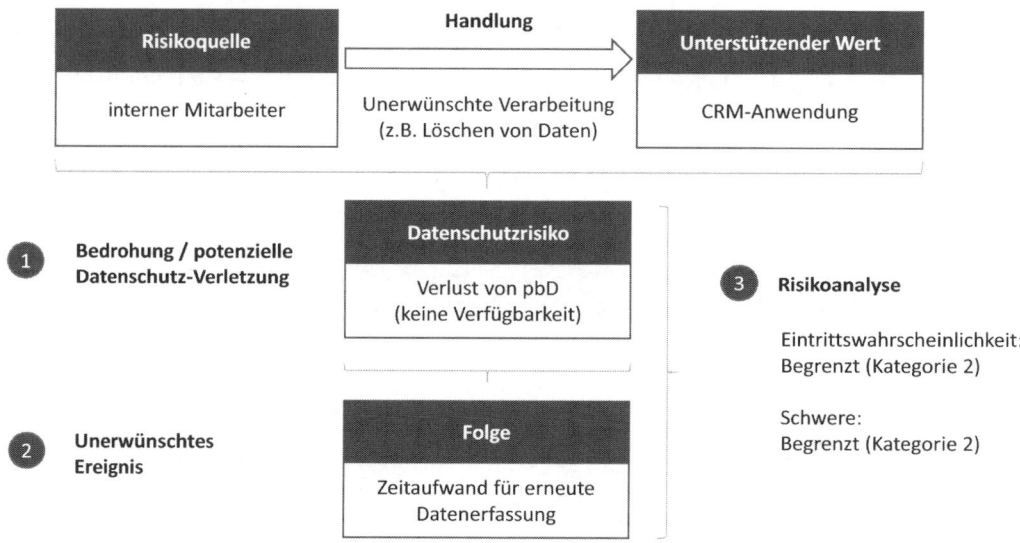

Abbildung 41: Beispiel Risikoidentifikation und -analyse

Die Risiken sind anschließend durch Zuordnung in der Risikomatrix zu dem entsprechenden Risikobereich hinsichtlich der Risikobehandlung zu bewerten.

6.3.4.2.2 Risikobehandlung

Den Ergebnissen der Risikobeurteilung schließt sich die Risikobehandlung an. Diese besteht aus den drei Schritten:

- Auswahl der geeigneten Risikobehandlungsoption
- Festlegung angemessener Maßnahmen zur Risikoreduktion
- Erstellung eines Umsetzungsplans

Im Einzelnen:

1. Schritt: Auswahl der geeigneten Risikobehandlungsoption

Zur Risikobehandlung stehen grundsätzlich vier Möglichkeiten zur Verfügung:

- **Risikoakzeptanz**, wenn der Risikograd ein bestimmtes Risikoniveau bzw. Risikokriterium nicht überschreitet; weitere Maßnahmen sind dann nicht erforderlich
- **Risikoreduktion**, wenn der Risikograd zu hoch ist, aber durch die Wahl angemessener Maßnahmen (*controls*) vermindert werden kann
- **Risikoübertragung**, wenn der Risikograd zu hoch ist und das Risiko auf eine externe Partei verlagert werden soll, z.B. durch Outsourcing (wenngleich dies nicht im Gleichlauf mit einer Haftungsübertragung erfolgen muss)
- **Risikovermeidung**, wenn z.B. der Risikograd zu hoch ist und es keine geeigneten Maßnahmen zur Risikoreduktion gibt oder dies nicht in einem angemessenen Verhältnis steht (z.B. sehr hohe Implementierungskosten)

6.3 Datenschutz-Risikomanagement

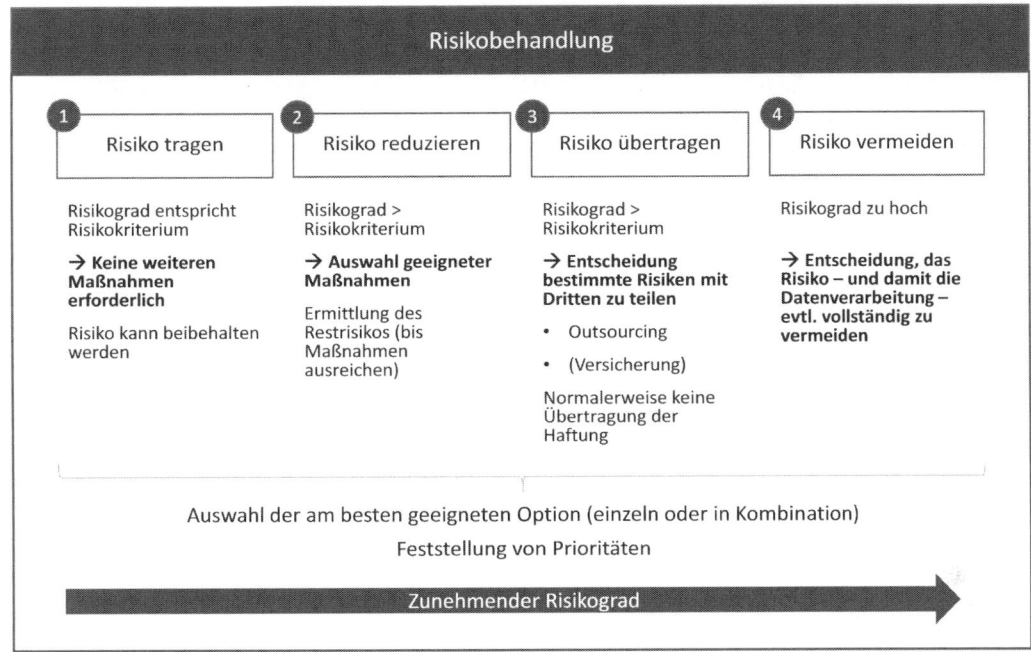

Abbildung 42: Risikobehandlungsoptionen

2. Schritt: Festlegung angemessener Maßnahmen

Für den Fall, dass die Option der Risikoreduktion am geeignetsten scheint, sollte der ursprüngliche Risikograd – unter Berücksichtigung der bereits vorhandenen bzw. geplanten Maßnahmen – durch die Festlegung (ggf. weiterer) geeigneter Maßnahmen (*controls*) so lange weiter vermindert werden, bis für das Restrisiko ein zu akzeptierendes Niveau erreicht wird. Dies wird in der folgenden Abbildung dargestellt.

6 Datenschutz-Risikomanagement

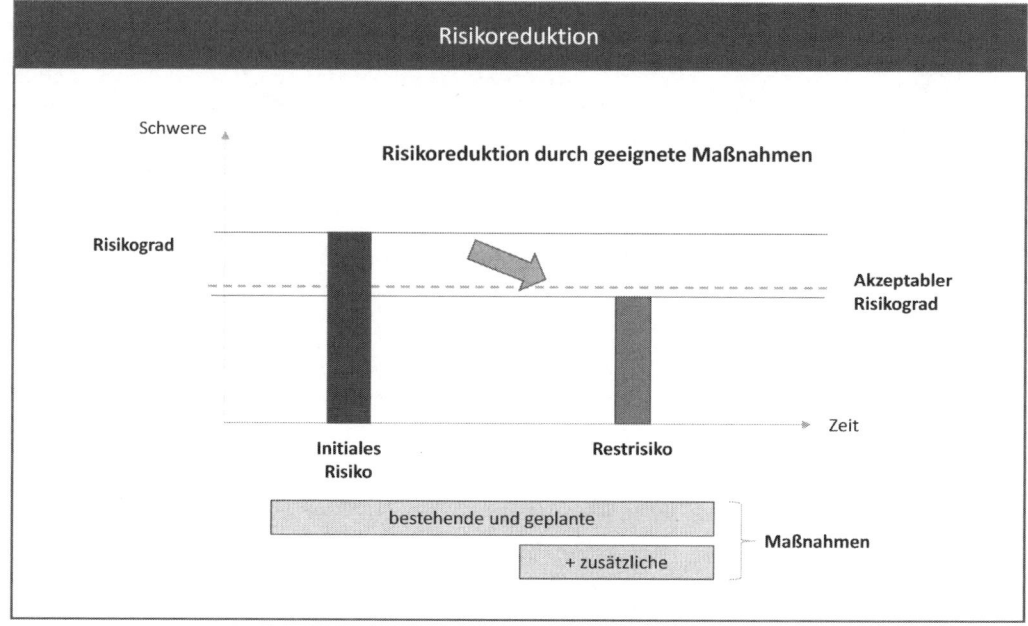

Abbildung 43: Risikoreduktion

Bei der Auswahl geeigneter technischer und organisatorischer Maßnahmen (TOM) können u.a. folgende Standards bzw. Guidelines als Orientierungshilfe dienen:

- ISO 27000er Serie „*Informationssicherheitsmanagementsystem*", insbesondere ISO 27002[70]
- ISO 29151 „*Code of practice for personally identifiable information protection*"[71]
- IT-Grundschutz-Katalog vom BSI[72]
- Standard-Datenschutzmodell (SDM)[73]
- COBIT von ISACA[74]
- OECD Guidelines[75]

3. Schritt: Plan zur Risikobehandlung

Die Risiken und die zugehörigen und geplanten Maßnahmen sollten in einem Risikoregister festgehalten werden. Dies ist wichtig, um die Umsetzung nachverfolgen und auch den Nachweis erbringen zu können.

---

[70] s.a. DIN ISO/IEC 27002:2016-11 (D), Leitfaden für Informationssicherheits-Maßnahmen, 2016.
[71] Seit 16.12.2016 Status FDIS (Final Draft International Standard) für ca. 8 Wochen, d.h. eine Veröffentlichung ist im März zu erwarten.
[72] BSI, Checklisten Handbuch IT-Grundschutz, 14. Aktualisierung, 2015.
[73] Konferenz der unabhängigen Datenschutzbehörden des Bundes und der Länder, Das Standard-Datenschutzmodell – Eine Methode zur Datenschutzberatung und -prüfung auf der Basis einheitlicher Gewährleistungsziele, V.1.0 – Erprobungsfassung, 2016.
[74] ISACA, Control Objectives for Information and Related Technology (COBIT 5), 2012.
[75] OECD, Guidelines for the Security of Information Systems and Networks, 2002.

6.3.5 Umgang mit Risiken nach der DS-GVO

Abschließend lässt sich festhalten, dass die Methodik der Risikobeurteilung und Risikobehandlung nicht nur im Rahmen einer DSFA gemäß Art. 35 und 36 anzuwenden ist, sondern auch im Rahmen einer Risikobeurteilung nach Art. 24, 25 und 32. Der Verantwortliche sollte daher Prozesse und Verfahren festlegen, die die Durchführung von Risikobeurteilungen und -behandlungen regeln.

Bei hohen Risiken fällt die Risikobeurteilung umfangreicher aus, da der Verantwortliche Folgendes zusätzlich zu beachten hat:

– Rat vom Datenschutzbeauftragen einholen (Art. 35 Abs. 2)
– Zusätzliche Dokumentation (Art. 35 Abs. 7 lit. a) sowie Bewertung der Notwendigkeit und Verhältnismäßigkeit (Art. 35 Abs. 7 lit. b)
– Ggf. den Standpunkt der Betroffenen einholen (Art. 35 Abs. 9)

In der folgenden Abbildung ist grob skizziert, wie der Verantwortliche mit Risiken umgehen sollte. Dabei steht am Anfang die Frage, was den Prozess einer DSFA oder Datenschutzrisikobeurteilung auslöst und wie dann das voraussichtliche Risiko beurteilt wird, um entscheiden zu können, ob eine DSFA erforderlich ist oder nicht eine „einfache" Risikobeurteilung ausreicht.

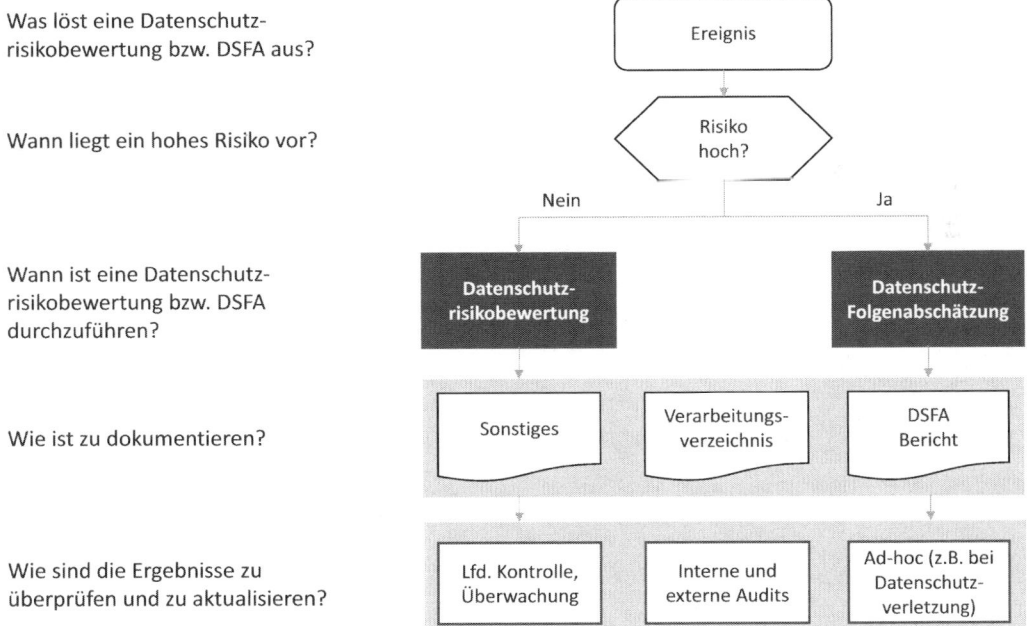

Abbildung 44: DSFA oder vereinfachte Datenschutzrisikobeurteilung und -behandlung

7 Datenschutzdokumentation

Die Verordnung verlangt vom Verantwortlichen teilweise explizit eine Dokumentation bestimmter Vorgänge, z.B. ein Verzeichnis von Verarbeitungstätigkeiten. Gleichzeitig ergibt sich an vielen Stellen der DS-GVO indirekt eine Pflicht zur Dokumentation, da nur so der Nachweis der Einhaltung der Verordnung erbracht werden kann. Nachfolgend soll daher erläutert werden, welche Dokumentationspflichten sich für den Verantwortlichen insgesamt ergeben und welche Strukturen und Prozesse für eine Verwaltung dieser Dokumente sinnvoll sein können. Nur wer seine Datenschutzdokumentation „im Griff" hat, wird es schaffen, den Datenschutz effektiv zu managen und seiner Rechenschaftspflicht nachzukommen.

7.1 Dokumentations- und Nachweispflichten

7.1.1 Dokumentation der Datenverarbeitung

Für die Datenverarbeitung (s. Kapitel 5.1) hat der Verantwortliche Dokumente für explizite und implizite Nachweispflichten zu führen. Von einer expliziten Nachweispflicht wird ausgegangen, wenn die Verordnung ausdrücklich von „Nachweis" spricht, von einer impliziten Nachweispflicht, wenn Verantwortliche oder Auftragsverarbeiter den Prüfanforderungen einer Aufsichtsbehörde wohl nicht Rechnung tragen können, ohne über eine entsprechende Dokumentation zu verfügen.

Art.	Dokumentation explizit gefordert	Dokumentation implizit gefordert
Rechenschaftspflicht Art. 5 Abs. 2	Nachweis erbringen können; offen ist, wie der Nachweis zu erbringen ist	
Rechtmäßigkeit Art. 6		Rechtmäßigkeit bzw. Rechtgrundlage benennen können
Einwilligung Art. 7 und 8	Einwilligung nachweisen können; Einwilligungserklärung	
Einwilligung Kind Art. 8		Anstrengung über Altersverifikation bzw. Vertretung durch Eltern
Besondere Kategorien Art. 9	Ausdrückliche Einwilligung	
Identifizierung Art. 11	Nachweis über Unmöglichkeit der Identifizierung einer betroffenen Person	

7.1 Dokumentations- und Nachweispflichten

Art.	Dokumentation explizit gefordert	Dokumentation implizit gefordert
Erhebung beim Betroffenen Art. 13 i.V.m. Art. 12	Information an Betroffenen bei Erhebung	Dokumentation, dass Betroffener Information erhalten hat
Erhebung durch Dritten Art. 14 i.V.m. Art. 12	Information an Betroffenen bei *„Nutzung"*	Dokumentation, dass Betroffener Information erhalten hat
Verarbeitung Art. 24	Nachweis der Verarbeitung gemäß Verordnung	Nachweis erbringen können; Risikobeurteilung und Risikobehandlung Beurteilung der Wirksamkeit
Privacy by design & by default Art. 25		Risikobeurteilung und Risikobehandlung Beurteilung der Wirksamkeit
Gemeinsame Verarbeitung Art. 26	Vereinbarung zwischen den Verantwortlichen bzgl. einer Regelung der Zuständigkeiten	
Keine EU-Niederlassung Art. 27	Benennung eines Vertreters	
Auftragsverarbeiter Art. 28	Vertrag zwischen Verantwortlichem und Auftragsverarbeiter, Vertraulichkeitserklärung, Dokumentierte Weisung, Zertifikate und Verhaltensregeln des Unter- bzw. Auftragsverarbeiters als Nachweis für Garantien	Weitere Dokumente zum Nachweis der Einhaltung von Art. 32
Verarbeitung unter Aufsicht Art. 29	Weisungen (schriftliche?)	
Verarbeitungsverzeichnis Art. 30	Verzeichnis aller Verarbeitungstätigkeiten	Änderungsmanagement der Verarbeitungen

7 Datenschutzdokumentation

Art.	Dokumentation explizit gefordert	Dokumentation implizit gefordert
Sicherheit der Verarbeitung Art. 32		Nachweis erbringen können; Risikobeurteilung und Risikobehandlung, Prozess zur Überprüfung, Beurteilung der Wirksamkeit
Datenschutz-Folgenabschätzung Art. 35	Dokumentation gem. Art. 35 Abs. 7	Prozess für die Durchführung einer DSFA
Konsultation Art. 36	Dokumentation für die Konsultation gem. Art. 36 Abs. 3	
Drittlandübermittlung Art. 44 bis 47	Geeignete Garantie	

Tabelle 15: Dokumentationspflichten „Datenschutzkonforme Datenverarbeitung"

7.1.2 Dokumentation der Sicherstellung der Betroffenenrechte

Für die Sicherstellung der Betroffenenrechte (s. Kapitel 5.2) hat der Verantwortliche folgende explizite und implizite Dokumente zu führen:

Art.	Dokumentation explizit gefordert	Dokumentation implizit gefordert
Ausübung Betroffenenrechte Art. 12	Verweis auf die Art. 13 bis 23	Prozesse für den Umgang mit Betroffenenrechten
Auskunft Art. 15	Auskunftserteilung	Bearbeitung der Auskunft
Berichtigung Art. 16 i.V.m. Art. 19	Mitteilung der Berichtigung	Bearbeitung der Berichtigung
Löschung Art. 17 i.V.m. Art. 19	Mitteilung der Löschung	Bearbeitung der Löschung
Einschränkung Art. 18 i.V.m. Art. 19	Mitteilung der Einschränkung	Bearbeitung der Einschränkung
Datenübertragbarkeit Art. 20	Erhalt der Daten in einem strukturierten, gängigen und maschinenlesbaren Format	

7.1 Dokumentations- und Nachweispflichten

Art.	Dokumentation explizit gefordert	Dokumentation implizit gefordert
Widerspruch Art. 21	Beantwortung des Widerspruchs	Bearbeitung des Widerspruchs
Automatisierte Entscheidung Art. 22		Bearbeitung des Rechts auf Einwirkung; Dokumentation der Ausnahmen nach Abs. 2

Tabelle 16: Dokumentationspflichten „Sicherstellung der Betroffenenrechte"

7.1.3 Dokumentation der Handhabung von Datenschutzverletzungen

Für die Handhabung von Datenschutzverletzungen (s. Kapitel 5.3) hat der Verantwortliche folgende explizite und implizite Dokumentation zu führen:

Art.	Dokumentation explizit gefordert	Dokumentation implizit gefordert
Meldung Datenschutzverletzung Art. 33	Dokumentation der Datenschutzverletzung; Meldung der Datenschutzverletzung an Aufsichtsbehörde mit Mindestbestandteilen nach Art. 33 Abs. 3; ggf. Begründung für verzögerte Meldung	Prozesse für die Handhabung von Datenschutzverletzungen
Benachrichtigung Datenschutzverletzung Art. 34	Dokumentation des hohen Risikos i.S.d. Art. 34 Abs. 1; Benachrichtigung der betroffenen Person	

Tabelle 17: Dokumentationspflichten „Handhabung von Datenschutzverletzungen"

7.1.4 Zentrale Bedeutung des Verzeichnisses aller Verarbeitungstätigkeiten

Der Verantwortliche muss in das Verzeichnis der Verarbeitungstätigkeiten folgende Informationen aufnehmen (Art. 30 Abs. 1)

– Kontaktdaten, ggf. Datenschutzbeauftragter

– Zwecke der Verarbeitung

– Betroffene Personen und personenbezogene Daten

– Empfänger

– Drittland – geeignete Garantie

7 Datenschutzdokumentation

- Löschfristen
- ggf. Beschreibung der technischen und organisatorischen Maßnahmen (TOM)

Diese Angaben werden z.T. auch für andere Vorschriften benötigt und müssen im Wesentlichen dem Betroffenen durch den Verantwortlichen im Rahmen der Erhebung (aber nicht durch Einsicht in das Verzeichnis der Verarbeitungstätigkeiten) mitgeteilt werden. Diese mehrfache Anforderung der DS-GVO an das Bereithalten von Informationen ist in der folgenden Tabelle dargestellt:

Angabe gem. Art. 30 Abs. 1	Erforderlich für	Info gem. Art. 13
a) Kontaktdaten, ggf. DSB	Art. 37	Ja
b) Zwecke der Verarbeitung	Art. 5 Abs. 1 lit. b)	Ja, zzgl. Rechtsgrundlage
c) Betroffene Personen und pbD	Art. 6	
d) Empfänger	Art. 6	Ja
e) Drittland – geeignete Garantie	Art. 44 bis 47	Ja
f) Löschfristen	Art. 5 Abs. 1 lit. e)	Ja
g) ggf. Beschreibung technischer und organisatorischer Maßnahmen	Art. 32	
		Weitere Angaben: Hinweis auf Betroffenenrechte (Art. 15 bis 22) Hinweis auf Widerrufsrecht Hinweis auf Beschwerderecht bei einer Aufsichtsbehörde

Tabelle 18: Verarbeitungsverzeichnis

Das Verzeichnis ist wichtig für

- die Planung und Dokumentation der datenschutzkonformen Datenverarbeitung,
- die Sicherstellung der Betroffenenrechte und
- die Handhabung von Datenschutzverletzungen.

7.1 Dokumentations- und Nachweispflichten

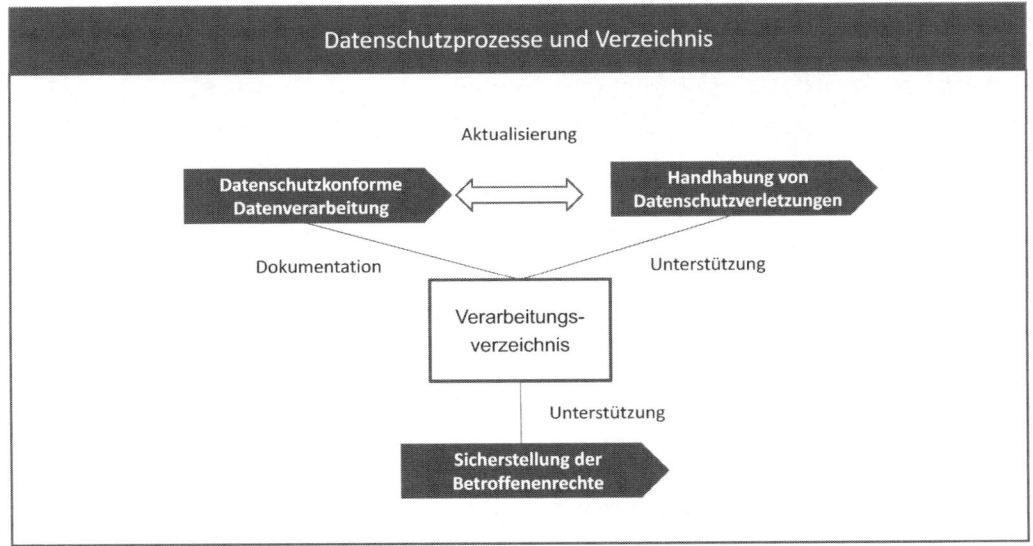

Abbildung 45: Zentrale Bedeutung des Verarbeitungsverzeichnisses gem. Art. 30

7.1.5 Nachweiserbringung durch Zertifizierung und Verhaltensregeln

Wie konkret der Verantwortliche die Einhaltung der DS-GVO nachweisen können muss, ist nicht näher geregelt. In einigen Vorschriften wird aber explizit darauf hingewiesen, dass die Einhaltung genehmigter Verhaltensregeln gemäß Art. 40 oder eines genehmigten Zertifizierungsverfahrens gemäß Art. 42 als Faktor bzw. Gesichtspunkt für die Erfüllung der Pflichten des Verantwortlichen berücksichtigt werden kann.

Diese Nachweiserbringung steht dem Verantwortlichen für folgende Vorschriften offen:

- Verantwortung des Verantwortlichen für die Verarbeitung (Art. 24)
- Datenschutz durch Technikgestaltung und durch datenschutzfreundliche Voreinstellungen (Art. 25; Ausnahme: nur Zertifizierung)
- Auftragsverarbeitung (Art. 28)
- Sicherheit der Verarbeitung (Art. 32)

Verhaltensregeln gelten nicht für die Verpflichtung aus Art. 25 (Datenschutz durch Technikgestaltung und durch datenschutzfreundliche Voreinstellungen).

7 Datenschutzdokumentation

Die folgende Tabelle fasst die Möglichkeiten der Nachweiserbringung zusammen:

Möglichkeit der Nachweiserbringung	Art. 24 Abs. 3	Art. 25 Abs. 3	Art. 28 Abs. 5	Art. 32 Abs. 3
Einhaltung genehmigter **Verhaltensregeln** gem. Art. 40	✓	–	✓	✓
Einhaltung eines genehmigten **Zertifizierungsverfahrens** gem. Art. 42	✓	✓	✓	✓

Tabelle 19: Möglichkeit der Nachweisbringung

Nähere Angaben zu Verhaltensregeln und zur Zertifizierung gibt es in Kapitel 9 (Datenschutzaudit und Zertifizierung).

7.2 Datenschutzdokumentationsmanagement

Die konkrete Ausgestaltung der Datenschutzdokumentation wird in der DS-GVO nicht weiter ausgeführt. Es werden lediglich Angaben u.a. zur Information und zur Kommunikation mit den Betroffenen gemacht, die in präziser, transparenter, verständlicher und leicht zugänglicher Form in klarer und einfacher Sprache erfolgen sollte (Art. 12 Abs. 1), oder z.B., welche Informationen mindestens in einer Meldung einer Datenschutzverletzung an die Aufsichtsbehörde enthalten sein sollten (Art. 33 Abs. 3). Wie aber die Erstellung und Verwaltung von Datenschutzdokumenten zu erfolgen hat und welche Struktur sie haben sollen, obliegt dem Verantwortlichen. Die Datenschutzdokumentation sollte kein Selbstzweck sein, sondern sich an den Erfordernissen und Verhältnissen im Unternehmen ausrichten. Idealerweise sollte sie in die allgemeine Unternehmensdokumentation integriert sein. Diese könnte sich beispielsweise an den ISO-Normen für Qualitätsmanagement (ISO 9001) oder für das Informationssicherheitsmanagement (ISO 27001) ausrichten. Im Folgenden werden Empfehlungen ausgesprochen, was der Verantwortliche berücksichtigen sollte.

7.2.1 Zwecke der Dokumentation

Eine Dokumentation im Unternehmen kann unterschiedlichen Zwecken dienen. Es ist deshalb nicht immer eindeutig, wer im Unternehmen der „Eigner" (*Owner*) des Dokuments ist. Keinesfalls ist es so, dass die Dokumentation zentral beim Datenschutzbeauftragten liegt. Dies würde zu einer unnötigen doppelten Ablage im Unternehmen und nicht zu einer aktuellen Dokumentation führen. Dementsprechend ist es wichtig, dass Dokumente einerseits entlang der im Unternehmen existierenden Prozesse geführt werden. Andererseits muss sichergestellt sein, dass für Zwecke des Datenschutzmanagements jederzeit aktuell auf diese zugegriffen werden kann (z.B. durch Verlinkung im Verzeichnis der Verarbei-

7.2 Datenschutzdokumentationsmanagement

tungstätigkeiten). Nachfolgend sollen einmal überblicksmäßig mögliche Zwecke einer Dokumentation dargestellt werden, um das Thema „Wer ist Eigner des Dokuments?" zu verdeutlichen:

- Schaffung von Transparenz und Effizienz intern und extern
- Sensibilisierung und Schulung von Mitarbeitern
- Prozessmanagement (Delegation, Steuerung, Kontrolle) der Unternehmensführung
- Datenschutzkonformität sicherstellen und nachweisen können (Erfüllung der Compliance-Anforderungen)
- Wesentlicher Bestandteil von Audits
- Grundlage für Zertifizierungen
- Kommunikationsmittel gegenüber der Aufsichtsbehörde
- Vertragsmanagement
- Externe Kommunikation gegenüber Dritten, z.B. Auftragsverarbeitung, Vergabe

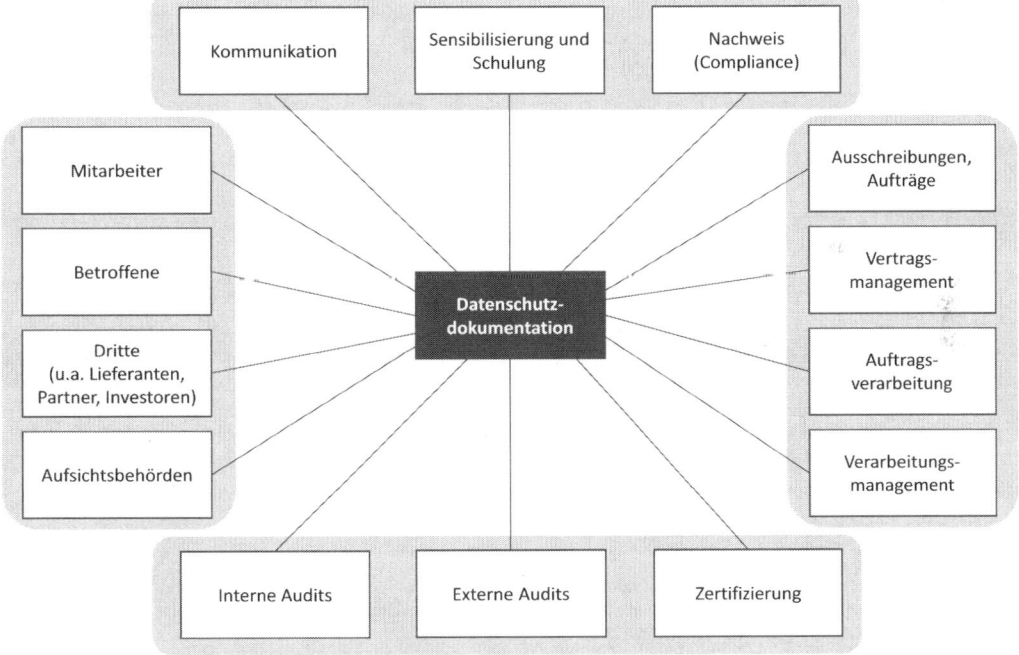

Abbildung 46: Bedeutung der Datenschutzdokumentation

Wie die dargelegten Zwecke verdeutlichen, könnten für das Datenschutzmanagement erforderliche Dokumente in den verschiedensten Abteilungen abgelegt sein, z.B. in der Rechtsabteilung (Vertragsmanagement), bei der Geschäftsführung (Prozessmanagement) oder in der Fachabteilung. Es ist deshalb für jedes Unternehmen individuell zu ermitteln, wo die relevanten Dokumente abgelegt sind und wie auf diese im Bedarfsfall zugegriffen werden kann (z.B. für ein Audit oder eine Rechtmäßigkeitsprüfung).

7 Datenschutzdokumentation

Bei den Überlegungen, wie das Management der Dokumente sinnvoll gestaltet werden kann, sollte auf vorhandene Dokumentationsstandards zurückgegriffen werden.

7.2.2 Dokumentationsstandards

Bei der Abfassung eines jeden Dokuments sollte man sich an festgelegten Dokumentationsstandards – z.B. in Anlehnung an die ISO 9001 Qualitätsmanagement – orientieren und den Aufbau eines Lebenszyklus für Dokumente anstreben, um eine kontinuierliche Verbesserung zu erzielen. Folgende Aspekte sollten berücksichtigt werden:

– Aktualität, Vollständigkeit und Genauigkeit der Inhalte
– Festlegung der Verantwortlichkeit für Dokumente
– Versionsmanagement
– Freigabeprozess, einschl. Revision und Bekanntmachung
– Revisionszyklus
– Verfügbarkeit für die jeweils Berechtigten

Dokumentierte Informationen lassen sich – in Anlehnung an ISO, z.B. ISO 27001, ISMS – in Dokumente und Aufzeichnungen unterteilen, wobei diese unterschiedliche Zwecke verfolgen und unterschiedlich behandelt werden sollten:

– **Dokumente** dienen u.a. der Festlegung organisatorischer Abläufe und Verantwortlichkeiten.
– **Aufzeichnungen** dienen generell zum Nachvollziehen von Abläufen und als Nachweis konkreter Sachverhalte und Vorkommnisse (d.h. Belege für die Konformität und Wirksamkeit) und dürfen nachträglich nicht geändert werden (*Manipulationssicherheit*).

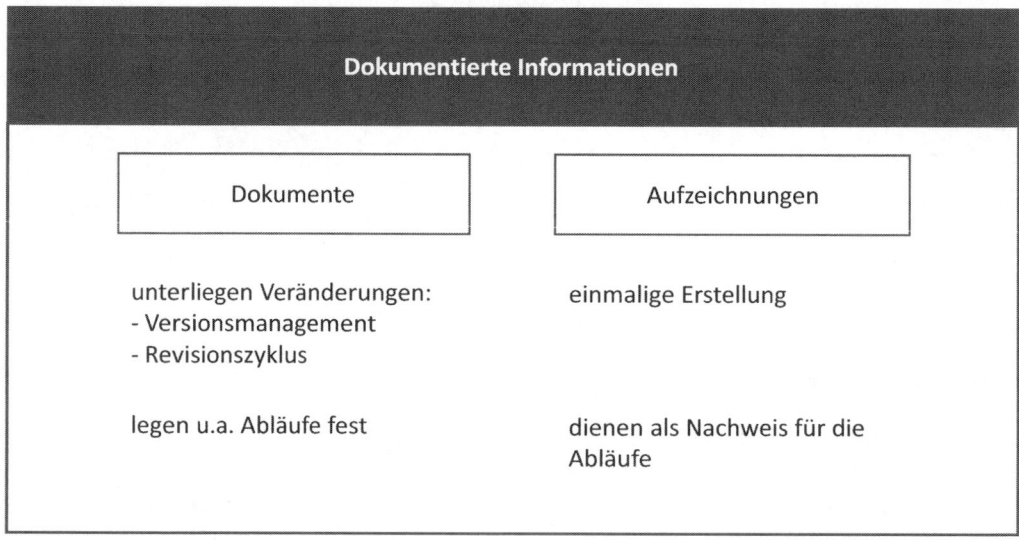

Abbildung 47: Dokumentierte Informationen

7.2 Datenschutzdokumentationsmanagement

Beispiele für Dokumente sind:

- Datenschutzleitlinie
- Beschreibung von Geschäftsprozessen und Verfahren (zusammenfassende Darstellung der Abläufe, der verwendeten Technik und der beteiligten Rollen)
- Datenschutzkonzept
- Spezielle Datenschutzrichtlinien
- Arbeitsanweisungen mit Checklisten
- Handbücher

Beispiele für Aufzeichnungen sind:

- Inspektions- und Auditberichte
- Nachweise aller Art
- Teilnehmerlisten
- Beschlüsse und Anweisungen der Leitung
- Log-Protokolle
- Protokolle und Tickets von Datenschutzverletzungen
- Anfragen Betroffener

7.2.3 Dokumentationsstruktur

Um den Überblick über die Datenschutzinformationen zu haben, ist eine tragfähige Struktur in Form einer Dokumentenpyramide[76] hilfreich, die von oben nach unten

- die Hierarchie der Dokumente, d.h. vom Allgemeinen zum Speziellen, visualisiert und
- die Änderungshäufigkeit, d.h. vom Stabilen zum Instabilen charakterisiert.

---

76 Kersten/Klett, Der IT Security Manager, S. 53.

7 Datenschutzdokumentation

Die jeweiligen Datenschutzinformationen lassen sich wie folgt zuordnen:

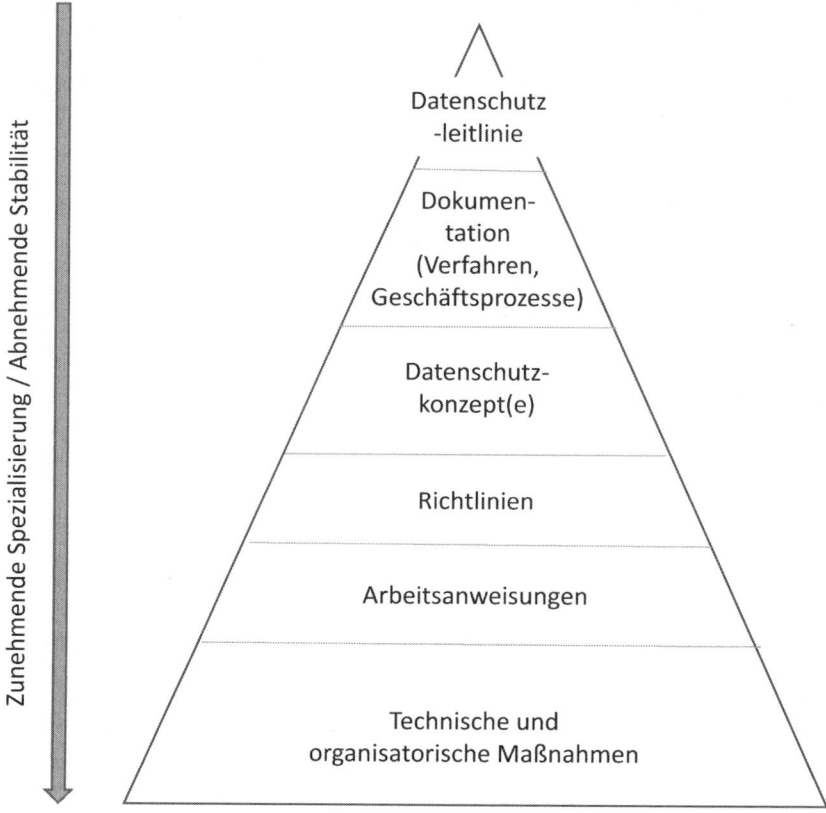

Abbildung 48: Dokumentenpyramide

Der Aufbau eines Datenschutzhandbuches[77] kann nach den Vorgaben der Datenschutzleitlinie sukzessive erfolgen. Denkbar wäre folgende Struktur:[78]

Datenschutzleitlinie

Datenschutzhandbuch

- Auflagen aus Normen und Standards
    - Tätigkeitsbericht des Datenschutzbeauftragten
    - Softwareregister
- Organisation
    - Verfahren
    - Prozessbeschreibung
    - Rollenkonzept

---

77 In Anlehnung an ein QM-Handbuch nach ISO 9001.
78 Loomans/Matz/Wichtermann, Anforderungen an ein Datenschutzmanagementsystem, 2014, S. 124.

7.2 Datenschutzdokumentationsmanagement

- Richtlinien / Arbeitsanweisungen
  - Arbeitsanweisung: Umgang mit Kundendaten
  - Social-Media-Richtlinie
- Verwaltung
  - Risikoregister
  - Maßnahmenplan
  - Liste der korrektiven und präventiven Maßnahmen (auch CAPA-Liste[79] genannt)
  - Aufzeichnungen
- Verträge und Vertragsbestandteile
  - Auftragsverarbeitung
  - Zusatz-Arbeitsverträge
- Audits und Reviews
  - Auditprogramm
  - Audit-Checklisten
  - Review-Agenda

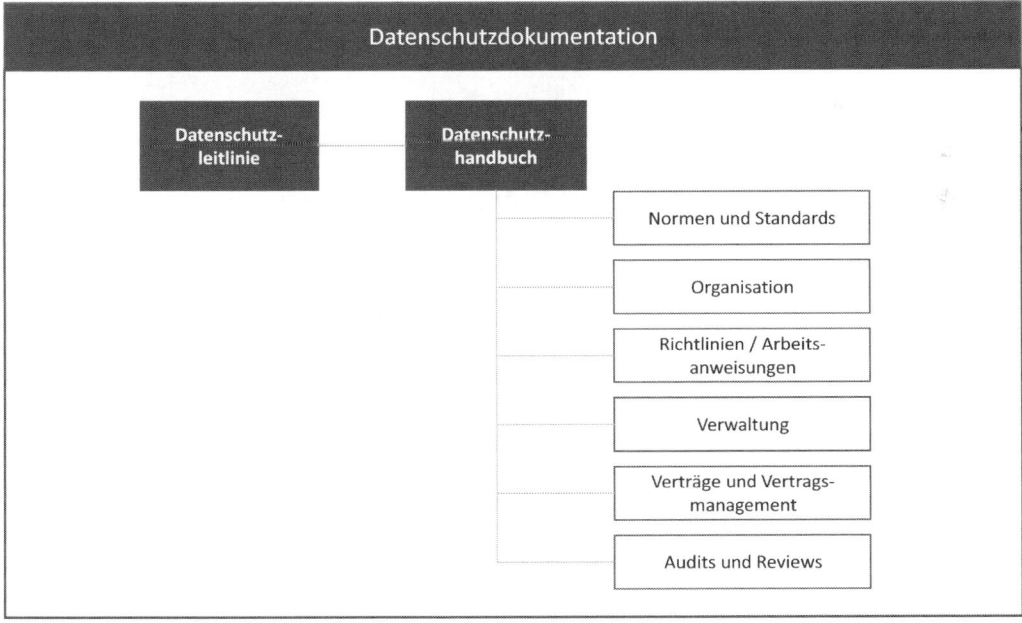

Abbildung 49: Aufbau einer Datenschutzdokumentation

---

79 CAPA = *Corrective actions and preventive actions*.

7 Datenschutzdokumentation

7.2.4 Dokumentationsprozess

Der Dokumentationsprozess richtet sich nach dem Lebenszyklus der Dokumente und dem PDCA-Zyklus des Datenschutzmanagements.

7.2.4.1 Dokumenten-Lebenszyklus

Der Lebenszyklus der Dokumente umfasst alle Phasen eines Dokumentes von der Erstellung bis zur Vernichtung und ist für eine sichere Dokumentenverwaltung notwendig.[80] Bestandteile der Dokumentenverwaltung sind:

- Erstellung
- Änderung
- Klassifikation
- Freigabe
- Verteilung
- Zugriff
- Archivierung
- Vernichtung

7.2.4.2 Dokumentation der Datenschutzdokumente und PDCA-Zyklus

Die Datenschutzdokumente lassen sich den einzelnen Phasen des PDCA-Zyklus zuordnen, wie in der folgenden Abbildung dargestellt:

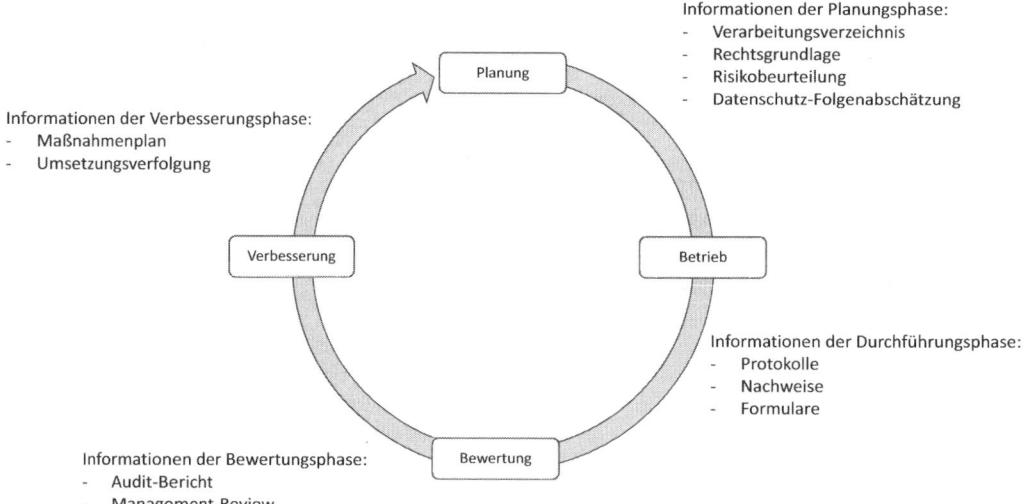

Abbildung 50: Dokumentation der Datenschutzdokumente und PDCA-Zyklus

---

80 Kersten/Reuter/Schröder, IT-Sicherheitsmanagement nach ISO 27001 und Grundschutz, 2013, S. 88 bis 93.

7.2.5 Dokumentenmanagementsystem

Die Dokumentenverwaltung lässt sich durch den Einsatz eines Dokumentenmanagementsystems (DMS) toolunterstützt effizient gestalten. Dieses erleichtert das Organisieren und Koordinieren der Erstellung, Bearbeitung, Überwachung und Bereitstellung von Dokumenten über ihren gesamten Lebenszyklus, d.h. von der Erstellung bis zur Vernichtung.

8 Datenschutzsensibilisierung, -training und -schulungen

Die Sicherstellung der Datenschutzvorschriften hängt im hohen Maße von einem angemessenen Umgang mit personenbezogenen Daten ab. Es ist eine Binsenweisheit, dass viele Datenschutzverletzungen auf ein mangelndes Problembewusstsein der verarbeitenden Personen im Unternehmen zurückzuführen sind. Die einfachste und daher eine sehr sinnvolle Maßnahme zur Reduzierung von Datenschutzrisiken im Unternehmen ist die Datenschutzsensibilisierung bei den Mitarbeitern (Bewusstsein bzw. *„Awareness"*). Dementsprechend zählt es gem. Art. 39 Abs. 1 lit. b zu den zentralen Aufgaben des Datenschutzbeauftragten, zu überprüfen, ob die Mitarbeiter ausreichend sensibilisiert und geschult sind. Die Schwierigkeit ist, dabei sicherzustellen, dass die richtigen Personen entsprechend ihrer Rolle bei der Verarbeitung geschult werden. Nachfolgend soll noch einmal die Notwendigkeit von sog. Awareness-Trainings sowie Möglichkeiten der Umsetzung aufgezeigt werden.

8.1 Notwendigkeit von Schulungen als organisatorische Maßnahme

Der Verantwortliche soll nicht nur **geeignete technische Maßnahmen** treffen, um die Einhaltung der Datenschutzvorschriften sicherzustellen, sondern eben auch **organisatorische** (s. Art. 24, 25, 28 und 32). Allein durch technische Maßnahmen lässt sich keine 100%ige Datenschutzkonformität und Sicherheit erreichen. Dies liegt an einer Vielzahl von unterschiedlichen Gründen:

- Unbestimmtheit einiger Vorschriften und Begriffe sowie deren Auslegungsmöglichkeiten

- Zunehmende Durchdringung der Unternehmen mit personenbezogenen Daten und ein nicht klar abgrenzbarer Personenkreis von mit der Verarbeitung befassten Personen

- Unzureichendes Verständnis und Bewusstsein für die Hintergründe und Motivation von Datenschutzrichtlinien und Arbeitsanweisungen und daraus resultierend beschränkte Fähigkeit, Datenschutzvorschriften angemessen anzuwenden bzw. auf Angriffe entsprechend reagieren zu können (z.B. bei *Social-Engineering-Angriffen*[81])

---

[81] Bei Social Engineering handelt es sich um eine zwischenmenschliche Beeinflussung mit dem Ziel, bei Personen bestimmte Verhaltensweisen hervorzurufen, um z.B. an vertrauliche Informationen zu gelangen.

8.2 Datenschutzbewusstsein (Awareness)

Um Compliance zu erreichen, bedarf es neben dem Bewusstsein (*verstehen*) auch der Befähigung, dies tun zu *können,* und der Bereitschaft, dies tun zu *wollen*.[82]

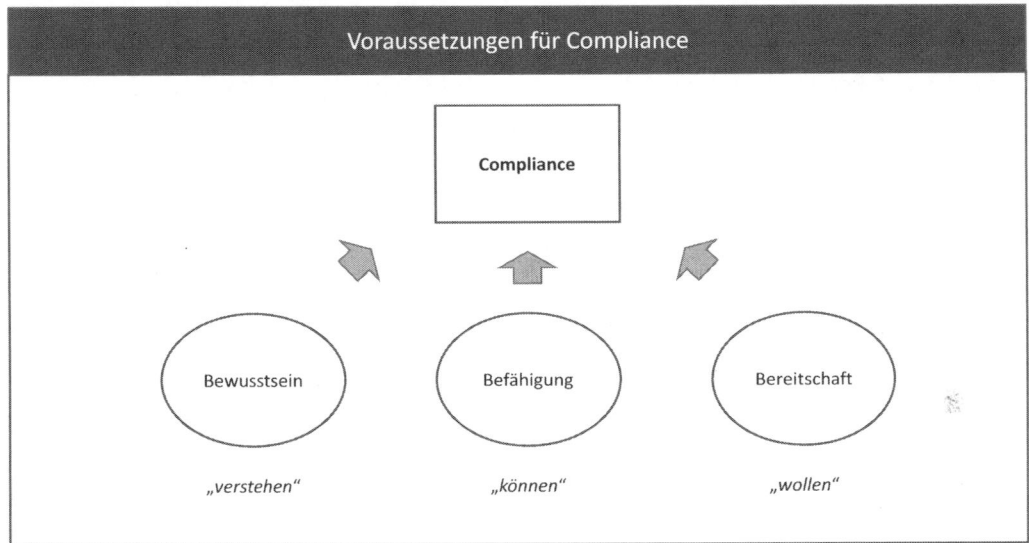

Abbildung 51: Voraussetzung für Compliance

Unter Datenschutzbewusstsein bzw. Datenschutz-Awareness[83] lässt sich eine Art von Bewusstseinsbildung und Sensibilität für das Thema Datenschutz verstehen.[84] Ohne Datenschutzbewusstsein ist eine Datenschutz-Compliance nicht möglich, denn Datenschutz-Compliance bedeutet die Umsetzung und Einhaltung der Datenschutzvorschriften. Dies wiederum erfordert einen angemessenen Umgang mit personenbezogenen Daten und setzt besonderes Datenschutzwissen und spezielle Fähigkeiten sowie ein gewisses Bewusstsein für Datenschutz voraus, beispielsweise über

– die Bedeutung der Datenschutzleitlinie,
– ein Verständnis über die eigene Rolle und deren Beitrag sowie
– Wissen über die Folgen und Konsequenzen bei Nichteinhaltung.

Dieser Zusammenhang lässt sich wie folgt darstellen:

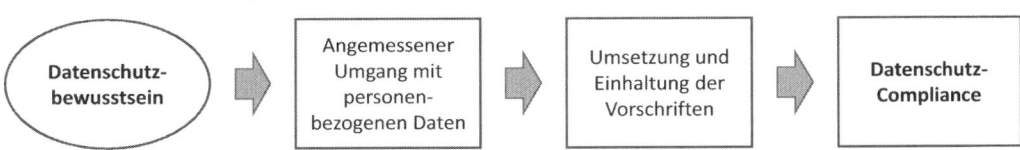

Abbildung 52: Zusammenhang Datenschutzbewusstsein und Datenschutz-Compliance

---

82 Vgl. *Fissenwert*, Praxishandbuch internationale Compliance-Management-Systeme, 2015, S. 121.
83 *Awareness* wird auch mit Bewusstheit, Gewahrsein oder Aufmerksamkeit übersetzt.
84 S.a. ISO 19600:2014, Compliance Management System.

8 Datenschutzsensibilisierung, -training und -schulungen

8.3 Maßnahmen zur Förderung des Datenschutzbewusstseins

Mangelndes Bewusstsein drückt sich bei Mitarbeitern z.T. dadurch aus, dass sie

- nichts mit dem Thema Datenschutz anfangen können,
- sich bei ihrer Arbeit gestört oder behindert fühlen oder
- besondere Anreize bestehen, existierende Vorkehrungen zu unterlaufen.

Das Bewusstsein und auch die Befähigung lassen sich durch Sensibilisierung, Schulung und Training verbessern. Dies bedeutet im Einzelnen,

- sensibilisieren, d.h. auf etwas aufmerksam machen,
- schulen, um Lösungen für ein Problem zu vermitteln, und
- trainieren, um Lösungen in der Praxis einzuüben.

Abbildung 53: Verbesserung des Datenschutzbewusstseins

8.3.1 Datenschutzschulung und -training

Datenschutzschulungen sollen den Mitarbeitern in geeigneter Weise notwendiges Wissen – in Bezug auf die Tätigkeit des Einzelnen – vermitteln, damit diese den Datenschutz konkret umsetzten können. Das heißt, Datenschutzschulungen müssen, um diesen Anforderungen gerecht zu werden, personalisiert und zielgruppengerecht sein. Dies könnte z.B. durch eine Aufteilung der Inhalte in allgemeine Grundlagen und spezielle Themen erreicht werden:

- Basisschulung
- Schwerpunktschulung

Basisschulung

Beispielhaft könnte eine Basisschulung folgende Inhalte behandeln:

- Datenschutzgrundsätze
- Relevante Datenschutzgesetze und Normen sowie deren Anwendungsbereich
- Wesentliche Begriffe (z.B. personenbezogene Daten) und Konzepte (Abgrenzung Verantwortliche und Auftragsverarbeiter)
- Grundlagen der Datenverarbeitung einschl. Rechtsgrundlage (Verbot mit Erlaubnisvorbehalt)
- Sicherstellung der Betroffenenrechte
- Verhalten bei Datenschutzverletzungen
- Konsequenzen bei Verstößen

Da Datenschutz und Informationssicherheit sich thematisch überschneiden, könnten durch gemeinsame Basisschulungen Synergien genutzt werden.[85]

Schwerpunktschulungen

Schwerpunktschulungen sind im Gegensatz zu den Basisschulungen nicht für alle Mitarbeiter erforderlich, sondern sollten spezielle Inhalte (z.B. ausgewählte Aspekte der Aufbau- oder Ablauforganisation oder der Datenschutzdokumentation) einem bestimmten Teilnehmerkreis vermitteln. Die Auswahl kann z.B. abhängig sein von der Art und der Sensibilität der Daten (z.B. besondere Kategorien personenbezogener Daten), der Art und dem Umfang der Verarbeitung (z.B. Einsatz neuer Technologien) oder nur für bestimmte Abteilungen oder Bereiche gelten. Die Schulungen können sich an interne Mitarbeiter, Auftragsverarbeiter oder sonstige Dritte richten. Schulungen können z.B. anlassbezogen (Einführung eines neuen CRM-Systems mit neuen Funktionen und Datenschutzaspekten) oder zielgruppenorientiert (z.B. für bestimmte Bereiche, Prozesse oder Rollen) angeboten werden.

Datenschutztraining

Bei kritischen Bereichen und Themen (z.B. Sicherstellung der Betroffenenrechte oder Handhabung von Datenschutzverletzungen) reicht u.U. eine Sensibilisierung und Schulung nicht aus. Derartige Tätigkeiten sollten durch wiederholtes Üben im Bewusstsein der relevanten Mitarbeiter verankert werden (Feuerwehrübung), sodass diese kritischen Arbeitsvorgänge im Bedarfsfall (bei Datenschutzverletzungen mit zusätzlichem Zeitdruck) routiniert und fehlerfrei ausgeführt werden können.

8.3.2 Weitergehende Maßnahmen

Die positiven Effekte der Schulungs- und Trainingsmaßnahmen nehmen mit der Zeit ab. Um das erreichte Niveau aber zu erhalten, sollte der Verantwortliche durch weitergehende Maßnahmen zur Verbesserung der Datenschutz-Awareness beitragen. Diese sind auf die

---

85 Bsp. SAP mit dem Konzept „Human Firewall", Sicherheitspreis 2013.

8 Datenschutzsensibilisierung, -training und -schulungen

individuellen Gegebenheiten abzustimmen. Dabei sollten die Mitarbeiter mit einbezogen werden, die Themen risikobasiert ausgewählt und die Maßnahmen in einer gewissen Regelmäßigkeit durchgeführt und interessant gestaltet werden, um die Aufmerksamkeit der Mitarbeiter zu bekommen. Beispiele für ergänzende Maßnahmen sind:

- Poster, Checklisten, Prozessvisualisierung
- Intranet
- Themen-Flyer (z.B. über Datenschutzziele)
- „Datenschutz-Sprechstunde"

8.4 Datenschutzbewusstsein – PDCA

Das Management der Maßnahmen zur Förderung und Verbesserung des Datenschutzbewusstseins ist ein wiederkehrender Prozess und folgt dem PDCA-Zyklus.

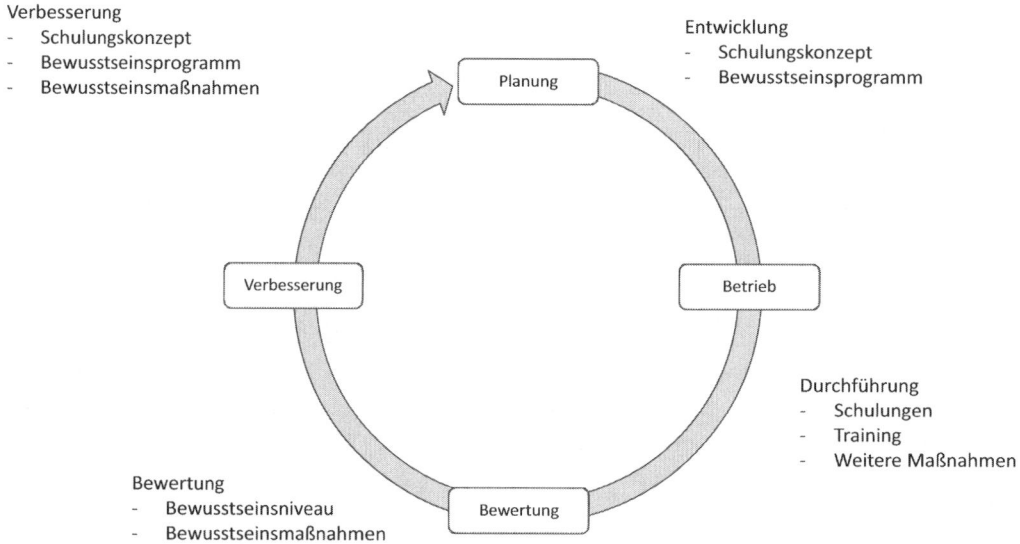

Abbildung 54: Datenschutzbewusstseins-PDCA-Zyklus

8.4.1 Planung

Bei der Planung sind vor allem das Datenschutzschulungskonzept und die Jahresplanung aller Datenschutzbewusstseinsmaßnahmen wichtig.

Datenschutzschulungskonzept

Das Datenschutzschulungskonzept bildet den Rahmen, wie den Mitarbeitern die Datenschutzinhalte vermittelt werden (Festlegung des Inhalts und der Methoden). Die Vermittlung der Inhalte kann mit unterschiedlichen Methoden erfolgen, z.B. durch Vorträge, e-Learning, Tests, Fallstudien, Workshops oder Plan- und Rollenspiele, ggf. auch in Kombination (Methodenmix). Die Konzeption kann durch den Verantwortlichen für Datenschutz unter Einbindung von verschiedenen Parteien erfolgen (z.B. Datenschutzbeauftragten, Personalverantwortlichen, Informationssicherheitsbeauftragten oder Betriebsrat). Datenschutzschulungen können Teil eines umfangreichen Schulungskonzeptes sein. Evtl. kann das Intranet als Schulungsplattform genutzt werden.

Datenschutzbewusstseinsprogramm (Jahresplanung)

Die regelmäßig jährliche[86] Planung legt u.a. fest:

- Auswahl der Teilnehmer:
    - wer (Schulung aller Mitarbeiter)
    - wann
        - anlassbezogen, z.B. bei Stellen- oder Bereichswechsel
        - zeitbezogen, z.B. jährlich
- Anwendungsbereich
- Maßnahmen
    - Schulungen
    - Trainings
    - weitere Maßnahmen
- Schwerpunktschulungen für risikobehaftete Bereiche

8.4.2 Betrieb

Zur Umsetzung der geplanten Bewusstseinsmaßnahmen gehört u.a.:

- Schulungs- und Trainingsmaßnahmen:
    - Basisschulungen für alle Mitarbeiter verpflichtend
    - ggf. Kontrollprüfungen
    - Überprüfung der Teilnahme durch zuständige Vorgesetzte
    - ggf. Einsatz von e-Learning
    - weiterführende Maßnahmen

Als Nachweis über die umgesetzten Maßnahmen sollten festgehalten werden:

- Schulungsnachweise, Zertifikate
- Teilnehmerlisten
- Archivierung von bereitgestellten Informationen
- Aufzeichnung über Trainingsmaßnahmen einschließlich Auswertungen

---

[86] Ein anderer, kürzerer Zyklus ist abhängig von den Gepflogenheiten des Unternehmens möglich. Wichtig ist nur, dass ein Zyklus festgelegt wird.

8 Datenschutzsensibilisierung, -training und -schulungen

8.4.3 Bewertung und Verbesserung

Die Ziele, die mit der Messung von Awareness verfolgt werden, sind analog ISO 27004[87],

- Daten über die *Wirksamkeit* gewinnen,
- Daten über den tatsächlichen *Erfüllungsgrad* von Anforderungen erhalten,
- unentdeckte und unbekannte *Probleme feststellen* (Schwachstellenidentifikation),
- *Input* für Risikomanagement, Audits und Management-Review erhalten und
- fundierte *Unterstützung (Material) für den Nachweis* der Compliance bekommen.

Die Überprüfung/Messung sollte folgende Bereiche umfassen:

- Messung der Wirksamkeit einzelner Awareness-Maßnahmen
- Messung der allgemeinen Awareness im Unternehmen

Um die Notwendigkeit und die Kosten von Bewusstseinsmaßnahmen zu rechtfertigen bzw. zur Verbesserung derselben sollte eine Messung der Wirksamkeit der Awareness-Maßnahmen stattfinden, z.B. durch Erfassung folgender Parameter:

- Zufriedenheit der Teilnehmer (subjektiv)
- objektive Beurteilung der Effektivität (objektiv)
- erfolgreiche Umsetzung bei der Tätigkeit (Lerneffekt)
- Beitrag zum Erreichen der Datenschutzziele (Unternehmenserfolg)

Der Verantwortliche sollte wissen, ob ein für die Sicherstellung der Datenschutz-Compliance angemessenes Datenschutzbewusstsein im Unternehmen vorhanden ist und ob und wie dieses ggf. verbessert oder erhalten werden kann.

---

[87] ISO 27004, Information security management – Monitoring, measurement, analysis and evaluation, 2016.

9 Datenschutzaudit/-zertifizierung

Für den Nachweis, dass die Anforderungen der DS-GVO auch umgesetzt sind, müssen geeignete Kontrollmechanismen angewandt werden. Ansonsten droht die Gefahr, dass zwar die Theorie der Datenschutz-Compliance mit Organisationsstrukturen, Datenschutzleitlinien (policies), beschriebenen technischen und organisatorischen Maßnahmen einen guten Eindruck macht, diese aber einer Realitätsüberprüfung im Zweifel nicht standhält. Dies betrifft nicht nur den Verantwortlichen mit seiner eigenen Verarbeitung personenbezogener Daten, sondern auch Auftragsverarbeiter, die ebenfalls die Einhaltung nachweisen müssen. Ein besonderer Fokus liegt auf den technischen und organisatorischen Maßnahmen (TOM), die wirksam und vollständig sein müssen. Es dürfen allerdings auch die rechtlichen und strukturellen Vorgaben nicht vergessen werden. Zwei Instrumente, die Auditierung und die Zertifizierung, können ein sinnvolles Mittel für diesen Nachweis darstellen.

9.1 Überprüfung und Nachweiserbringung

Der Umfang einer Überprüfung ist letztendlich die Summe der prüffähigen Vorgaben der DS-GVO, die von einem Verantwortlichen sowie einem Auftragsverarbeiter eingehalten werden müssen. Dies umfasst auch die Umsetzung des Datenschutzes innerhalb der Organisationsstruktur. Viele Bereiche wurden bereits vorgestellt und sollen an dieser Stelle nur noch einmal kursorisch wiederholt werden. Sie müssen, je nach Auditierungs- oder Zertifizierungsziel, in eine Prüfung einbezogen werden, ehe die technischen und organisatorischen Maßnahmen genauer betrachtet werden.

Datenschutzaufbauorganisation

Datenschutz-Governance-Strukturen (Kapitel 4.2) dienen der Umsetzung von strategischen Datenschutzzielen in einem geeigneten System aus Rollen und Verantwortlichkeiten. Darauf aufbauend wird die **Datenschutzleitlinie** (Kapitel 4.3), eine Selbstverpflichtung des Verantwortlichen zur Umsetzung des Datenschutzes, erstellt.

Datenschutz-Ablauforganisation

Innerhalb der Ablauforganisation wurden drei grundlegende Datenschutzprozesse festgelegt. Der Kernprozess „**Verarbeitung personenbezogener Daten**" (Kapitel 5.1) beinhaltet den Kern der Verarbeitung personenbezogener Daten (in automatisierten Systemen):

- Die Einhaltung der **Datenschutzgrundsätze** (Kapitel 5.1.2.1) definiert grundlegende Prinzipien der DS-GVO, die für den Schutz der Rechte und Freiheiten der Betroffenen sorgen sollen. Diese Grundsätze stellen die Richtschnur dar, an Hand derer die weiteren Regelungen umgesetzt und dann auch überprüft werden sollen.

- Jede Verarbeitung muss auf einer der sechs **Rechtsgrundlagen** Einwilligung, Vertragserfüllung, berechtigtes Interesse, Schutz lebenswichtiger Interessen, Wahrung öffentlicher Interessen oder rechtliche Verpflichtung des Verantwortlichen basieren, die das Verbot mit Erlaubnisvorbehalt umsetzen (Kapitel 5.1.2.2).

9 Datenschutzaudit/-zertifizierung

- Der Grundsatz der **Transparenz** für den Betroffenen (Kapitel 5.1.2.3) stellt sicher, dass mögliche Interventions- und Auskunftsrechte erst ermöglicht werden.
- Bei Einsatz von Dienstleistern kommt meist eine **Auftragsverarbeitung** (Kapitel 5.1.2.5) in Betracht. Da diese einen Verantwortlichen nicht von seinen Verpflichtungen entbindet, müssen die konkreten Ausgestaltungen sowohl rechtlich als auch technisch sorgfältig überprüft werden.
- Eine Übermittlung personenbezogener Daten in **Drittländer** (Kapitel 5.1.2.6) kann nur nach genauer Prüfung der Rahmenbedingungen der DS-GVO erfolgen und erfordert mitunter tiefgreifende rechtliche und technische Kenntnisse des konkreten Anwendungsszenarios.
- Jede Verarbeitung personenbezogener Daten muss sich in dem **Verzeichnis der Verarbeitungstätigkeiten** (Kapitel 5.1.2.7) wiederfinden. Dieses eignet sich als zentrale Stelle für die Erstellung der Dokumentation und die Darlegung der Nachweisbarkeit.

Der Kernprozess „**Sicherstellung der Betroffenenrechte**" (Kapitel 5.2) stellt den Betroffenen in den Mittelpunkt der Betrachtung:

- **Antrag** eines Betroffenen (Kapitel 5.2.2.1)
- **Recht auf Auskunft** (Kapitel 5.2.2.2)
- **Recht auf Berichtigung** (Kapitel 5.2.2.3)
- **Recht auf Löschung** (Kapitel 5.2.2.4)
- **Recht auf Einschränkung der Verarbeitung** (Kapitel 5.2.2.5)
- **Recht auf Datenübertragbarkeit** (Kapitel 5.2.2.6)
- **Widerspruchsrecht** (Kapitel 5.2.2.7)
- **Automatisierte Entscheidung im Einzelfall** (Kapitel 5.2.2.8)
- **Recht auf Widerruf einer Einwilligung** (Kapitel 5.2.2.9)

Im Falle einer Verletzung des Schutzes personenbezogener Daten (Kapitel 5.3) kommt es meist zu einer Verpflichtung, diese der zuständigen Aufsichtsbehörde zu melden (Kernprozess „**Handhabung von Datenschutzverletzungen**"). Unter gewissen Voraussetzungen müssen zusätzlich auch die Betroffenen informiert werden.

Der Begriff des **Risikos** (Kapitel 6.2.1) zieht sich wie ein „roter Faden" durch die DS-GVO. Je nach Risikoklassifizierung – kein Risiko, Risiko oder hohes Risiko – müssen Maßnahmen oder bestimmte Verfahren wie eine Datenschutz-Folgenabschätzung eingeleitet werden.

Durch die **Schulung der Mitarbeiter** (Kapitel 8) kann sichergestellt werden, dass die Anforderungen der DS-GVO bekannt gemacht, notwendiges Wissen vermittelt und die Umsetzung in dem Unternehmen kommuniziert werden.

Technische und organisatorische Maßnahmen (TOMs) begleiten an vielen Stellen die Datenschutzanforderungen der DS-GVO und stellen teils auch eigenständige zentrale Elemente für den Schutz der Rechte und Freiheiten von natürlichen Personen bei der Verarbeitung ihrer personenbezogenen Daten dar. Im Folgenden wird auf dieses Themenfeld ein genauerer Blick geworfen, da die Auswahl und Dokumentation der TOMs, deren Vollständigkeit, Angemessenheit und Wirksamkeit weitere Bausteine darstellen, um der Rechenschaftspflicht mittels Überprüfung nachzukommen. Die Abbildung zeigt die Vorschriften (Artikel und Erwägungsgründe), die sich auf TOMs beziehen:

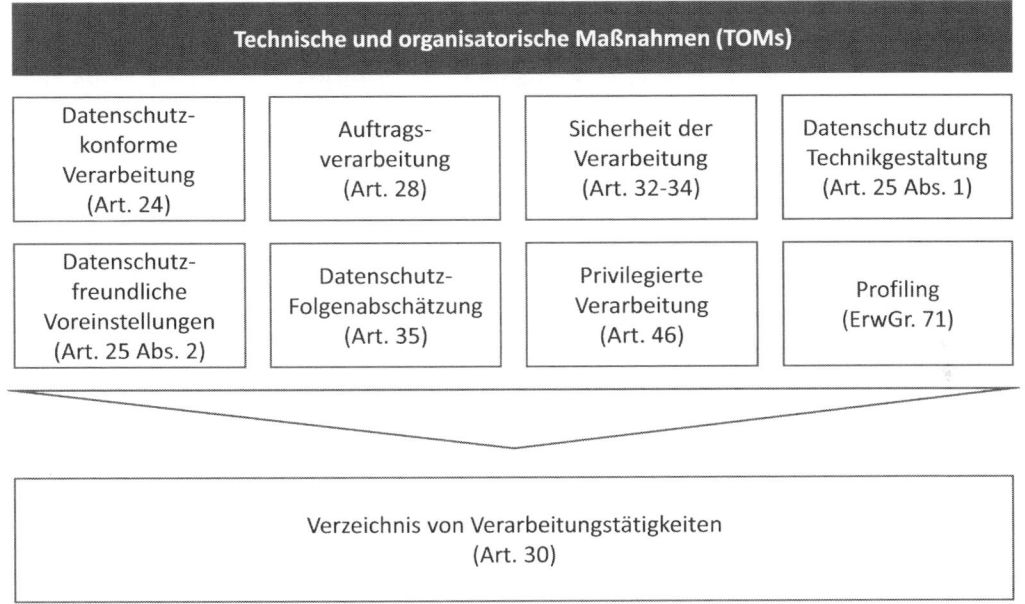

Abbildung 55: Verweis auf technische und organisatorische Maßnahmen

9.1.1 Datenschutzkonforme Verarbeitung

In Art 24 Abs. 1 wird dargestellt, dass Verantwortliche geeignete technische und organisatorische Maßnahmen umsetzen müssen, damit die Verarbeitung personenbezogener Daten im Einklang mit der DS-GVO erfolgt. Diese werden auch als notwendig angesehen, um den Nachweispflichten nachkommen zu können. Der risikobasierte Ansatz zur Auswahl von technischen und organisatorischen Maßnahmen (siehe Kapitel 6.1.4) stellt auch hier die Maßgabe dar, dass sowohl die Wirksamkeit und Aktualität als auch der Verhältnismäßigkeitsgrundsatz sichergestellt werden.

Begleitend zu den allgemeinen technischen und organisatorischen Maßnahmen muss auch eine Datenschutz-Policy („Datenschutzvorkehrungen") umgesetzt werden, es sei denn, diese steht in keinem angemessenen Verhältnis zu den Verarbeitungstätigkeiten (Art. 24 Abs. 2).

Art. 24 stellt damit den zentralen und allgemeinen Gesetzestext für die *Forderung eines technischen Datenschutzes* dar. Bezogen auf die **Grundsätze der Verarbeitung** (Kapitel 5.1.2.1) bedeutet dies beispielsweise, dass folgende Anforderungen mittels technischer und organisatorischer Maßnahmen umgesetzt werden müssen:

9 Datenschutzaudit/-zertifizierung

- **Transparenz** der Verarbeitung für den Betroffenen (Art. 5 Abs. 1 lit. a)
- Einhaltung der **Zweckbindung** (Art. 5 Abs. 1 lit. b)
- **Datenminimierung** (Art. 5 Abs. 1 lit. c)
- Sicherstellung der **Richtigkeit** der personenbezogenen Daten (Art. 5. Abs. 1 lit. d)
- **Speicherbegrenzung** zur Minimierung der Identifizierbarkeit (Art. 5 Abs. 1 lit. e)
- Sicherheit („*Security*") bezüglich Verletzung der **Integrität und Vertraulichkeit** (sowie der Verfügbarkeit) der verarbeitenden Stelle an sich (Art. 5 Abs. 1 lit. f)

Neben den Grundsätzen der Verarbeitung werden technische und organisatorische Maßnahmen an weiteren Stellen der DS-GVO verwendet, die sich in verschiedenen Artikeln und Erwägungsgründen wiederfinden. Diese schärfen die grundlegenden Anforderungen und geben genauere und zielgerichtetere Rahmenbedingungen vor.

Zum Nachweis der Einhaltung des technischen Datenschutzes können genehmigte Zertifizierungsverfahren (Art. 42) oder genehmigte Verhaltensregeln (Art. 40) als „ein Gesichtspunkt" herangezogen werden.

9.1.2 Auftragsverarbeitung

Wird ein Dienstleister mittels einer Auftragsverarbeitung von Seiten eines Verantwortlichen in Anspruch genommen, so müssen die in Art. 28 genannten Anforderungen erfüllt werden. Ein Auftragsverarbeiter darf demnach nur dann in Anspruch genommen werden, wenn dieser „hinreichende Garantien" dafür bietet, dass geeignete technische und organisatorische Maßnahmen vorhanden sind, die eine Verarbeitung im Einklang mit der DS-GVO sicherstellen.

Jede Auftragsverarbeitung bedarf eines Vertrages (oder eines anderen Rechtsinstruments). Dieser muss u.a. enthalten, dass

- personenbezogene Daten nur auf dokumentierte Weisung von Seiten des Verantwortlichen verarbeitet werden,
- das Personal des Auftragsverarbeiters zur Vertraulichkeit verpflichtet ist,
- der Schutz der Verarbeitung (gemäß Art. 32) eingehalten wird und
- dem Verantwortlichen die Sicherstellung der Rechte der Betroffenen mittels technischer und/oder organisatorischer Maßnahmen ermöglicht wird.

Ein besonderes Augenmerk sollte auf die Möglichkeit gerichtet sein, eine Überprüfung der technischen und organisatorischen Maßnahmen durch einen Dritten durchführen zu lassen (Art. 25 Abs. 3, lit. h). Damit können (große) Auftragsverarbeiter, beispielsweise Cloud-Anbieter, durch fachlich einschlägige Experten überprüft und der Nachweis der Einhaltung der Anforderungen der Grundverordnung „outgesourct" werden.

9.1.3 Sicherheit der Verarbeitung

Verantwortliche und Auftragsverarbeiter müssen nach Art. 32 den Schutz der personenbezogenen Daten bei der Verarbeitung sicherstellen. Dazu muss ein angemessenes **Schutzniveau** (*„level of security"*) erreicht werden.

9.1.3.1 Ermittlung des Schutzniveaus

Das Schutzniveau leitet sich aus den Rahmenbedingungen einer konkreten Verarbeitung sowie dem Risiko für die Rechte und Freiheiten der natürlichen Personen bei der Verarbeitung ihrer Daten ab. Art. 32 stellt eine Konkretisierung der Anforderungen der „Grundsätze der Verarbeitung" (Art. 5 Abs. 1) dar und erweitert diese zusätzlich um die Betrachtung von Risikoquellen außerhalb der datenverarbeitenden Organisation.

Folgende Faktoren sind bei der Ermittlung des Schutzniveaus zu berücksichtigen:

- Stand der Technik
- Implementierungskosten
- Art der Verarbeitung
- Umfang der Verarbeitung
- Umstände der Verarbeitung
- Zwecke der Verarbeitung
- Eintrittswahrscheinlichkeiten
- Schwere des Risikos

Im Einzelnen:

Stand der Technik

Unter „Stand der Technik" werden gesicherte Erkenntnisse von Wissenschaft und Technik, die für die praktische Anwendung verfügbar sind, verstanden. Stand der Technik stellt damit ein höheres Niveau als die „anerkannten Regeln der Technik" dar, die in der breiten Anwendung bekannt sind und sich durch fortdauernde praktische Erfahrung bewährt, aber ein niedrigeres Niveau als „Stand von Wissenschaft und Technik" haben, da letzterem die nachhaltige Praxistauglichkeit noch fehlt.[88]

Implementierungskosten

Es muss eine Abwägung zwischen den Kosten einer Maßnahme und dem Nutzen für den Schutz der personenbezogenen Daten getroffen werden. Damit kann es beispielsweise vorkommen, dass auf eine Maßnahme, die nur einen geringeren zusätzlichen Schutz verspricht, verzichtet werden kann, sofern die Kosten in Bezug auf die konkrete Verarbeitung unverhältnismäßig hoch wären. Eine ausschließliche Betrachtung der Kosten mit einer Einschätzung, diese seien der Geschäftsführung schlicht „zu teuer", ist damit allerdings nicht gemeint.

---

[88] S. zu diesen Definitionen BVerfG, Beschl. v. 8.8.1978 – 2 BvL 8/77 – juris.

Art der Verarbeitung

Technische und organisatorische Maßnahmen müssen auf die jeweilige technische Architektur angepasst werden. So sind beispielsweise zur Absicherung von Cloud-Diensten andere Maßnahmen erforderlich als zur Absicherung von Arbeitsplatzrechnern.

Umfang der Verarbeitung

Bei der Anwendung des Datenschutzes steht immer der einzelne Betroffene im Mittelpunkt der Betrachtung. Allerdings kann das Risiko auch für den Einzelnen steigen, wenn dessen personenbezogene Daten Bestandteil einer großen Datensammlung sind, da diese dann beispielsweise attraktiver für Missbrauch durch Mitarbeiter oder für externe Angriffe durch Cyberkriminelle ist. Entsprechend müssen auch die Maßnahmen auf ein potenziell erhöhtes Risiko einer Verletzung des Schutzes der personenbezogenen Daten ausgerichtet werden.

Umstände der Verarbeitung

Eine Verarbeitung personenbezogener Daten erfolgt immer unter konkreten Rahmenbedingungen, die sich aus äußeren Faktoren ergeben. So ändern sich beispielsweise Bedrohungslagen wie Angriffe durch Schadcode oder Cyberkriminelle sehr dynamisch. Auch kann es bei einem Unternehmen mit hohen und schwer zu erreichenden Vertriebsvorgaben eher dazu kommen, dass einzelne Mitarbeiter eine unrechtmäßige Verarbeitung, beispielsweise durch eine Zweckänderung der Verarbeitung, durchführen. Auch kann der Einsatz einer Verarbeitungssoftware in einer anderen Niederlassung zu mehr Fehlerquellen führen, da beispielsweise die Anwender noch nicht so gut geschult sind.

Zwecke der Verarbeitung

Die Zweckbindung gehört zu den Grundsätzen der Verarbeitung und grenzt diese auf klar definierte Anwendungsszenarien ein. Um Schutzmaßnahmen gegenüber unrechtmäßiger oder fahrlässiger Zweckänderung umzusetzen, muss definiert werden, wann eine Verletzung der Zweckänderung vorliegt, indem der konkrete Anwendungskontext betrachtet wird.

Eintrittswahrscheinlichkeiten

Der risikobasierte Ansatz der Auswahl von technischen und organisatorischen Maßnahmen ermöglicht eine genaue Steuerung der Wirksamkeit und Verhältnismäßigkeit. Durch geeignete Prozesse zur Risikoanalyse kann auch sichergestellt werden, dass auf sich ändernde Rahmenbedingungen schneller reagiert werden kann. Da bei einer Risikobewertung auch konkrete Quellen (z.B. Angreifer, Mitarbeiter, Fachabteilungen, …) für das Datenschutzrisiko explizit benannt und bewertet werden, kann sichergestellt werden, dass relevante Risikobereiche im Zweifel nicht einfach vergessen oder ihnen nur mit teilweise wirksamen Maßnahmen begegnet wird.

Schwere des Risikos

Nachdem ein Risiko für eine konkrete Verarbeitungstätigkeit unter Berücksichtigung der Einflussfaktoren (z.B. Eintrittswahrscheinlichkeit, Beeinträchtigung der Rechte und Freiheiten) ermittelt wurde, sind die technischen und organisatorischen Maßnahmen zur Begrenzung bzw. Senkung des Risikos anhand des Risikogrades auszuwählen. Dies bedeutet, dass beispielsweise bei einem hohen Risiko wirksamere Maßnahmen ausgewählt werden müssen, auch wenn diese in der Umsetzung aufwändiger und teurer sind, um ein angemessenes Schutzniveau („*level of security*") zu erreichen.

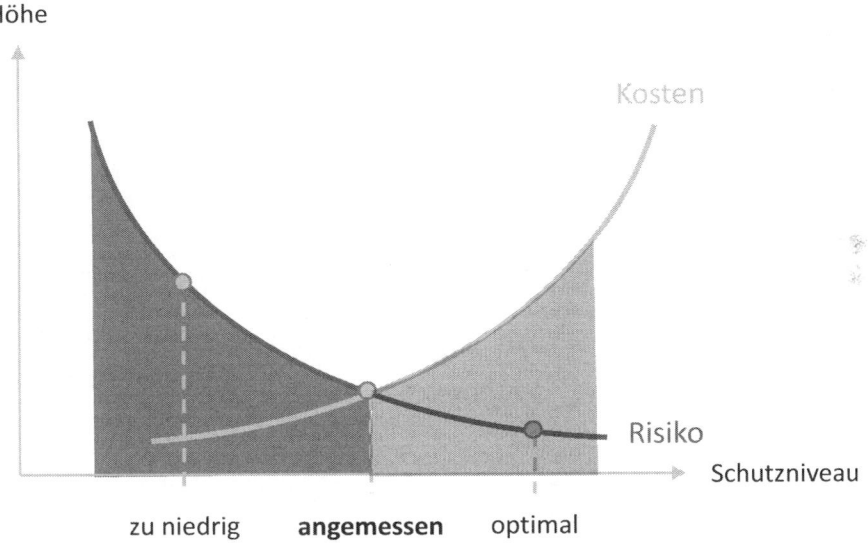

Abbildung 56: Schutzniveau und Risikolevel

9.1.3.2 Auswahl geeigneter technischer und organisatorischer Maßnahmen

Die Auswahl der Maßnahmen ist grundsätzlich offen formuliert. Allerdings werden einige Maßnahmen benannt, die umgesetzt werden müssen, sofern diese für die konkrete Anwendung geeignet sind (Art. 32 Abs. 1):

– Pseudonymisierung

– Verschlüsselung (Kryptographie)

– Sicherstellung der „klassischen" Schutzziele der Informationssicherheit

– Verfahren zur Wirksamkeitsprüfung

9 Datenschutzaudit/-zertifizierung

Im Einzelnen:

Pseudonymisierung

Unter Pseudonymisierung versteht man das Ersetzen von Identifikationsmerkmalen wie z.B. eines Namens oder einer E-Mail-Adresse mit einer für das Identifikationsmerkmal eindeutigen Kennung, dem Pseudonym. Eine Re-Identifikation ist prinzipiell möglich, sobald die Abbildungstabelle zwischen Identifikationsmerkmal und Pseudonym herangezogen wird. Zielsetzung der Pseudonymisierung ist, das Risiko für den Betroffenen bei der Verarbeitung seiner personenbezogenen Daten zu senken (ErwGr. 28). Dies resultiert daraus, dass beispielsweise bei einem unbefugten Zugriff auf pseudonymisierte Daten mittels eines Hacking-Angriffs das Pseudonym ohne Mitwirkung des Verantwortlichen (von der nicht auszugehen ist) einer konkreten identifizierbaren Person eher schwerer zuzuordnen ist.

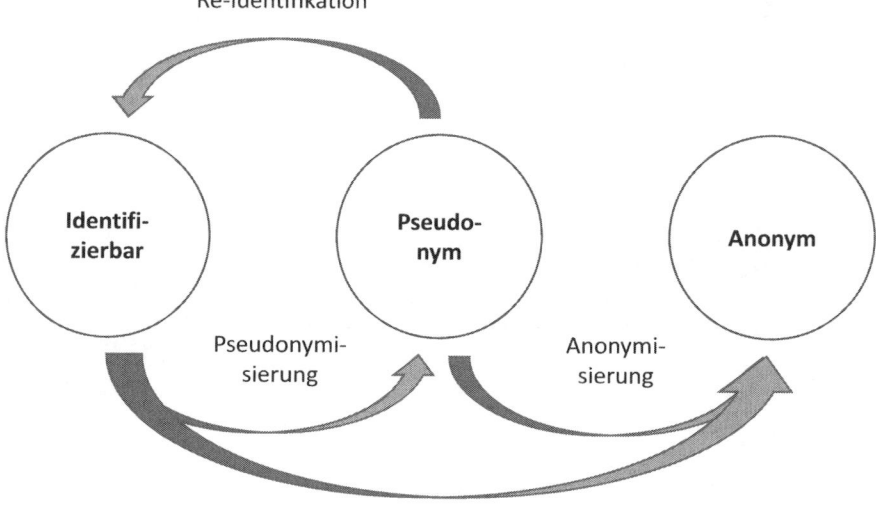

Abbildung 57: Verschiedene Zustände der Identifizierbarkeit

Dies wäre beispielsweise dann der Fall, wenn eine Trennung von medizinischen Daten auf zwei Datenbanken durchgeführt wird. Die Datenbank A enthält unmittelbar identifizierbare Daten wie Name und Anschrift, die Datenbank B dagegen Diagnose- und Bilddaten. Als Identifikator enthält Datenbank B eine Pseudonym-ID, die zwar ein personenbezogenes Datum darstellt, die Zuordnung aber nur durch Verknüpfung mit der Datenbank A möglich ist. Das Schutzniveau wird durch die Pseudonymisierung verbessert, da beispielsweise unbefugte Personen wie Administratoren oder externe Angreifer höhere Hürden überwinden müssen, um sowohl konkrete Identifikationsdaten als auch sehr sensible Gesundheitsdaten zu erhalten.

Verschlüsselung (Kryptographie)

Der Einsatz von kryptographischen Verfahren gehört zu den Standardmaßnahmen des technischen Datenschutzes, da damit wirksam die Vertraulichkeit und Integrität der personenbezogenen Daten geschützt werden können. Relevant bei der Auswahl von konkreten Algorithmen ist die kryptographische Sicherheit, also der Aufwand, der zu treiben ist, um den Algorithmus zu „knacken". Bei kryptographischen Protokollen muss zudem regelmäßig überprüft werden, ob bei diesen Sicherheitslücken (per Design oder bei der Implementierung) gefunden wurden, die eine Minderung des Schutzes nach sich ziehen.

Sicherstellung der „klassischen" Schutzziele der Informationssicherheit

Die Sicherheit der Verarbeitung muss ferner die „klassischen" Schutzziele der Informationssicherheit gewährleisten. So müssen „Systeme und Dienste" bei der Verarbeitung personenbezogener Daten derart eingesetzt werden, dass die Vertraulichkeit, Integrität, Verfügbarkeit und Belastbarkeit ermöglicht werden. Diese Anforderungen gehen über die Sicherstellung der reinen Informationstechnik hinaus (IT-Sicherheit), da potenzielle Schäden auf Informationen (hier: personenbezogene Daten) statt auf technische Systemkomponenten abzielen.[89]

Die Schutzziele im Einzelnen:

- **Vertraulichkeit:** Personenbezogene Daten müssen vor **unbefugter** oder **unbeabsichtigter Preisgabe** geschützt werden. Dies schließt externe wie interne Angreifer (z.B. Cyberkriminelle, Hacker, frustrierte oder neugierige Mitarbeiter, …) sowie fahrlässige oder strukturelle Gefährdungen (z.B. ungeschulte Mitarbeiter, mangelhafte Rollen-/Rechtekonzepte, Mängel in der Datenschutzorganisation, …) ein.

- **Integrität:** Die personenbezogenen Daten sind **vollständig** und **richtig** bereitzustellen. Unzulässige Änderungen an den Daten sind zu erkennen und Verfahren zur Berichtigung vorzuhalten.

- **Verfügbarkeit:** Personenbezogene Daten müssen dann zur Verfügung stehen, wenn sie **benötigt** werden. Dies setzt auch voraus, dass sie bei Verlust oder Vernichtung **wiederhergestellt** werden können.

- **Belastbarkeit:** Der Begriff der Belastbarkeit („*Resilienz*") bedeutet beispielsweise in der Evolutionsbiologie das Potenzial eines Systems, Störungen und Schocks zu absorbieren und möglichst unbeschadet weiter existieren zu können. Auf die Verarbeitung personenbezogener Daten angewandt, kann darunter eine **Fehlertoleranz** verstanden werden. Diese geht davon aus, dass Störungen auf Systemen (samt Daten) nicht immer zu verhindern sind und deswegen auch Maßnahmen zu planen und einzusetzen sind, wenn die „üblichen" Schutzmaßnahmen, beispielsweise Backup-Konzepte, Schutz vor Angreifern, vorhandene Datenschutzschulungen oder ein eingesetztes Patch-Management, nicht mehr greifen. Unter Belastbarkeit kann deswegen eine Erweiterung der klassischen Schutzziele, primär der Verfügbarkeit, verstanden werden.

---

89 Technische Sicherheit und Informationssicherheit. Unterschiede und Gemeinsamkeiten. Informatik Spektrum, Ausgabe 37, 2014.

9 Datenschutzaudit/-zertifizierung

Verfahren zur Wirksamkeitsüberprüfung

Es müssen Maßnahmen getroffen werden, die personenbezogene Daten (oder der Zugang zu diesen) bei einem Zwischenfall wiederherstellen können. Dies wird in der Informationssicherheit im Allgemeinen als *„Safety"* bezeichnet, wobei unter diesem Begriff die Sicherheit vor der Auswirkung unbeabsichtigter, etwa naturbedingter oder fehlerbedingter Gefährdungen verstanden wird.

Informationssicherheit ist (auch) ein **Prozess**, d.h., Sicherheitsprodukte alleine sind nicht ausreichend zur Gewährleistung eines angemessenen Schutzniveaus, und gehört seit langem zum üblichen Verständnis beim Schutz von Informationen (hier: personenbezogene Daten). Das Prinzip der stetigen Verbesserung findet sich in dem PCDA-Zyklus wieder. Auch beim Schutz personenbezogener Daten muss ein geeigneter prozessorientierter Ansatz verfolgt werden, der sich beispielsweise auch in (bereits bestehenden) Informationssicherheitsmanagementsystemen wiederfindet, die um den technischen Datenschutz erweitert werden können.

9.1.3.3 Bewertung von Datensicherheitsrisiken

Inwiefern eingesetzte technische und organisatorische Maßnahmen ausreichend sind, hängt vom dem vorhandenen Schutzniveau der personenbezogenen Daten bei deren Verarbeitung ab. Insbesondere das Risiko der Verarbeitung (siehe Kapitel 6.3.1) ist dabei zu berücksichtigen. Die Faktoren bei der Ermittlung des Risikos der Verletzung der Sicherheit einer Verarbeitung (= Datensicherheitsrisiken[90]) bestehen aus (Art 32. Abs. 2):

– Vernichtung von personenbezogenen Daten

– Verlust von personenbezogenen Daten

– Veränderung von personenbezogenen Daten

– Unbefugter Offenlegung von personenbezogenen Daten

– Unbefugter Zugang zu personenbezogenen Daten

Im Einzelnen:

Vernichtung von personenbezogenen Daten

Unter einer unbeabsichtigten oder unrechtmäßigen Vernichtung versteht man, dass die personenbezogenen Daten beim Verantwortlichen nicht mehr vorhanden sind. Damit wäre das Schutzziel der Verfügbarkeit betroffen. Dabei sind sowohl fahrlässige Bedrohungen (z.B. kein Backup-Konzept) als auch Organisationsmängel (z.B. Löschung, obwohl gesetzliche Aufbewahrungspflichten bestehen) zu berücksichtigen.

Verlust von personenbezogenen Daten

Unter einem unbeabsichtigten oder unrechtmäßigen Verlust versteht man, dass personenbezogene Daten evtl. beim Verantwortlichen nicht mehr vorhanden sind, diese aber möglicherweise von Dritten zur Kenntnis genommen werden können. Dies wären beispielsweise

---

90 S. ErwGr. 83.

alle verlorengegangenen Datenträger (z.B. USB-Sticks) oder mobilen Endgeräte (Smartphones, Notebooks, …), aber auch Papierakten (die z.B. in einem Mülleimer entsorgt und von Passanten „gefunden" wurden). Damit sind die Schutzziele der Vertraulichkeit, ggf. auch der Verfügbarkeit, betroffen.

Veränderung von personenbezogenen Daten

Unter einer unbeabsichtigten oder unrechtmäßigen Veränderung versteht man, dass das Schutzziel der Integrität verletzt wird. Dies ist beispielsweise bei einem Softwarefehler der Fall, der einen Versicherten fälschlicherweise als „verstorben" deklariert, aber auch bei einem Arzt, der Patienten falsche Diagnosen zur „Optimierung" seiner Abrechnung zuweist, die daraufhin Einschränkungen bei der Leistungserbringung durch die Krankenkasse erfahren.

Unbefugte Offenlegung von personenbezogenen Daten

Werden personenbezogene Daten an Stellen oder Personen übermittelt, die keinen Einblick in diese haben dürften, ist das Schutzziel der Vertraulichkeit betroffen. Eine Offenlegung setzt immer eine Aktion des Verantwortlichen (oder eines Mitarbeiters bzw. eines Systems desselben) voraus. Dabei ist es unerheblich, ob diese fahrlässig oder absichtlich erfolgte, da der primär zu bewertende Faktor die Verletzung der Vertraulichkeit ist. Dies wäre beispielsweise bei einem Fehlversand (z.B. per E-Mail oder Post) als auch bei einem Posting von internen personenbezogenen Daten in einem sozialen Netzwerk der Fall.

Unbefugter Zugang zu personenbezogenen Daten

Werden Verantwortliche Opfer von Cyberkriminellen oder Hackern, dann haben sich letztere einen unbefugten Zugang zu den Systemen und Diensten einschließlich der (personenbezogenen) Daten beschafft. Damit sind die Schutzziele Vertraulichkeit, Integrität und Verfügbarkeit betroffen. Auch Aktionen von Innentätern, die sich beispielsweise personenbezogene Daten eines fremden Aufgabengebietes auf einen USB-Stick kopieren, was aufgrund von Mängeln am Rechte- und Rollenkonzept möglich sein kann, fallen unter diese Kategorie. Ein Zugang setzt damit meist eine kriminelle Tätigkeit einer Organisation oder Person voraus, die sich Mängel an technischen und organisatorischen Maßnahmen zu eigen macht.

Nicht jede Verarbeitung personenbezogener Daten erfolgt ausschließlich automatisiert innerhalb von IT-Systemen. Es ist eher so, dass häufig **Mitarbeiter** des Verantwortlichen Zugriff auf diese haben, beispielsweise im Rahmen von Bestellprozessen, einer Sachbearbeitung oder in Callcentern. Obwohl diese Tätigkeiten an sich rechtmäßig sind, sollten „Schritte" ergriffen werden, dass die legitime Datenverarbeitung nicht auf Bereiche ausgeweitet wird, die nicht zur üblichen Tätigkeit eines Mitarbeiters gehören.

9 Datenschutzaudit/-zertifizierung

Die folgende Tabelle stellt den Zusammenhang von Datensicherheitsrisiken und der Verletzung von Schutzzielen dar, die in Art. 32 Abs. 2 genannt werden:

Risiken	Schutzziele			
	Vertraulichkeit	Integrität	Verfügbarkeit	Belastbarkeit
Vernichtung			✓	✓
Verlust	✓		✓	✓
Veränderung		✓		
Unbefugte Offenlegung	✓			
Unbefugter Zugang	✓			

Tabelle 20: Datensicherheitsrisiken und Schutzziele

9.1.4 Datenschutz durch Technikgestaltung

Eine Zielsetzung der DS-GVO ist die Reduktion von Risiken bezüglich der Rechte und Freiheiten von natürlichen Personen bei der Verarbeitung ihrer personenbezogenen Daten. Dies soll auch durch eine auf den Datenschutz ausgerichtete Gestaltung von technischen Verarbeitungsvorgängen und Produkten (*Privacy by Design*) erreicht werden und findet seine Rechtsgrundlage in Art. 25 Abs. 1.

Für die Entscheidung bezüglich datenschutzfördernder Technik sind zwei Zeitpunkte relevant:

- Der Zeitpunkt, zu dem die Mittel, d.h. die Art der System- oder Produktarchitektur eines Verarbeitungssystems festgelegt werden. Dies ist immer im Vorfeld einer Verarbeitung zu beachten und findet den Ausgangspunkt in (Produkt-)Spezifikationen und Projektbeschreibungen.

- Der Zeitpunkt der eigentlichen Verarbeitung, d.h., auch bestehende Systeme und Produkte müssen bezüglich der technischen Ausgestaltung des Datenschutzes analysiert und bewertet werden.

Eine Zielsetzung des Datenschutzes durch Technikgestaltung ist die wirksame Umsetzung der Datenschutzgrundsätze (siehe Kapitel 5.1.2.1). Damit sind beispielsweise Fragestellungen wie die Datenminimierung, die Transparenz gegenüber dem Betroffenen oder die Einhaltung der Zweckbindung gemeint. Aber auch weitere Anforderungen der DS-GVO, die mittels technischer und organisatorischer Maßnahmen erreicht werden sollen, um die Rechte und Freiheiten der Betroffenen zu schützen, können unter dem Begriff „*Privacy by Design*" erfasst werden.

9.1 Überprüfung und Nachweiserbringung

Die kanadische Datenschutzaufsichtsbehörde hat zu diesem Thema sieben fundamentale Prinzipen[91] beschrieben, die für eine faire Verarbeitung personenbezogener Daten notwendig sind:

- **Proaktiv statt Reaktiv**: Es sollen rechtzeitig Maßnahmen ergriffen werden, um Datenschutzrisiken zu minimieren, d.h. es soll im Vorfeld einer Verarbeitung systematisch analysiert werden, ob und welche Schäden an den Rechten und Freiheiten natürlicher Personen auftreten können.
- **Privacy by Default**: Personenbezogene Daten werden durch Voreinstellung automatisch geschützt, d.h. selbst wenn eine Person nichts unternimmt, bleibt der Datenschutz intakt.
- **Eingebetteter Datenschutz**: Datenschutzfördernde Techniken sollen in die (IT-)Architektur und die Geschäftsprozesse eingebettet sein.
- **Volle Funktionalität**: Durch eine geeignete Auswahl von datenschutzfördernden Techniken kann (meist) die volle Funktionalität von Verarbeitungszielen erhalten bleiben, d.h. es kommt zu keinen unlösbaren Konflikten zwischen den Zielen des Datenschutzes und anderer Interessen (z.B. Security).
- **Security**: Wirksame Security-Maßnahmen sollen die Verarbeitung personenbezogener Daten in der gesamten Verarbeitungskette, d.h. vom Zeitpunkt der Erhebung bis zur Löschung, sichern.
- **Sichtbarkeit und Transparenz**: Jeder Stakeholder (Betroffener, Verantwortlicher, …) soll die Möglichkeit haben, die Verarbeitung unabhängig zu überprüfen.
- **Respekt bezüglich Datenschutz**: Der Betroffene soll mit seinen Rechten und Freiheiten im Mittelpunkt der Betrachtung stehen. Dadurch sollen Systeme oder Produkte entwickelt werden, die dem Betroffenen ein Maximum an Selbststeuerung ermöglichen.

Ein weiterer Ansatz für eine erste Orientierung können auch die *Privacy-By-Design-Strategien* sein, die von Jaap-Henk Hoepman[92] skizziert werden:

- **Datenminimierung**: Die Menge an personenbezogenen Daten, die verarbeitet wird, soll so gering wie möglich sein.
- **Verbergen von Daten**: Jedes personenbezogene Datum soll vor einem direkten Zugriff geschützt sein.
- **Datentrennung**: Es soll eine getrennte Verarbeitung, soweit möglich, durchgeführt werden
- **Aggregieren von Daten**: Personenbezogene Daten sollen soweit möglich zusammengefasst und dadurch mit so wenig Informationsgehalt wie möglich verarbeitet werden.
- **Transparenz für den Betroffenen**: Betroffene sollen angemessen über die Verarbeitung ihrer personenbezogenen Daten informiert werden.

---

91 Zu Privacy-by-Design s. Ann Cavoukian (Information & Privacy Commissioner, Ontario, Canada), Privacy by Design – The 7 Foundational Principles, 2011.
92 Jaap-Henk Hoepman, Privacy Design Strategies. Volume 428 of the series IFIP Advances in Information and Communication Technology, 2014.

9 Datenschutzaudit/-zertifizierung

- **Interventionsrechte**: Betroffene sollen direkte Kontrolle über die Verarbeitung ihrer personenbezogenen Daten haben.

- **Durchsetzungsfähigkeit**: Mittels geeigneter Regelungen (Policies) soll die Umsetzung von datenschutzrechtlichen Anforderungen sichergestellt werden.

- **Compliance nachweisen**: Es soll der Nachweis erbracht werden (können), dass die Datenschutzgesetze eingehalten werden.

Die auszuwählenden Maßnahmen sollen wieder, entsprechend dem durchgängigen Konzept der DS-GVO, dem risikoorientierten Ansatz bei der Auswahl der technischen und organisatorischen Maßnahmen entsprechen.

Als Nachweisfaktor für die Einhaltung des Datenschutzes durch Technikgestaltung können genehmigte Zertifizierungsverfahren nach Art. 42 herangezogen werden.

9.1.5 Datenschutzfreundliche Voreinstellung

In Art. 25 wird neben der Anforderung *„Privacy by Design"* auch benannt, dass die Voreinstellungen von Systemen derart gewählt werden, dass der Empfängerkreis der personenbezogenen Daten auf das erforderliche Mindestmaß reduziert ist. Das umfasst

- die Menge der erhobenen personenbezogenen Daten,
- den Umfang der Verarbeitung,
- die Speicherfrist und
- die Zugänglichkeit.

Die Hauptmotivation dieser Anforderung ist, dass personenbezogene Daten, die einer unbestimmten Anzahl von Empfängern zugänglich sind, auf das Mindestmaß reduziert werden. Dies zielt auf den ersten Blick auf soziale Netzwerke ab, bei denen mitunter viele persönliche Informationen, teils ohne vollständiges Bewusstsein der Nutzer, allen anderen Nutzern oder sogar weitere Dritten zugänglich gemacht werden. Aber auch abseits von sozialen Netzwerken stellt diese Anforderung einen Faktor dar, der überprüft werden muss.

9.1.6 Datenschutz-Folgenabschätzung

Die Durchführung einer Datenschutz-Folgenabschätzung ist in Kapitel 6.3.4 ausführlich dargestellt. Bei einer Überprüfung von Verarbeitungstätigkeiten sowie von Produkten muss regelmäßig eine Analyse durchgeführt und gut dokumentiert werden, ob eine Datenschutz-Folgenabschätzung durchgeführt werden muss (sogenannte *„Schwellwertanalyse"*). Eine Schwellwertanalyse bedient sich damit der grundlegenden Methoden einer vollständigen Datenschutz-Folgenabschätzung, ist aber weniger strukturiert und muss ggf. nicht jede Risikoquelle systematisch analysieren. Mit ihr kann man anhand weiterer Vorgaben (Black- bzw. Whitelist der Aufsichtsbehörden, neue Technologien, Datenkategorien, …) ermitteln, ob der umfangreiche Weg der Datenschutz-Folgenabschätzung eingeschlagen werden muss. Sofern die Schwellwertanalyse ergibt, dass keine Datenschutz-Folgenabschätzung notwendig ist, muss dies mit Darlegung der Gründe dokumentiert werden.

9.1.7 Datenübermittlung vorbehaltlich geeigneter Garantien

Eine Datenübermittlung an Drittstaaten kann unter gewissen Rahmenbedingungen auch ohne einen Angemessenheitsbeschluss nach Art. 45 erfolgen. So wird in Art. 46 unter anderem gefordert, dass geeignete Garantien für die Einhaltung der DS-GVO vorhanden sein müssen. Diese können durch ein genehmigtes Zertifizierungsverfahren zusammen mit rechtsverbindlichen und durchsetzbaren Verpflichtungen des Verantwortlichen oder Auftragsverarbeiters bestehen.

9.1.8 Profiling

Um beim Profiling eine faire und transparente Verarbeitung sicherstellen zu können, sollen gemäß ErwGr. 71 insbesondere technische und organisatorische Maßnahmen getroffen werden, die sicherstellen sollen, dass:

- Faktoren zur Profilerzeugung richtig sind,
- das Risiko von Fehlern beim Profiling minimiert wird,
- sowie insbesondere besondere Kategorien personenbezogener Daten nach Art. 9 nicht derart verwendet werden, dass diese Daten zu einer Diskriminierung der Betroffenen führen.

9.2 Datenschutzaudits

9.2.1 Audit

Ein Audit ist – nach ISO 19011[93] – ein systematischer, unabhängiger und dokumentierter Prozess zur Erlangung von Auditnachweisen und deren objektiver Auswertung, um zu ermitteln, inwieweit die Auditkriterien erfüllt sind. Daraus leiten sich folgende Anforderungen an ein Audit ab:

- Systematischer Prozess
- Unabhängigkeit des Auditors
- Dokumentierter Prozess
- Auditnachweise
- Auditfeststellung
- Auditschlussfolgerung

Der Zweck eines Audits dient der Ermittlung von Abweichungen des Ist vom Soll und ist aufgrund der Abweichungsanalyse Bestandteil des kontinuierlichen Verbesserungsprozesses.

---

93 ISO 19011, Leitfaden zur Auditierung von Managementsystemen, 2011.

9 Datenschutzaudit/-zertifizierung

Es können unterschiedliche Auditziele verfolgt werden. Im Rahmen der DS-GVO geht es aber im Wesentlichen um die Überprüfung der Angemessenheit und Wirksamkeit der technischen und organisatorischen Maßnahmen.[94] Die Überprüfung der Wirksamkeit kann analog der Vorgehensweise etablierter Managementsysteme (u.a. QMS, ISMS) erfolgen.

Für die Durchführung eines Audits ergibt sich folgende Kausalkette:

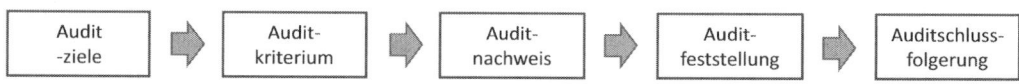

Abbildung 58: Auditkausalkette

9.2.1.1 Interne und externe Audits

Audits lassen sich vom Grundsatz her in zwei Kategorien einteilen:

- **Interne Audits** werden meist von den eigenen Mitarbeitern eines Unternehmens (z.B. dem Datenschutzbeauftragten) durchgeführt. Es ist auch möglich, externe Berater für diese Aufgabe (zusätzlich) einzusetzen, wenn entweder der spezifische Sachverstand bei einem konkreten Prüfszenario nicht ausreichend ist oder die Personalkapazitäten verstärkt werden sollen. Die Zielsetzung ist meist die Erbringung von Nachweisen für eigene Zwecke (z.B. Niveau der IT-Sicherheit) oder der Umsetzung von gesetzlichen Anforderungen (z.B. Datenschutzaudits zur Überprüfung der technischen und organisatorischen Maßnahmen).

- **Externe Audits** werden im Auftrag des Managements eines Unternehmens vergeben und von Personen außerhalb der Organisation durchgeführt. Die Zielsetzung von externen Audits ist meist die Erbringung von Nachweisen für Stellen außerhalb der eignen Organisation. Hierbei wird unterschieden, ob das Audit zwischen zwei zusammenarbeitenden Unternehmen durchgeführt wird (Lieferanten- oder Kundenaudit) oder von einem unabhängigen Dritten (meist Erteilung von Zertifikaten durch eine akkreditierte Zertifizierungsstelle).

9.2.1.2 Audittypen

Je nach dem Ziel der Auditierung gibt es unterschiedliche Audittypen, die auch bei der Auditierung des Datenschutzes angewendet werden können:

- Prozessaudit
- Verfahrensaudit
- Produktaudit
- Systemaudit

---

[94] Vgl. IDW PS 980.

Im Einzelnen:

Prozessaudit

Die strukturierte Betrachtung von Prozessen wird von vielen Unternehmen in den einzelnen Geschäftsfeldern praktiziert. Je stärker die Prozessorientierung fortgeschritten ist, umso sinnvoller ist auch die Betrachtung der Prozesse im Rahmen einer Auditierung. Ziel eines Prozessaudits ist die Untersuchung der Prozesse auf mögliche Schwachstellen, d.h. auf die Sinnhaftigkeit und Vollständigkeit der durchgeführten Arbeitsfolgen. Während die Frage der Effizienz auf die Wirtschaftlichkeit und damit auf die Unternehmensinteressen abzielt, ist die Erbringung eines Mindestgrades an Effektivität, d.h. an Güte der Ergebnisse, gerade bei gesetzlichen Anforderungen wie dem Datenschutz besonders in den Fokus zu nehmen. So mag es der Fall sein, dass ein Prozess zur Auskunftserteilung (siehe Kapitel 5.2.2.2) mit wenig Aufwand erledigt wird (ist also effizient), die Hälfte der gespeicherten Informationen aber nicht enthalten ist, da nicht alle Verarbeitungsvorgänge in den Kernprozess „Sicherstellung Betroffenenrechte" (Kapitel 5.2) integriert sind (ist also nicht effektiv).

Verfahrensaudit

Nach ISO 9000 besteht ein Unterschied zwischen einem Verfahren und einem Prozess. So lautet die Definition eines Verfahrens:

„*Festgelegte Art und Weise, eine Tätigkeit oder einen Prozess auszuführen*",

während ein Prozess als

„*Satz von in Wechselbeziehung oder Wechselwirkung stehenden Tätigkeiten, der Eingaben in Ergebnisse umwandelt*"

verstanden wird.[95]

In der praktischen Anwendung wird kein großer Unterschied zwischen einem Verfahrensaudit und einem Prozessaudit mit dem Blickwinkel des Datenschutzes bestehen. Dies ist deswegen der Fall, da ein Prozessaudit mit dem Blickwinkel der Vollständigkeit und Sinnhaftigkeit von Prozessschritten auch den Fokus eines Verfahrensaudits abdeckt, der sich stärker mit der konkreten Umsetzung der Verarbeitungsschritte beschäftigt.

Produktaudit

Ein Produktaudit dient im Qualitätsmanagement „*der Begutachtung der Übereinstimmung der Ausführung mit festgelegten Qualitätsanforderungen an das Produkt nach der Endprüfung*".[96] Analog kann mit dem Blickwinkel auf die DS-GVO darunter verstanden werden, dass die Anforderungen der *Grundsätze der Verarbeitung* (Kapitel 5.1.2.1) sowie deren Konkretisierungen wie beispielsweise *Privacy by Design* (Kapitel 9.1.4) eingehalten werden. Es ist durchaus vorstellbar, den Begriff eines Produktes auf Dienstleistungen zu erweitern, da an beide grundlegend vergleichbare gesetzliche Anforderungen durch die DS-GVO gestellt werden.

---

[95] S. a. Fußnote 4.
[96] Deutsche Gesellschaft für Qualität e.V. (DGQ): Audit im Prozesscontrolling. *DGQ–Band 13-41*, 1999.

9 Datenschutzaudit/-zertifizierung

Systemaudit

Bei einem Systemaudit werden stichprobenartig einzelne Bestandteile eines Managementsystems überprüft. Ziel dabei ist, die Konformität gegenüber festgelegten Anforderungen, beispielsweise eines Datenschutz-Managementsystems (Kapitel 10), nachzuweisen.

Ziele eines Systemaudits können dabei sein:

- Ermittlung von Verbesserungspotenzialen (Schwachstellen und Fehlerursachen)
- Sensibilisierung der Mitarbeiter
- Bewertung des Systems
- Informationsbereitstellung für eine Zertifikatserteilung (nur bei externen Audits) und Management-Review

9.2.1.3 Anforderungen an einen Auditor

Audits sollten grundsätzlich von speziell befähigten Auditoren durchgeführt werden, die das notwendige **Fach- und Methodenwissen** sowie soziale Kompetenzen besitzen. Eine Zielsetzung sollte sein, als Auditor von dem auditierten Bereich eines Unternehmens akzeptiert zu werden. Dies ist gerade dann sehr wichtig, wenn Abwägungsentscheidungen, wie beispielsweise nach dem Stand der Technik oder der Verhältnismäßigkeit der Kosten getroffen werden.

Als **Auswahlkriterien** für Auditoren sollte zum einen die Teamfähigkeit, d.h. die sachliche und zielgerichtete Arbeitsweise verbunden mit der Fähigkeit, sich auf andere Teammitglieder vom Gedankengang einzustellen, vorhanden sein. Eine analytische Vorgehensweise verbunden mit einer methodischen und objektiven Arbeitsweise und einem pragmatischen Blick auf die Gegebenheiten sowie einer sachlichen und standhaften Konfliktfähigkeit zeichnen einen guten Auditor aus.

Vom fachlichen Standpunkt sollten **rechtliche Kenntnisse** des Auditierungsgegenstandes, Kenntnisse der **Informationssicherheit** sowie des **technischen Datenschutzes** tiefgreifend vorhanden sein. Eine langjährige Erfahrung ist ebenso notwendig, da ein Audit mehr als ein Abhaken von Checklisten darstellen muss, um die Ziele der Wirksamkeit und Vollständigkeit von Maßnahmen erreichen zu können. So wäre beispielsweise bei der Auditierung von Cloud-Diensten neben allgemeinen Kenntnissen des Datenschutzrechts mitunter auch ein vertieftes Wissen zum internationalen Datentransfer sowie im technischen Bereich zu Cloud-Architekturen und cloudspezifischen Bedrohungslagen notwendig. Es kann ggf. auch sinnvoll sein, dass zusätzlich betriebswirtschaftliche Kenntnisse mit in die Auditierung eingebracht werden.

Auditoren können bei ihrer Arbeit mit unterschiedlichen Rollen agieren. Ein **Lead Auditor** besitzt die Gesamtverantwortung für ein Auditierungsteam (für den Fall, dass mehr als eine Person für eine Auditierung notwendig ist), leitet dieses Team und unterzeichnet nach Durchführung des Audits den Auditbericht. Ein **Co-Auditor** unterstützt den Lead Auditor entweder, weil der Prüfgegenstand umfangreich ist oder weil das Vier-Augen-Prinzip eine objektivere Betrachtung ermöglichen soll. **Fachexperten** haben, wie der Name schon sagt, bereichsspezifisches Fachwissen wie zum Beispiel zu *Privacy by Design*, Cloud-Security oder komplexeren Auftragsverarbeitungskonstrukten und unterstützen die Auditoren mit ihrer Expertise.

Die **Datenschutzleitlinie** bildet die **Grundlage** für die Durchführung von Audits (s. Kapitel 4.3; Festlegung von Verantwortlichkeiten und Rollen). Der Verantwortliche für Datenschutz, also das Management oder die unterstellte Person, initiiert passend zu den Willensbekundungen der Datenschutzleitlinie die Auditierung und erhalten die Auditergebnisse (als Management-Summary, d.h. kurz und knapp die relevanten Ergebnisse). Bei der Durchführung eines Audits spielen dagegen die anderen Datenschutzakteure wie Datenschutzbeauftragte, Datenschutzkoordinatoren und weitere Datenschutzvertreter eine zentrale Rolle. Aus diesen wird der Hauptansprechpartner für das Auditorenteam bestimmt und diese fungieren auch als Schnittstelle zu den Fachabteilungen und weiteren relevanten Stellen des überprüften Unternehmens.

9.2.2 Auditplanung

Ein Audit muss gründlich geplant und vorbereitet werden. Dabei sollte die Zielsetzung eines Audits, auch wenn sonst bezüglich der Methodik und der Inhalte wenige Unterschiede bestehen, in Betracht gezogen werden:

Bei **internen Audits** ist der Zeitraum der Durchführung mitunter länger oder der Blickwinkel (*Scope*) begrenzter, da der Grund für die Auditierung das (regelmäßige) Überprüfen von Anforderungen sowie das Auffinden von Mängeln ist. Das Audit ist somit Bestandteil des Unternehmensalltags und muss sich auch von der zeitlichen und inhaltlichen Koordination in diesen einfügen.

Bei **externen Audits**, besonders wenn die Zielsetzung eine Zertifizierung ist, ist der Zeitrahmen kürzer und der Druck auf die Beteiligten höher, da ein Verfehlen der Zertifizierung unmittelbar an das Management kommuniziert wird. Zusätzlich muss die Nachweisführung der geprüften Anforderungen, d.h. hauptsächlich die Dokumentation, gründlicher und vollständiger sein.

Bei der Planung eines Audits muss sich zu Beginn die Frage gestellt werden, was denn die Zielsetzung der Auditierung ist. Mögliche **Auditziele** sind in Kapitel 9.2.1.2 vorgestellt, wobei grundsätzlich auch einzelne Teilbereiche der DS-GVO, gerade bei internen Audits, herausgegriffen werden können.

Bei der Planung der **zeitlichen Abläufe** wird bei internen Audits meist eine jährliche Auditplanung (auch Auditprogramm genannt) erstellt. Diese ist noch nicht besonders detailliert, sondern beschreibt grundsätzlich, welche Unternehmensbereiche und Verarbeitungstätigkeiten ungefähr überprüft werden sollen. Bei externen Audits ist dieser Bereich gründlicher und verbindlicher zu planen, da sowohl interne Ressourcen verfügbar als auch externe Auditoren koordiniert werden müssen. Bei Zertifizierungen können sich auch weitere Zeitfenster, zum Beispiel die maximale Gültigkeit einer Zertifizierung von drei Jahren, ergeben, die beachtet werden müssen. Bei der Detailplanung eines Audittages (auch Auditagenda genannt) geht es sehr konkret und straff organisiert zu. Hier ist (stundengenau) zu planen, welche Bereiche überprüft, welche Informationen (Dokumentation,

Source-Code, Tools,...) benötigt werden und welche Personen wann zur Verfügung stehen müssen.

9.2.3 Auditprogramm

Um das Ziel eines Datenschutzaudits (Bestätigung der auf den Umfang des Audits bezogenen Datenschutz-Compliance) nachhaltig zu sichern, ist es erforderlich, eine zyklusabhängige Auditplanung vorzuhalten. Wie groß der Zyklus für die Re-Auditierung ist, lässt sich nicht einheitlich festlegen oder empfehlen. Er ist abhängig von der Dynamik der Fortentwicklung oder der Änderung von Systemen oder Dienstleistungen in den jeweiligen Unternehmen.

Folgende Elemente des Auditprogramms sind jedoch grundsätzlich relevant:[97]

- Festlegung der Auditziele (rechtliche Anforderungen, interne Anforderungen, z.B. Datenschutzleitlinie, Datenschutzhandbuch; Zertifizierung)
- Festlegung der zu untersuchenden Bereiche (durch interne und externe Audits)
- Hauptaktivitäten (interne und externe Audits, Management-Reviews)
- Berücksichtigung der internen Anforderungen bzw. Vorgaben der internen Audit-Stakeholder (u.a. zeitliche Restriktionen) und externe Verfügbarkeiten (bei externen Audits)
- Grobe Terminplanung der zu untersuchenden Bereiche (einschl. Vor- und Nachbereitung)
- Festlegung der beteiligten Ressourcen (Auditoren, Auditteams, Teilnehmer der Management-Reviews)
- Budget

---

[97] Gietl, G./Lobinger, W., Leitfaden für Qualitätsauditoren – Planung und Durchführung von Audits nach ISO 9001:2008, 3. Aufl., 2009; Gietl, G./Lobinger, W., Qualitätsaudit, in: Kaminski, G. F. (Hrsg.), Handbuch QM-Methoden, 2013, S. 603 bis 634.

9.2 Datenschutzaudits

Das Auditprogramm sollte auch dem PDCA-Zyklus unterliegen (Auditprogrammmanagement) und wie folgt strukturiert sein:

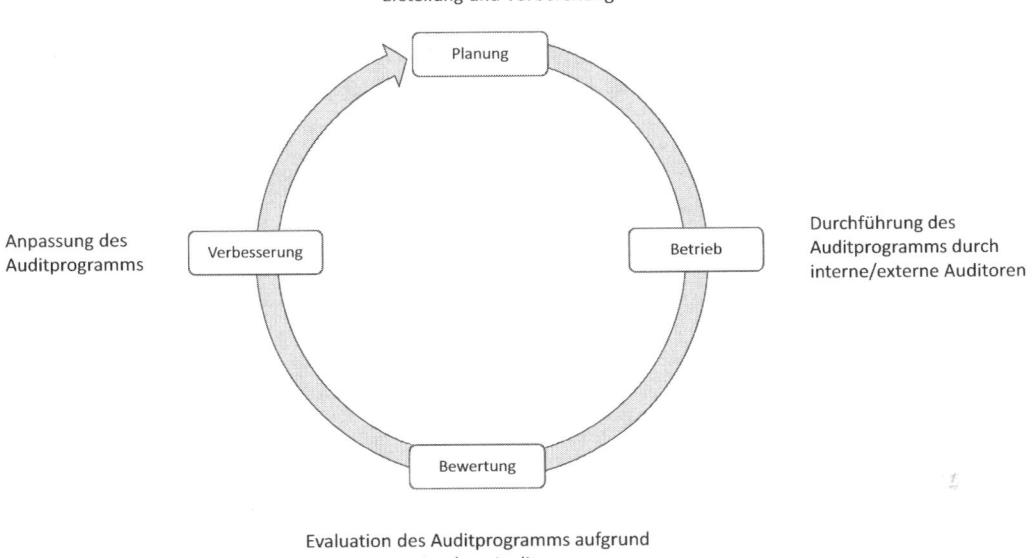

Abbildung 59: Audit – PCDA

Beispiele für Datenschutzauditprogramme

Es können reine Datenschutzauditprogramme entwickelt werden, die auf Basis des für den Datenschutz verwendeten Managementsystems ausgestaltet werden. Dies ist insbesondere dann sinnvoll, wenn ein Datenschutz-Managementsystem explizit realisiert und ohne Verwendung anderer bereits vorhandener Organisationsstrukturen umgesetzt wurde. Werden allerdings bereits bestehende Managementsysteme für den Datenschutz mitverwendet, dann bietet es sich an, auch die Auditierung an diese anzupassen. So ist es beispielsweise möglich, ein Qualitätsmanagementsystem oder ein Informationssicherheitsmanagementsystem mit zu verwenden:

Erweiterung der internen Qualitätsaudits nach ISO 9001

- Erweiterung bestehender QM-Audits durch Datenschutzaspekte
- Durchführung durch QM-Auditor
- Vorteil: Nutzung vorhandener Strukturen und Abläufe

9 Datenschutzaudit/-zertifizierung

Gemeinsame interne Audits von Datenschutz und Informationssicherheit

- Koordination zwischen Datenschutz und Informationssicherheit bzgl. der Entwicklung von gemeinsamen internen Audits (Joint Audits) in Anlehnung an die ISO 27001
- Gemeinsame Durchführung der internen Audits; Lead Auditor ist ISMS-Verantwortlicher, Datenschutzakteur, z.B. Datenschutzkoordinator ist Co-Auditor
- Gesonderte Nachbereitung, d.h. Nachverfolgung der Datenschutzthemen durch den Datenschutzbeauftragten

9.2.4 Auditprozess

Der Prozess für die einzelnen Audits besteht aus den folgenden Schritten:

- Vorbereitung
- Durchführung
- Nachbereitung

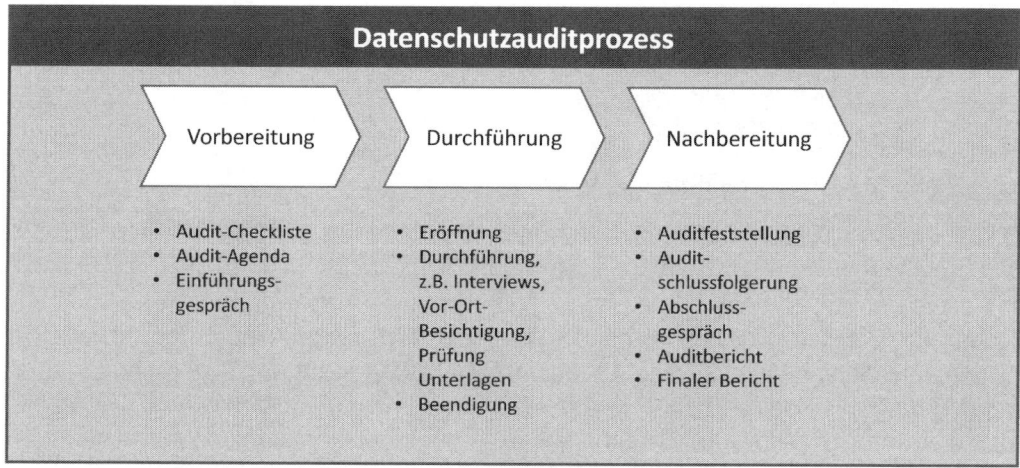

Abbildung 60: Auditprozess

9.2.4.1 Vorbereitung

Bei der Vorbereitung geht es vor allem um drei Punkte:

- Erstellen einer Audit-Checkliste
- Erstellen einer Audit-Agenda (bzw. eines Audit-Tagesplans)
- Audit-Einführungsgespräch

Im Einzelnen:

Die **Audit-Checkliste** ist das zentrale Dokument der Vorbereitungsphase. Es enthält Fragen, um festzustellen, ob die Audit-Ziele unter Bezugnahme auf die Audit-Kriterien erreicht wurden. Sie wird i.d.R. durch den Lead Auditor in Zusammenarbeit mit den Co-Auditoren erstellt. Eine vollständige Überprüfung ist nicht realistisch, daher sollten Prioritäten gesetzt werden. Schwerpunkte lassen sich z.B. nach folgenden Kriterien setzen:

- Risikobasiert, evtl. basierend auf den Ergebnissen des Risikomanagements (Was)
- Vorgaben der Audit-Programmplanung bzw. vom Management
- Ergebnisse bereits durchgeführter Audits und Kontrollmaßnahmen (Warum)
- Auswahl der Auditees (Wer)
- Auswahl der zu überprüfenden Lokationen (Wo)
- Auswahl der Methoden zur Nachweiserbringung (Wie)

Die Erstellung von Audit-Checklisten kann u.U. zeitaufwändig sein. Die Audit-Checklisten sollten spezifisch für die einzelnen Audit-Bereiche erstellt werden und ggf. rollenspezifisch auf die einzelnen Auditees angepasst sein. Dieser Aufwand rechtfertigt sich durch die konkreteren Audit-Ergebnisse und die bessere Möglichkeit zur Schlussfolgerung. Allgemeine Checklisten führen i.d.R. auch nur zu allgemeinen Schlussfolgerungen. Fraglich ist, ob den Auditees die Audit-Checklisten vorab zur Kenntnis zu bringen sind, da dies evtl. zu verfälschten Ergebnissen führen kann. Wohl kann es aber sinnvoll sein, den Auditees exemplarisch Musterfragen als Beispielsfragen zu kommunizieren, damit sie eine Vorstellung davon erhalten, was im Audit auf sie zukommt.

Allgemeiner Teil				
Auditierter Bereich				
Lead Auditor / Co-Auditor				
Audit-Art / Datum				
Auditee				
Frageteil				
Frage	**Audit-Kriterium**	**Audit-Nachweis**	**Audit-Feststellung**	**Audit-Schlussfolgerung**
…	…	…	…	…

Tabelle 21: Audit-Checkliste

Außerdem ist eine **Audit-Agenda** bzw. ein Tagesplan aufzustellen und den Auditees zu kommunizieren. Dieser Plan sollte Folgendes enthalten:

- Tagesordnungspunkte
- Zeitliche Termine
- Auditoren
- Auditees
- Vor-Ort- bzw. Remote-Audit

9 Datenschutzaudit/-zertifizierung

Zur Vorbereitung des Audits sollte in einem **Audit-Einführungsgespräch** den Auditees und dem zuständigen Management der Ablauf des Audits erläutert werden. Evtl. sollten die Auditees vorab entsprechende Schulungen durchlaufen haben, um in dem Audit effektiv mitwirken zu können. Darüber hinaus sollte sichergestellt sein, dass die Auditees mit den für die Auditkriterien relevanten Datenschutzdokumenten vertraut sind. Die Auditkriterien können sich z.B. auf Folgendes beziehen:

- Datenschutzleitlinie
- Datenschutzhandbuch
- Richtlinien
- Arbeitsanweisungen

Audits beinhalten neben den Interviews auch die Prüfung von Unterlagen. Dabei sollten nicht nur die Unterlagen (Dokumente und Aufzeichnungen), sondern auch das Dokumentenmanagement, d.h. die Erstellung und Verwaltung von Dokumenten, geprüft werden (s. Kapitel 7.2). Bei einer zentralen Dokumentenverwaltung erstreckt sich der Audit dann auf die bereichsspezifischen Unterlagen. Dies sind z.B.:

- Verträge mit Auftragsverarbeitern
- Risikoberichte
- Dokumentation von technischen und organisatorischen Maßnahmen
- Korrektive und präventive Verbesserungsmaßnahmen (sog. CAPA-Liste)
- Nachweise über Datenschutzschulungs- und Bewusstseinsmaßnahmen
- Eigene bereichsspezifische Datenschutzdokumente

9.2.4.2 Durchführung

Die Durchführung folgt der Auditagenda. Im Rahmen der Durchführung werden Auditnachweise erhoben bzw. gesammelt. Folgende Schritte haben sich dabei bewährt:

- Eröffnungsgespräch (formaler Beginn des Audits)
- Durchführung anhand verschiedener Audit-Methoden
- Beendigung des Audits (formelles Ende des Audits)

Im Einzelnen:

Der Audit beginnt mit einem **Eröffnungsgespräch**, dem formalen Beginn des Audits, in dem die Auditoren ihre Vorgehensweise und das Ziel des Audits vorstellen. Anschließend sammeln die Auditoren verwertbare Auditnachweise. Die Ergebnisse der **Durchführung** sind in der Auditcheckliste zu erfassen. Das Audit kann nach unterschiedlichen Methoden erfolgen:

- Interviewtechnik (Nachweis: Gesprächsnotizen bzw. Ausfüllen der Auditcheckliste)
- *„Stichprobenartige"* Sichtung von Unterlagen, einschl. Überprüfung einer angemessenen Dokumentenverwaltung (Nachweis: Notizen und ggf. Kopien bzw. Verweis)

- Vor-Ort-Begehung (Nachweis: Notizen und u.a. Fotos, Screenshots, Auszüge aus Logfiles)

Bei der Vor-Ort-Begehung sind für den Datenschutz u.a. folgende Aspekte relevant:

- Arbeitsplätze bzgl. Clean Desk Policy
- PC bzgl. Passwortschutz
- Kopierer und Drucker bzgl. vertraulicher Dokumente
- Papierkörbe bzgl. sachgerechter Vernichtung vertraulicher Dokumente
- Serverräume und Rechenzentren bzgl. Zutrittsschutz
- Empfangsbereich bzgl. Videoüberwachung
- Einblick in Softwaresysteme und Tools

Die **Beendigung** des Audits sollte durch ein Abschlusstreffen formell erklärt werden. Dabei sollten auch die weiteren Schritte erläutert werden. Der Übergang in die Phase der Nachbereitung ist fließend. Ein Abschlussgespräch kann evtl. im Anschluss an das Abschlusstreffen stattfinden.

9.2.4.3 Nachbereitung

Die Nachbereitung des Audits besteht aus den folgenden Schritten

- Auditfeststellungen und -schlussfolgerungen
- Abschlussgespräch
- Auditbericht
- Nachverfolgung

Im Einzelnen:

Einen wesentlichen Teil der Nachbereitung stellen **die Auditfeststellung und die Auditschlussfolgerungen** dar. Auf Grundlage der Auditnachweise sollte der Auditor feststellen können, ob ein Auditkriterium vollständig, teilweise oder gar nicht erfüllt worden ist. Dabei lassen sich vier verschiedene Arten von Feststellungen unterscheiden:[98]

- Kritische Abweichung, d.h., ein Auditkriterium wurde nicht ausreichend umgesetzt; Anpassungen sind zwingend und umgehend vorzunehmen; i.d.R. sind Nachaudits notwendig
- Nebenabweichung, d.h., die Abweichung wird als nicht so schwerwiegend eingestuft (Abgrenzung zur kritischen Abweichung ist fließend); Anpassungen sind vorzunehmen
- Beobachtung, d.h., es liegt kein unmittelbarer Auditnachweis für eine Abweichung vor, eine Abweichung wird aber für wahrscheinlich gehalten bzw. es wurde Verbesserungspotenzial erkannt

---

98 Vgl. Loomans/Matz/Wichtermann, Anforderungen an ein Datenschutzmanagementsystem, 2014, S. 205 bis 206.

- Best Practices sind wichtig als Feedback für die Auditees und die Geschäftsleitung; möglicherweise Übertragung auf andere Auditbereiche

Zusätzlich zu den einzelnen Auditergebnissen kann eine Gesamtbewertung sinnvoll sein. Beispielsweise kann bei einem Systemaudit die Wirksamkeit eines Datenschutz-Managementsystems als Ganzes relevant für eine angestrebte Zertifizierung sein.

Bei dem **Abschlussgespräch** nehmen i.d.R. nur die Auditoren sowie die für den auditierten Bereich Verantwortlichen teil. Der Auditor stellt seine vorläufige Einschätzung der Ergebnisse des Audits sowie die wesentlichen Feststellungen und Schlussfolgerungen vor, da der Auditbericht noch nicht final ist. Auditor und Verantwortliche können aufgrund der Ergebnisse bereits Folgemaßnahmen beschließen.

Der **Auditbericht** dokumentiert alle wesentlichen Informationen über das Audit (einschl. Feststellungen und Schlussfolgerungen) und gibt dabei Aufschluss, inwieweit die Auditziele erfüllt worden sind. Dieser ist zeitnah zu erstellen. Art und Umfang sollten sich an den Informationsbedürfnissen des Auftraggebers, i.d.R. der Geschäftsleitung, ausrichten.[99] Der interne Auditbericht bildet eine wichtige Komponente für eine nachgelagerte Dokumentenprüfung im Rahmen eines externen Audits.

Die Schlussfolgerungen müssen in geeignete Maßnahmen umgesetzt werden. Diese sind in einen Maßnahmenplan – s.a. Verbesserungswesen, Liste aller korrektiven und präventiven Verbesserungsmaßnahmen (CAPA-Liste) – aufzunehmen, dessen Umsetzung entsprechend nachzuverfolgen ist. Bei den Maßnahmen kann es sich um Vorbeuge- oder Korrekturmaßnahmen handeln (präventiv oder korrektiv). Die Effektivität des Audits lässt sich bewerten, wenn die Maßnahmen hinsichtlich ihres Verbesserungspotenzials in folgende Arten klassifiziert werden:

- Bewertung
    - Auswirkung
    - Erforderliche Ressourcen
    - Risiko bei Nichtdurchführung
    - Bereichsspezifische oder unternehmensweite Maßnahmen
- Umsetzung
    - Direkt umsetzbare Maßnahmen, die geringe Auswirkungen haben und wenige Ressourcen benötigen
    - Freigabebedürftige Maßnahmen, die erhebliche Auswirkungen haben oder viele Ressourcen benötigen

---

99 Vgl. Gietl/Lobinger, Qualitätsaudit, 2013, S. 629 ff.

9.3 Datenschutzzertifizierung

9.3.1 Akkreditierung

Dem Instrument der Zertifizierung kommt nach der DS-GVO ein besonderer Stellenwert zu, denn damit können wesentliche Teile der Nachweispflicht beispielsweise bei Auftragsverarbeitungen abgebildet werden. Da die genehmigten Zertifikate eine Rechtsverbindlichkeit besitzen, muss auch ein besonderes Augenmerk auf die Stellen gerichtet werden, die diese Zertifikate erteilen (siehe Art. 43).

Möchte eine Zertifizierungsstelle gemäß Art. 43 ein Zertifikat ausstellen, so muss sie dazu **akkreditiert** werden. Diesen Vorgang kann entweder die für die Zertifizierungsstelle zuständige Aufsichtsbehörde oder eine nationale Akkreditierungsstelle[100] durchführen. Während die Datenschutzaufsichtsbehörden sich selbst auf Kriterien für die Akkreditierung verständigen können, muss sich die nationale Akkreditierungsstelle an die von der zuständigen Aufsichtsbehörde festgelegten Anforderungen halten.

Dabei sind **besondere Anforderungen** an die Zertifizierungsstellen zu stellen, ehe sie akkreditiert werden dürfen. Zertifizierungsstellen müssen

- ihre **Unabhängigkeit** und
- ihr **Fachwissen** hinsichtlich des Gegenstands der Zertifizierung zur Zufriedenheit der zuständigen Aufsichtsbehörde nachgewiesen haben,
- sich verpflichten, die von der zuständigen Aufsichtsbehörde oder vom Datenschutzausschuss **genehmigten Zertifizierungskriterien** einzuhalten,
- Verfahren für die **Erteilung**, regelmäßige **Überprüfung** und ggf. den **Widerruf** von Zertifizierungen,
- sowie transparente Verfahren für die **Bearbeitung von Beschwerden** bezüglich der Umsetzung des Zertifizierungsverfahrens festgelegt und
- der zuständigen Aufsichtsbehörde nachgewiesen haben, dass **kein Interessenkonflikt** vorliegt.

Einmal erteilte Akkreditierungen sind **nicht unbegrenzt gültig**, sondern müssen spätestens nach fünf Jahren erneuert werden, wobei die konkrete Dauer durch die Kriterien der Aufsichtsbehörden bestimmt wird. Eine Verlängerung der Akkreditierung ist möglich, sofern sich die Voraussetzungen nicht geändert haben.

Wird eine Zertifizierung **erteilt** oder **widerrufen**, so teilen die Zertifizierungsstellen dies der **zustänen Aufsichtsbehörde** samt Nennung der Gründe mit.

Die **Aufsichtsbehörden kontrollieren** auch die Zertifizierungsstellen und können eine Akkreditierung widerrufen, sofern die Akkreditierungskriterien nicht mehr erfüllt sind oder wenn die Zertifizierungsstellen durch Ihr Verhalten im Widerspruch zur DS-GVO stehen.

---

100 Die DAkkS ist die nationale Akkreditierungsstelle der Bundesrepublik Deutschland.

9 Datenschutzaudit/-zertifizierung

Abbildung 61: Akkreditierung und Zertifizierung

9.3.2 Datenschutzzertifikate

Nicht jedes Zertifikat mit der Zielsetzung Datenschutz kann im Rahmen der DS-GVO verwendet werden.[101] Geltung haben in Zukunft nur noch (Datenschutz-)Zertifikate, die von akkreditierten Zertifizierungsstellen[102] (Art. 43) in einem nach Art. 42 geregelten Verfahren und insbesondere unter Verwendung der von den Aufsichtsbehörden vorgegebenen Zertifizierungskriterien erteilt wurden. Ziel der Zertifizierungsverfahren und der Erteilung von Datenschutzsiegeln oder -prüfzeichen, für die die Kommission gemäß Art. 43 Abs. 9 durch Erlass eines Durchführungsrechtsaktes technische Standards vorgeben kann, ist die Datenschutz-Compliance, also der Nachweis der Einhaltung der Anforderungen der DS-GVO bei Verantwortlichen und/oder Auftragsverarbeitern. Damit sind grundsätzlich sehr viele Zertifizierungsgegenstände möglich. Einige davon sind in der DS-GVO explizit benannt.

Zertifizierungsgegenstand	Art. / ErwGr.	Bemerkung
Einhaltung der DS-GVO	Art. 42	Nachweis der Compliance bezüglich der DS-GVO
Transparenz für Produkte und Dienstleistungen	ErwGr. 100	Betroffene Personen sollen einen raschen Überblick über das Datenschutzniveau bekommen

---

101 Vgl. Spindler, G., Selbstregulierung und Zertifizierungsverfahren nach der DS-GVO, ZD, 2016, 407 bis 414; Schwartmann/Weiß, Ko-Regulierung vor einer neuen Blüte – Verhaltensregelungen und Zertifizierungsverfahren nach der Datenschutzgrundverordnung, RDV 2016, S. 68 bis 73.
102 Dies gilt nicht für Datenschutzaufsichtsbehörden, da diese nicht akkreditiert werden müssen.

9.3 Datenschutzzertifizierung

Zertifizierungs-gegenstand	Art. / ErwGr.	Bemerkung
Datenschutzkonforme Verarbeitung	Art. 24	Ein Faktor, um die Einhaltung der Verordnung nachzuweisen
Datenschutz durch Technik (Privacy by Design)	Art. 25 Abs. 1	Nachweis, dass mittels technischer und organisatorischer Maßnahmen die Datenschutzgrundsätze (z.B. Datenminimierung) umgesetzt wurden
Datenschutzfreundliche Voreinstellung (Privacy by Default)	Art. 25 Abs. 2	Nachweis, dass per Voreinstellung der Empfängerkreis sowie das Maß der Datenerhebung auf das erforderliche Mindestmaß beschränkt ist
Auftragsverarbeitung	Art. 28	Ein Faktor, um hinreichende Garantien zur Einhaltung der DS-GVO nachzuweisen
Sicherheit der Verarbeitung	Art. 32	Ein Faktor, um die Erfüllung der Sicherheitsanforderungen nachzuweisen
Datenübermittlung vorbehaltlich geeigneter Garantien	Art. 46	Garantie zur Übermittlung in unsichere Drittstaaten

Tabelle 22: Zertifizierungsmöglichkeiten

Weitere Bereiche einer Zertifizierung sind grundsätzlich denkbar. So wäre es vorstellbar, beispielsweise nur einzelne Prozesse wie die Datenträgervernichtung oder ein Callcenter zertifizieren zu lassen. Auch Managementsysteme, die gerade für den Nachweis der Rechenschaftspflicht mitunter unabdingbar sind, wären ein interessanter Zertifizierungsgegenstand, der eine Basis für die Frage, ob die DS-GVO grundsätzlich eingehalten wird, legen kann.

Es wird vermutlich so sein, dass das Werkzeug der Zertifizierung als modularer Baustein zu verstehen sein wird, der einzelne Bereiche umfasst und je nach Unternehmen und Branche kombiniert werden kann (s. Abbildung 62). Dies ermöglicht es Verantwortlichen und Auftragsverarbeitern die zielgerichtete Verwendung von Nachweisen durch genehmigte Zertifikate, um beispielsweise entweder eine Auftragsverarbeitung unkompliziert auszugestalten, den Datenschutz als Marketinginstrument (und damit als Wettbewerbsvorteil) zu sehen oder das Risiko von Bußgeldern zu minimieren.

9 Datenschutzaudit/-zertifizierung

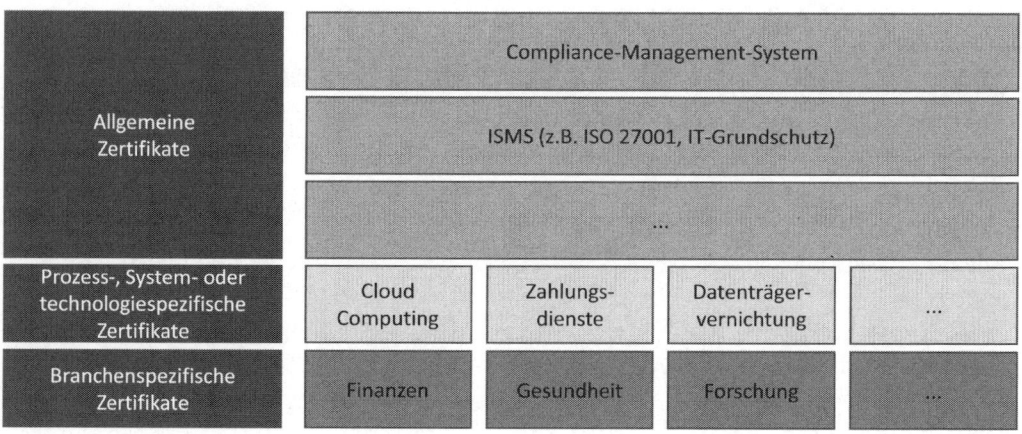

Abbildung 62: Modulare Zertifizierungen

Eine Zertifizierung muss für die Verantwortlichen und Auftragsverarbeiter freiwillig und über ein transparentes Verfahren zugänglich sein. Hervorzuheben ist, dass eine Zertifizierung keinen Einfluss auf das Maß der Verantwortung bezüglich der Einhaltung der Verordnung für die verarbeitende Stelle besitzt. Auch wird die zuständige Aufsichtsbehörde nicht durch die Zertifizierung in ihren Aufgaben und Befugnissen beschränkt. Allerdings kann ein Zertifikat gegebenenfalls eine Geldbuße verhindern oder zumindest die Höhe des Betrags reduzieren (Art. 83 Abs. 2 lit. j).

Von besonderer Bedeutung sind die Zertifizierungskriterien, anhand derer die Zertifizierungsstelle den Zertifizierungsgegenstand prüfen soll. Zertifizierungskriterien müssen von der zuständigen Aufsichtsbehörde oder dem Datenschutzausschuss genehmigt werden. Damit die zertifizierende Stelle eine wirksame und vollständige Prüfung und Bewertung des Zertifizierungsgegenstandes durchführen kann, muss die sich zertifizierende Stelle alle notwendigen Informationen zur Verfügung stellen und auch den Zugang zu den IT-Systemen ermöglichen.

Eine Zertifizierung gilt maximal drei Jahre und kann unter denselben Bedingungen verlängert werden, sofern die einschlägigen Voraussetzungen weiterhin erfüllt werden (Art. 42 Abs. 7).

9.3.3 Zertifizierungsverfahren

Inhaltlich gelten bei externen Audits im Wesentlichen die gleichen Vorgaben wie bei internen Audits. Die DS-GVO macht keine konkreten Vorgaben zum Ablauf einer Zertifizierung. Denkbar wäre aber ein analoges Vorgehen für akkreditierte Zertifizierungsstellen wie bei der ISO 17021[103]. Darin sind Anforderungen an die Zertifizierungsstelle und Vorgaben hinsichtlich des Zertifizierungsverfahrens enthalten. Diese Anforderungen und Vorgaben sind für alle gängigen ISO-Managementsysteme (z.B. für Qualitätsmanagement, Informationssicherheit und Compliance-Management) gleich und bieten daher die Möglichkeit zur Nutzung von Synergien (s. Kapitel 10.2.3).

---

[103] ISO 17021:2015-1, Konformitätsbewertung – Anforderungen an Stellen, die Managementsysteme auditieren und zertifizieren – Teil 1: Anforderungen, 2015.

9.3 Datenschutzzertifizierung

Eine Zertifizierung nach ISO 17021 folgt in ihrem Ablauf einem Drei-Jahres-Zyklus.[104] Bei einer Erstzertifizierung bzw. einer Re-Zertifizierung nach drei Jahren sind als erster Schritt die Dokumentenprüfung und die Feststellung der Erfolgsaussichten eines Vor-Ort-Audits vorzunehmen (Stage-1-Audit) und als zweiter Schritt eine detaillierte Vor-Ort-Prüfung und nach einer *erfolgreichen* Überprüfung die Erteilung des Zertifikats (Stage-2-Audit) durchzuführen. In den beiden Jahren dazwischen wird jedes Jahr ein Überwachungsaudit durchgeführt, das vom Umfang her geringer ist und primär die Umsetzung der Verbesserungsmaßnahmen betrifft.

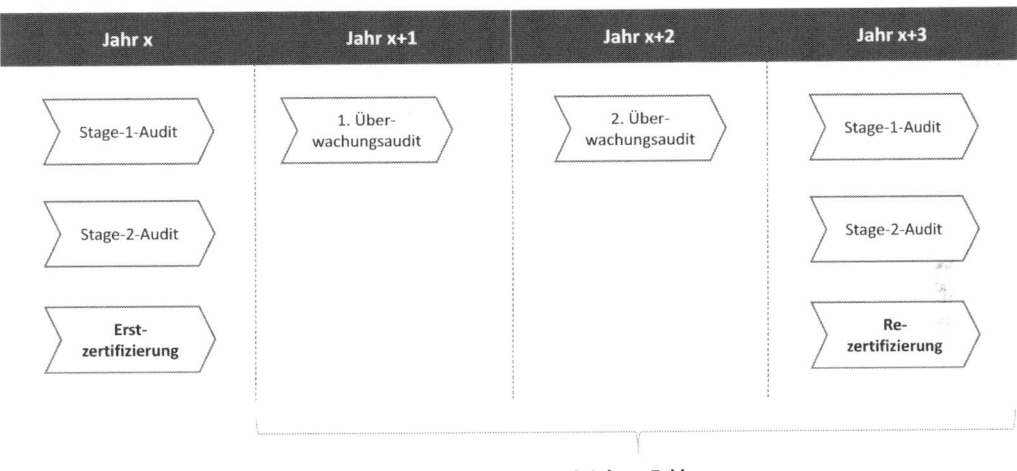

Abbildung 63: Ablauf eines 3rd-Party-Audits nach ISO 17021

---

104 Vgl. Gietl/Lobinger, Leitfaden für Qualitätsauditoren, Kap. 10.

10 Datenschutz-Managementsystem

Ein Datenschutz-Managementsystem (DSMS) wird einem Verantwortlichen durch die DS-GVO nicht vorgeschrieben. Gleichwohl empfiehlt dieses Kapitel, sich mit der Möglichkeit eines Datenschutz-Managementsystems als gute betriebliche Praxis zur Darlegung der Rechenschaftspflicht auseinanderzusetzen. Die nachfolgende Darstellung kann dabei nur als Anregung dienen. Jedes Unternehmen muss für sich selbst bestimmen, wie es Rechenschaftspflicht im Sinne eines „Plan-Do-Check-Act" angesichts der unternehmensspezifischen Besonderheiten am besten umsetzen kann. Eine „one-size-fits-all"-Lösung gibt es nicht.

10.1 Umsetzung der Rechenschaftspflicht

In der DS-GVO wurde – wie bereits 2010 durch die Art. 29-Gruppe gefordert[105] – der Grundsatz der Rechenschaftspflicht rechtlich verankert (Art. 5 Abs. 2). Dadurch werden die für die Verarbeitung Verantwortlichen ausdrücklich verpflichtet, **angemessene und wirksame Maßnahmen** zu ergreifen („*verantwortungsvolles Datenschutzmanagement*"), um die Grundsätze und Verpflichtungen der Verordnung umzusetzen und um dies **auf Verlangen nachzuweisen**.[106]

Bei der Frage, „ob" der Verantwortliche Maßnahmen zu ergreifen hat, gibt es keine Wahlmöglichkeiten. Fraglich ist allerdings, wie das „wie" ausgestaltet sein kann. Die Vorschriften der DS-GVO liefern hierfür keine konkreten Vorgaben, sondern bieten *Flexibilität und Anpassbarkeit*, was auch sinnvoll ist, um zu maßgeschneiderten Lösungen zu kommen. Eine Einheitslösung würde die für die Verarbeitung Verantwortlichen nur in unpassende und letztendlich zum Scheitern verurteilte Strukturen zwängen. Maßgeblich ist daher auch hier, dass die jeweiligen Maßnahmen unter Berücksichtigung der Gegebenheiten und Umstände des Verantwortlichen unter besonderer Berücksichtigung der mit der Verarbeitung verbundenen Risiken und der Art der Daten bestimmt werden.[107] Das Management von Datenschutzrisiken ist für *„den Bäcker um die Ecke"* eine andere Aufgabe als für einen Betreiber datenreicher Services. Ebenso sind die Gegebenheiten bei einem Kleinstunternehmen anders als bei einem Mittelständler oder einem Großunternehmen, das bereits über gewisse Governance-Strukturen verfügt. Dementsprechend geht die Art. 29-Gruppe davon aus, dass allgemeine Anleitungen (*guidelines*), die von dem für die Verarbeitung Verantwortlichen in der Regel benötigten grundlegenden Elemente enthält und sich im Einzelfall an dessen spezifische Erfordernisse anpassen lässt, die allein geeigneten Instrumente sind.[108]

---

105 Art. 29-Gruppe, Stellungnahme 3/2010 zum Grundsatz der Rechenschaftspflicht, WP 173, 2010.
106 U.a. durch Einführung und Überwachung von Kontrollverfahren, die gewährleisten, dass *„die Maßnahmen nicht nur auf dem Papier bestehen, sondern in der Praxis angewandt werden und funktionieren (interne oder externe Audits usw.)"*.
107 In Anlehnung an Art. 17 RL 95/46/EG.
108 Art. 29-Gruppe, WP 235 und 236, 2016; Erstellung von Guidelines zu den Themen Datenportabilität (WP 242, Guidelines on the right to data portability, 2016), Datenschutzbeauftragter (WP 243, Guidelines on Data Protection Officers, 2016), Datenschutz-Folgenabschätzung und Zertifizierung; s.a. FabLab Workshop 26.6.2016.

10.1 Umsetzung der Rechenschaftspflicht

Nach Auffassung der Art. 29-Gruppe wird der Grundsatz der Rechenschaftspflicht „... *in der Praxis zu anpassbaren Programmen führen, die der Umsetzung der bestehenden Datenschutzgrundsätze dienen (bisweilen auch als Compliance-Programme bezeichnet)*". Daher hält sie es für sinnvoll – analog den BCR-Arbeitspapieren –, ein **Musterprogramm für Datenschutz-Compliance** zu erarbeiten, das mittlere und große Unternehmen als Grundlage für ihre jeweiligen Programme verwenden könnten. Diese Muster sollten nach sorgfältiger Überprüfung der gängigen Praxis, der derzeit verfügbaren Muster sowie nach Konsultation mit allen einschlägigen Beteiligten erarbeitet werden. Aus Sicht der Art. 29-Gruppe ist dies ein Bereich, dem sich alle Beteiligten ernsthaft zuwenden sollten, um zu verallgemeinerungsfähigen Lösungen zu kommen.

Der Vollständigkeit halber sei erwähnt, dass die OECD den Grundsatz der Rechenschaftspflicht bereits 1980 in ihren *Guidelines*[109] fixiert hat. In der Aktualisierung aus dem Jahr 2013 wird nunmehr zur Umsetzung der Rechenschaftspflicht (*implementing accountability*) ein „Privacy Management Programm" bzw. Datenschutz-Managementsystem (DSMS) gefordert.[110]

Auch der Berufsverband der Datenschutzbeauftragten Deutschlands (BvD) hält ein Managementsystem für den Bereich Datenschutz für unabdingbar, *um die Compliance-Anforderungen und insbesondere auch die daraus erwachsenden Nachweispflichten erfüllen zu können und ein betriebliches Organisationsverschulden des Verantwortlichen zu vermeiden*.[111] Daher wird im Folgenden dargestellt, wie Managementsysteme verantwortungsvoller Unternehmensführung (*Corporate Governance*) dienen können. Die nachfolgende Übersicht stellt noch einmal die grundsätzliche Anforderung der DS-GVO an das Management von Datenschutzrisiken dar.

Anforderungen		Pflichten
– Datenschutzgrundsätze – Rechte der Betroffenen – Datenschutzkonforme Verarbeitung – Datenschutzkonforme Technik (*Privacy by Design, Privacy by Default*) – Datenschutzkonforme Auftragsverarbeitung – Verfahrensverzeichnis – Datenschutzkonformes Schutzniveau der Verarbeitung – Meldung von Schutzverletzungen (*Data Breach Notification*) – Datenschutz-Folgabschätzung (*Data Protection Impact Assessment*) – Datenschutzbeauftragter – Internationaler Datentransfer	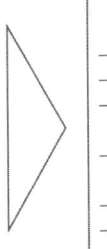	– Dokumentationspflichten – Meldepflichten – Informations- und Auskunftspflichten – Rechenschaftspflichten (*Accountability*) – Nachweispflicht – Geeignete technische und organisatorische Maßnahmen (TOM)

 Umfangreiche Anforderungen und Pflichten der DS-GVO erfordern eine vollumfängliche Strategie, einen strukturierten Ansatz und ein Managementsystem

Abbildung 64: Umsetzung der Rechenschaftspflicht

---

109 OECD, Guidelines on the Protection of Privacy and Transborder Flows of Personal Data, 1980.
110 OECD, Privacy Framework, 2013.
111 BvD, Das berufliche Leitbild des Datenschutzbeauftragten, 3. Ausgabe 2016, S. 7.

10 Datenschutz-Managementsystem

Dabei gibt es bereits Ansätze zur Gestaltung eines DSMS bzw. Datenschutz-Managementprogramms (*Privacy Management Program*) u.a. bei den Datenschutzbehörden von Kanada und Hongkong. Die folgende Abbildung stellt den Aufbau und die Elemente eines Datenschutz-Managementprogramms dar:[112]

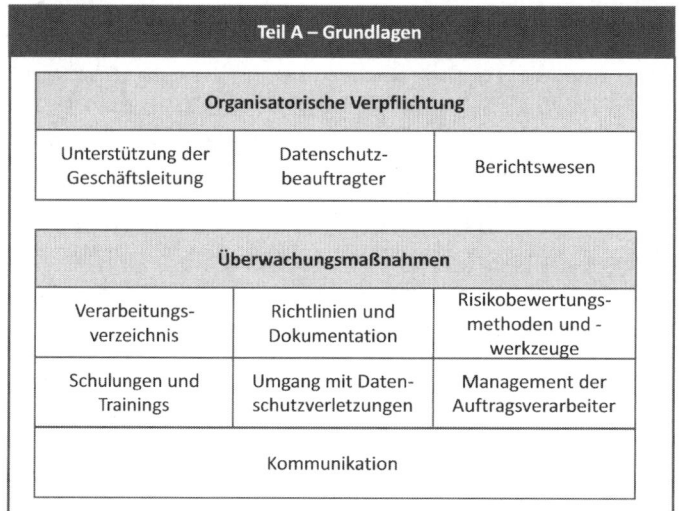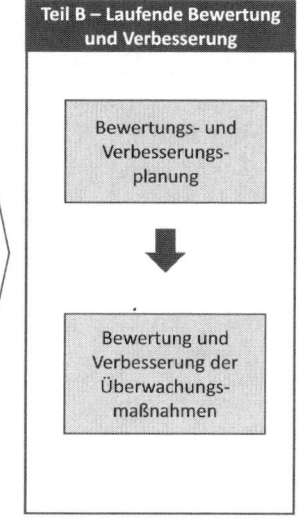

Abbildung 65: Datenschutz-Managementprogramm in Anlehnung das OPC

Ausgangspunkt für jede Entwicklung eines Datenschutz-Managementsystems sollten die bereits in (internationalen Standards) vorhandenen Ansätze für Managementsysteme sein. Zum einen geht es darum, das Rad nicht neu zu erfinden, und zum anderen ist ein Blick auf diese Ansätze wichtig, um von Synergien zu profitieren, die sich daraus ergeben können, dass bereits Managementansätze existieren, die nun noch auf den Datenschutz auszuweiten bzw. anzupassen sind.

10.2 Corporate Governance und Managementsysteme

Bisher werden Managementsysteme vor allem im Zusammenhang mit der *guten* Unternehmensführung im Sinne einer Corporate Governance eingesetzt. Wie dargestellt wird, gilt in Zukunft für den Datenschutz nichts Anderes.

10.2.1 Corporate Governance

Unter dem Begriff **Governance** wird allgemein das Steuerungs- und Regelungssystem im Sinne von Strukturen (Aufbau- und Ablauforganisation) einer Einheit bzw. Organisation verstanden. Dabei ist Governance von den folgenden vier Prinzipien geprägt:

– Rechenschaftspflicht (*accountability*),

---

[112] Office of the Privacy Commissioner of Canada (OPC), Getting Accountability Right with a Privacy Management Program, Canada, 2012; Office of the Privacy Commissioner for Personal Data of Hong-Kong, *Privacy Management Programme: A Best Practice Guide*, Hong-Kong, 2014.

10.2 Corporate Governance und Managementsysteme

- Verantwortlichkeit (*responsibility*),
- Offenheit und Transparenz von Strukturen und Prozessen (*transparency*) und
- Anständigkeit *(fairness).*

Unter **Corporate Governance** versteht man die „verantwortungsvolle Unternehmensführung und -kontrolle". Sie bezeichnet den Ordnungsrahmen für die Leitung und Überwachung von Unternehmen, der maßgeblich durch Gesetzgeber und Unternehmenseigentümer (*stakeholder*) bestimmt wird. Das unternehmensspezifische Corporate-Governance-System besteht aus der Gesamtheit relevanter Gesetze, Richtlinien, Kodizes, Absichtserklärungen, dem Unternehmensleitbild und den Gewohnheiten der Unternehmensleitung und -überwachung.[113] Die Umsetzung der Governance wird durch interne Kontrollsysteme unterstützt.

Mit einem **internen Kontrollsystem (IKS)** sollen Richtlinien eingehalten und Schäden vom Unternehmen abgehalten werden. Es besteht aus systematisch gestalteten technischen und organisatorischen Regeln des methodischen Steuerns und von Kontrollen im Unternehmen. Als Grundlage eines IKS können Kontrollsysteme wie z.B. das COSO- oder das COBIT-Modell dienen. Das COSO-Kontrollmodell ist ein von der COSO[114] definierter anerkannter Standard für interne Kontrollen von Geschäftsprozessen, die der Gestaltung, Dokumentation und Analyse eines internen Kontrollsystems (IKS) dienen. Das COBIT-Modell (*Control Objectives for Information and Technology*) ist ein anerkanntes Rahmenwerk für die IT-Governance.[115] COBIT ist in starker Anlehnung an die COSO-Kontrollmodelle erstellt worden, um die Integration der IT-Governance in die Corporate Governance zu gewährleisten, und kann so als Bindeglied zwischen dem unternehmensweiten Kontrollsystem (COSO) und den IT-spezifischen Modellen (z.B. ITIL und ISO 20000 für IT-Service-Management[116] oder die ISO 27000er Serie für Informationssicherheit) dienen.

Die **IT-Governance** ist ein wesentlicher Teil der Unternehmensführung und soll sicherstellen, dass die Informationstechnik die Unternehmensstrategie und -ziele unterstützt. Verantwortungsvolle Unternehmensführung sollte sich zukünftig auch in einem verantwortungsvollen Datenschutz-Management bzw. einer **Datenschutz-Governance** widerspiegeln.

10.2.2 Managementsysteme

Im Grundsatz bestehen **Managementsysteme** aus mehreren Elementen (z.B. Pflichten und Aufgaben), die aufeinander aufbauen, miteinander verbunden und aufeinander abgestimmt werden, um systematisch spezifische Ziele zu erreichen. In der Praxis wurden – aufgrund vielfältiger Anforderungen – unterschiedliche **themenspezifische Managementsysteme** entwickelt (u.a. für Informationssicherheit, Umweltschutz, Compliance und Qua-

---

113 Es gibt zahlreiche Regelungen zur Corporate Governance, z.B. COSO (USA), G20/OECD Grundsätze der Corporate Governance, Deutscher Corporate Governance Kodex, Grünbuch Europäischer Corporate-Governance-Rahmen.
114 Committee of Sponsoring Organizations of the Treadway Commission (USA).
115 COBIT wurde 1995 erstmals veröffentlicht als Kontrollmodell für IT-Management, in das die Grundgedanken des COSO-Modells eingeflossen sind. Aktuelle Version COBIT 5, April 2012.
116 ITIL (IT Infrastructure Library) beschreibt die Komponenten und Kernprozesse eines IT-Service-Managements entlang der Service-Lebenszyklen (Strategie, Entwicklung, Inbetriebnahme, Betrieb und kontinuierliche Verbesserung). Die ISO 20000:2011 ist ein ITIL-orientierter Standard für ein IT-Service-Management-System.

litätsmanagement). Durch die getrennte Entwicklung verschiedener Managementsysteme steigt allerdings die Gefahr, dass durch parallele Regelungen unklare Verantwortlichkeiten, umfangreiche Dokumentationen, Redundanzen, inkonsistente Lösungsansätze und erhebliche Informationsverluste verursacht werden. Die Ineffizienz und der deutlich höhere Mehraufwand von isolierten Teilmanagementsystemen gefährden den kontinuierlichen Verbesserungsprozess und letztendlich die Wirksamkeit und Effektivität des gesamten Managementsystems. Zwischen den themenspezifischen Managementsystemen bestehen aber zahlreiche Überschneidungen. Diese können zur Vernetzung der Teilsysteme und zum Aufbau eines integrierten Managementsystems genutzt werden.

Ein **integriertes Managementsystem (IMS)** verbindet einzelne Managementsysteme bzw. Teilmanagementsysteme zu einem einheitlichen Managementsystem, welches alle Aspekte und Aufgaben der einzelnen Managementsysteme vollumfänglich beinhaltet. Ein integriertes Managementsystem fasst somit die einzelnen Methoden und Instrumente zur Einhaltung der Anforderungen verschiedener Bereiche in einer einheitlichen Struktur zusammen, die wiederum der Leitung und Überwachung des Unternehmens (*Corporate Governance*) dient.

10.2.3 Managementsystemstandard

Um integrierte Managementsysteme leichter aufbauen bzw. implementieren zu können, hat die ISO damit begonnen, eine einheitliche Struktur (Annex SL, sog. *high level structure*)[117] für alle neuen und überarbeiteten Managementsysteme zu übernehmen. Die einheitliche Struktur findet sich u.a. bereits in den folgenden Standards wieder:

- ISO 27001:2013   Informationssicherheits-Managementsystem (ISMS)
- ISO 19600:2014   Compliance-Management-System (CMS)
- ISO 9001:2015   Qualitätsmanagementsystem (QMS)
- ISO 14001:2015   Umweltmanagementsystem (UMS)

Die Elemente eines ISO-Managementsystems beziehen sich auf folgende Bereiche:

- den Kontext der Organisation,
- die Aufbauorganisation (Führung),
- die Ablauforganisation (PDCA-Zyklus) sowie
- die unterstützenden Elemente (Unterstützung).

In der folgenden Abbildung sind die einzelnen Elemente der Bereiche der ISO-High-Level-Struktur dargestellt.

---

117 ISO, ISO/IEC Directives, Part 1 Consolidated ISO Supplement – Procedures specific to ISO, 7. Aufl., S. 116 ff., 2016.

10.3 Datenschutzstandards

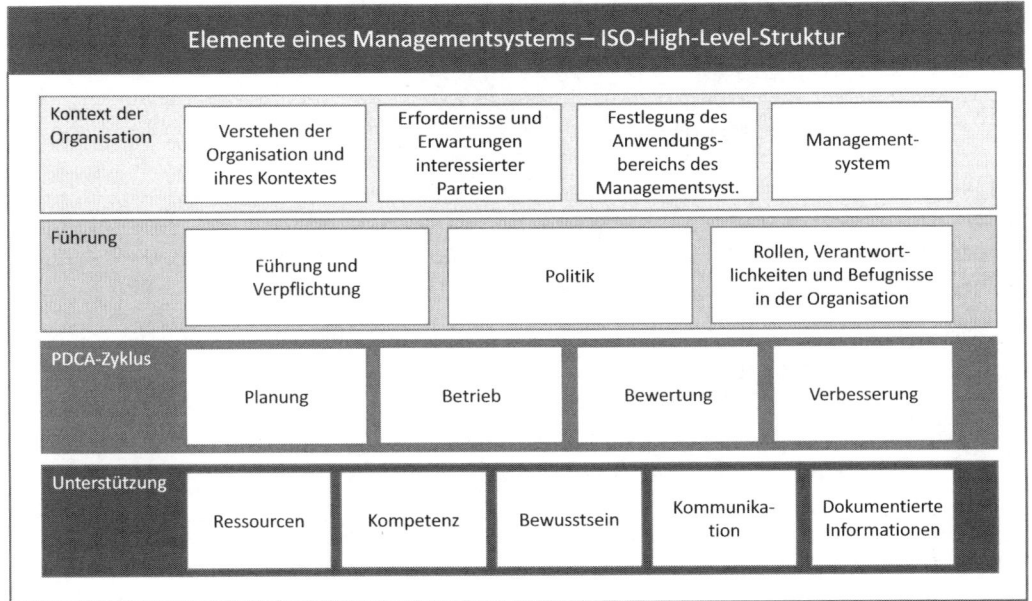

Abbildung 66: Elemente der ISO-High-Level-Struktur für Managementsysteme

An dieser Struktur sollte sich ein integriertes Datenschutz-Managementsystem ausrichten und, wenn möglich, auch an der inhaltlichen Ausgestaltung.

10.3 Datenschutzstandards

Wie bereits dargelegt, ist ein Datenschutz-Managementsystem in der DS-GVO nicht vorgeschrieben.[118] Dem Verantwortlichen können aber Best Practices oder Normen bzw. Standards Ansätze für die Gestaltung eines Datenschutz-Managementsystems geben. **Best Practices** bezeichnet bewährte, optimale bzw. vorbildliche Methoden, Praktiken oder Vorgehensweisen im Unternehmen.[119] Eine **Norm** oder auch ein **Standard**[120] bestimmt für eine allgemeine und wiederkehrende Anwendung durch Normung *Regeln, Leitlinien oder Merkmale* für Tätigkeiten oder deren Ergebnisse. Die ISO 27001 ist z.B. eine Verfahrensnorm für ein Informations-Managementsystem (ISMS). **Normung** bezeichnet die Formulierung, Herausgabe und Anwendung von Regeln, Leitlinien oder Merkmalen durch eine anerkannte Organisation und deren Normengremien. Die **internationale Normung** wird im Wesentlichen durch die „Internationale Organisation für Normung" (ISO) und die „Internationale elektrotechnische Kommission" (IEC) durchgeführt. Die gesamten Norminte-

---

118 Derzeit existiert nur ein zertifizierungsfähiger britischer Standard für ein Datenschutz-Managementsystem: der BS 10012:2009. The British Standards Institution (BSI), Data protection – Specification for a personal information management system, 2009.
119 Ansätze für Datenschutz-Managementsysteme vgl. u.a. Loomans, Nymity.
120 Vgl. auch Definition von The British Standards Institution (BSI): „*Ein Standard ist ein öffentlich zugängliches technisches Dokument, das unter Beteiligung aller interessierter Parteien entwickelt wird und deren Zustimmung findet. Der Standard beruht auf Ergebnissen aus Wissenschaft und Technik und zielt darauf ab, das Gemeinwohl zu fördern.*"

10 Datenschutz-Managementsystem

ressen Deutschlands vertritt bei der ISO das DIN („Deutsches Institut für Normung e. V.") als einziges deutsches Mitglied.

10.3.1 ISO-Datenschutzstandards

Um die Normierung von Datenschutzstandards kümmert sich bei der ISO in Kooperation mit der IEC die *Workgroup* 5 von JTC 1/SC 27.[121] Neben dem Datenschutz (*privacy*) umfasst die Arbeit der WG 5 das Identitätsmanagement (*identity management*) und die Biometrie (*biometrics*).

Die Workgroup 5 (WG 5) ist im Bereich Informationssicherheit angesiedelt, der folgende fünf Workgroups umfasst:

- *WG 1: ISMS*
- *WG 2: Cryptography & Security Mechanisms*
- *WG 3: Security Evaluation*
- *WG 4: Security Controls & Services*
- *WG 5: Identity Management & Privacy Technologies*

Die Zuständigkeiten der einzelnen Workgroups in Bezug auf Produkte, Systeme, Prozesse und Umfeld einerseits und Techniken, Richtlinien und Beurteilung andererseits ist in der folgenden Abbildung dargestellt:

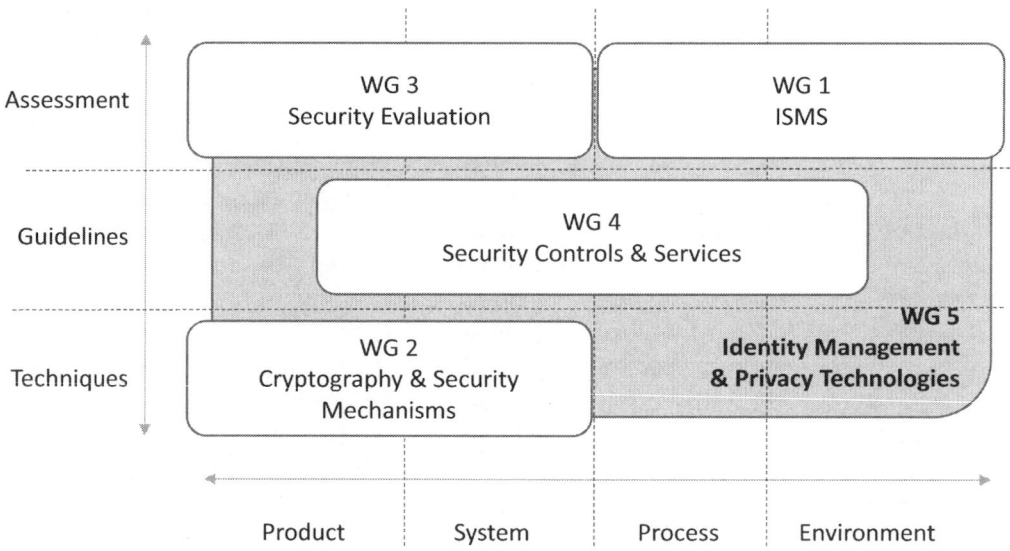

Abbildung 67: Workgroups ISO/IEC JTC1 SC 27

---

[121] Die Workgroup (WG) 5 des Subcommittee (SC) 27 „Information Security" ist Teil des Bereichs „Information Technology", die in Kooperation mit der International Electronical Commission (IEC) als Technical Committe (TC) JTC1 Standards entwickelt und betreut, daher ISO/IEC JTC1 SC 27 WG 5; bei der DIN betreut durch *DIN NIA-01-27 IT-Sicherheitsverfahren*.

Hieraus wird deutlich, dass Datenschutzthemen sich mit den anderen Bereichen der Informationssicherheit teilweise überschneiden oder zumindest einen Bezug zu diesen haben. Von entscheidender Bedeutung ist die klare Unterscheidung und Abgrenzung der Aspekte des Datenschutzes von denen der Sicherheit, die sich wie ein roter Faden durch die Entwicklung und Anwendung der Standards ziehen müssen:

- Informationssicherheit hat den Schutz der eigenen Interessen und Werte (*assets*) der Organisation zum Ziel, wohingegen
- Datenschutz der Wahrung der Interessen und Rechte Dritter (der betroffenen natürlichen Personen) dient.

In der folgenden Tabelle hat die ISO die unterschiedlichen Ansätze und Zielsetzungen zusammengefasst.[122]

Abgrenzung	Informationssicherheit	Datenschutz
Ziel	Schutz der Organisation	Schutz der Betroffenen
Umfang / Gegenstand	Alle Informationen, einschl. personenbezogener Daten	Personenbezogene Daten
	Geschäftsprozesse	Datenverarbeitung
Berücksichtigung von Folgen für:	Unternehmensrisiken, einschl. Compliance- und finanziellen Risiken	Datenschutzrisiken und Folgen für Betroffene

Tabelle 23: Informationssicherheit vs. Datenschutz

10.3.2 ISO-Datenschutzprojekte

Die Arbeit der JTC1/SC27 WG 5 hat sich für den Datenschutz folgenden Rahmen gesteckt, um Standards zu entwickeln und sich um deren Anwendung zu kümmern:

- Datenschutzbezugssystem bzw. -rahmen *(A privacy framework)*
- Datenschutzreferenzarchitektur *(A privacy reference architecture)*
- Datenschutzinfrastruktur *(Privacy infrastructures)*
- Datenschutz-Folgenabschätzung *(Privacy impact assessments)*
- Datenschutzfreundliche Technologien *(Specific Privacy Enhancing Technologies – PETs)*
- Technischer Datenschutz *(Privacy engineering)*

Die folgende Tabelle stellt den aktuellen Stand der ISO im Bereich Datenschutz dar, unterteilt nach bereits veröffentlichten Normen, im Normierungsverfahren befindliche Standards und aktuellen Ideen und Ansätzen.[123]

---
[122] *Youm, Heueng Youl*: Privacy and Standards, Barun ICT Research Conference 2015.
[123] SC27 Corporate Presentation, Stand Juni 2016.
http://www.din.de/blob/90496/04f1128183adf6202930b1de3fb52a01/sc27-corporate-presentation-data.pdf.

10 Datenschutz-Managementsystem

Status	Bezeichnung
Veröffentlicht	- ISO 29100:2011, Privacy framework - ISO 29191:2012, Req. for partially anonymous, partially unlinkable authent. - **ISO 27002:2013, Code of practice for info. sec. management** - ISO 29101:2013, Privacy architecture framework - ISO 27018:2014, Code of practice for PII protection in public clouds acting as PII processors - ISO 29190:2015, Privacy capability maturity model
In Arbeit	- ISO 29134, Privacy impact assessment – methodology, FDIS - **ISO 29151, Code of practice for personally identifiable information protection, FDIS** - ISO 20889, Privacy enhancing data de-identification techniques, CD - ISO 29184, Guidelines for online privacy notice and consent, AWI - **ISO 27552 Enhancement to ISO/IEC 27001 for privacy management, AWI** - ISO 27550, Privacy engineering framework, AWI
In Planung (*New Work Item Proposals or under study*)	- PII protection considerations for smartphone App providers, Study - Privacy in smart cities, Study - Guidelines for privacy in Internet of Things (IoT), Study

Tabelle 24: ISO- Datenschutz-Standards und -Projekte

Die zunehmende Bedeutung des Datenschutzes spiegelt sich auch in der Entwicklung der Arbeit der ISO wider. Der erste Datenschutzstandard wurde erst 2011 veröffentlicht, Ende 2016 sind sechs weitere Standards in Bearbeitung und einige in Vorbereitung. Die Arbeiten der ISO lassen sich thematisch den Bereichen Framework, Management, Technology und Support zuordnen.[124]

---

[124] Übersicht aller Projekte: SC 27 Standing Document 7 (SD7), Stand: 26.10.2016; aus Gründen der Übersichtlichkeit werden die Standards anstelle von ISO/IEC nur mit ISO aufgeführt.

10.3 Datenschutzstandards

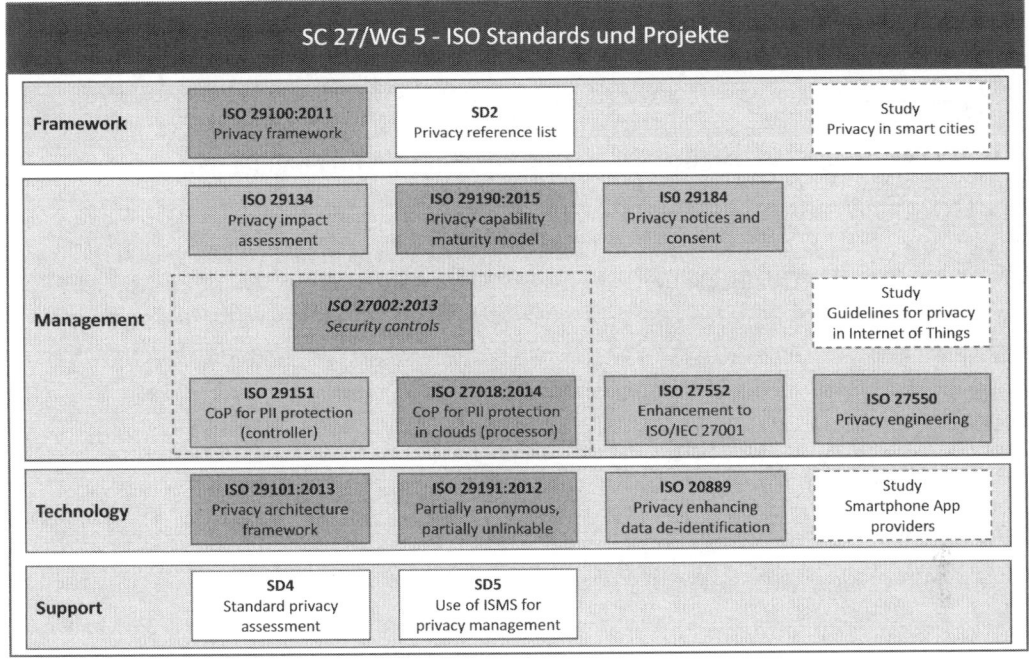

Abbildung 68: SC 27/WG 5 Standards und Projekte

Auf zwei Projekte der ISO soll im Folgenden näher eingegangen werden, da sie die Grundlage für ein zukünftiges Datenschutz-Managementsystem liefern können:

- ISO 29151, Leitfaden für den Schutz personenbezogener Daten (*Code of Practice for personally identifiable information protection*)[125] und

- ISO 27552, Erweiterung für ISO/IEC 27001 für das Datenschutzmanagement (*Enhancement to ISO/IEC 27001 for privacy management*).

10.3.3 ISO-Leitfaden für den Schutz personenbezogener Daten

Die ISO entwickelt aktuell einen Standard speziell für Verantwortliche, die **ISO 29151** (*Code of Practice for personally identifiable information protection*)[126], um die im Rahmen einer Risikobeurteilung identifizierten Datenschutzrisiken angemessen zu adressieren. Der Standard beinhaltet datenschutzspezifische Ziele, Maßnahmen und Empfehlungen zur Umsetzung für Verantwortliche.

Die Entwicklung der Norm besteht im Wesentlichen aus zwei Schritten:

- Schritt 1: Auf Grundlage der Informationssicherheits-Maßnahmen (*Security controls*) der ISO 27002 erfolgt eine Ergänzung um datenschutzspezifische Umsetzungsempfehlungen (*implementation guidelines*) und

---

125 Diverse Abstimmungen mit der Art. 29-Gruppe in 2014 und 2015; Status: Approval Stage, Veröffentlichung voraussichtlich April 2018.
126 ISO/IEC 29151 FDIS, Information technology – Security techniques – code of practice for personally identifiable information protection, 2016.

10 Datenschutz-Managementsystem

- Schritt 2: Basierend auf den Datenschutzgrundsätzen (*privacy principles*) der ISO 29100 erfolgt eine Erweiterung um datenschutzspezifische Maßnahmen (*PII specific controls*).

Im Einzelnen:

Schritt 1: Ergänzung um datenschutzspezifische Umsetzungsempfehlungen

Die **ISO 27002 Informationssicherheits-Maßnahmen** beinhaltet Empfehlungen für Kontrollmechanismen für die Informationssicherheit (einschließlich Auswahl, Umsetzung und Betrieb). Die ISO 27002:2013 umfasst mittlerweile 14 Überwachungsbereiche, die sich in Hauptkategorien – die Kontrollziele – aufgliedern. Diesen wiederum sind einzelne Sicherheitsmaßnahmen zugeordnet.[127] Dabei handelt es sich um folgende Überwachungsbereiche:

- Informationssicherheitsrichtlinie *(Information security policies)*
- Organisation der Informationssicherheit *(Organization of information security)*
- Personalsicherheit *(Human resource security)*
- Verwaltung der Werte *(Asset management)*
- Zugangssteuerung *(Access control)*
- Kryptographie *(Cryptography)*
- Physische und umgebungsbezogene Sicherheit *(Physical and environmental security)*
- Betriebssicherheit *(Operations security)*
- Kommunikationssicherheit *(Communications security)*
- Anschaffung, Entwicklung und Instandhaltung von Systemen *(System acquisition, development and maintenance)*
- Lieferantenbeziehungen *(Supplier relationships)*
- Handhabung von Informationssicherheitsvorfällen *(Information security incident management)*
- Informationssicherheitsaspekte beim Business Continuity Management *(Information security aspects of business continuity management)*
- Compliance

Unabdingbar für die Erweiterung um datenschutzspezifische Aspekte ist – wie bereits mehrfach erläutert – die eindeutige Unterscheidung der Zielsetzung und Perspektive von Informationssicherheit und Datenschutz.

Schritt 2: Erweiterung von datenschutzspezifischen Sicherheitsmaßnahmen

Die erste Norm im Bereich Datenschutz aus dem Jahr 2011 ist die **ISO 29100 Privacy Framework**, die einen Bezugsrahmen (*framework*) für eine allgemeine Datenschutztermino-

---

[127] Gegenüber der ISO 27002:2005 sind die beiden Überwachungsbereiche Kryptographie und Lieferantenbeziehungen neu aufgenommen worden.

logie darstellt. Sie definiert personenbezogene Daten und die verschiedenen Rollen bei der Datenverarbeitung (u.a. Betroffener, Dritter, Verantwortlicher, Auftragsverarbeiter), beschreibt Aspekte der Datensicherheit und nimmt Bezug auf bekannte Datenschutzgrundsätze für die IT. Sie umfasst elf Datenschutzgrundsätze (*privacy principle*):

- Einwilligung und Wahlmöglichkeit (*consent and choice*)
- Rechtmäßigkeit und Zweckbestimmung (*purpose legitimacy and specification*)
- Datenerhebungsbeschränkung (*collection limitation*)
- Datenminimierung (*data minimization*)
- Verwendungs-, Zurückbehaltungs- und Offenlegungsbeschränkung (*use, retention and disclosure limitation*)
- Datengenauigkeit und -qualität (*accuracy and quality*)
- Offenheit, Transparenz und Mitteilung (*openness, transparency and notice*)
- Beteiligung und Zugriff durch Betroffene (*individual participation and access*)
- Rechenschaftspflicht (*accountability*)
- Informationssicherheit (*information security*)
- Datenschutz-Compliance (*privacy compliance*)

Diese Datenschutzgrundsätze bilden den Ausgangspunkt für die Definition zusätzlicher und datenschutzspezifischer Sicherheitsmaßnahmen.

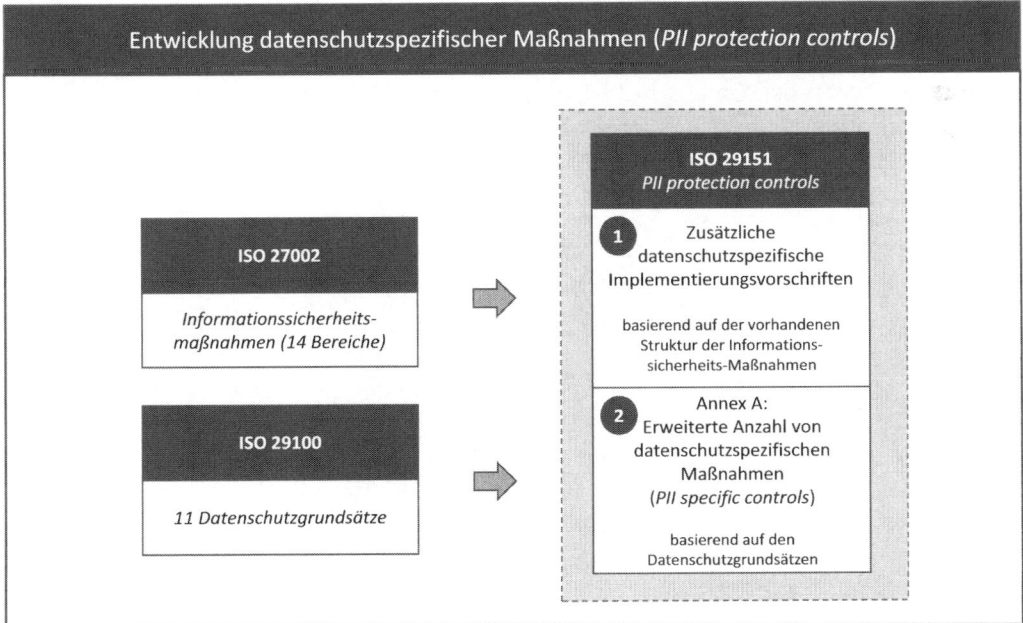

Abbildung 69: Entwicklung der ISO 29151

10 Datenschutz-Managementsystem

Neu hierbei ist die Fokussierung auf die Sicht der Betroffenen und die explizite Berücksichtigung von Datenschutzaspekten. Damit ist der Datenschutz nicht mehr weiter ein Anhängsel der Informationssicherheit. Die ISO geht aber wohl noch einen Schritt weiter, indem sie den Datenschutz zwar weiterhin in der Nähe der Informationssicherheit ansiedelt, diesem aber zunehmend mehr Eigenständigkeit einräumt.

10.3.4 Entwicklung eines ISO-Datenschutz-Managementsystems

Datenschutz-Managementsysteme (DSMS) werden schon seit längerem diskutiert. Dabei drehte sich die Diskussion vor allem um die zentrale Frage, ob ein eigenständiges Datenschutz-Managementsystem notwendig ist oder das vorhandene Informationssicherheits-Managementsystem (ISMS) genutzt werden kann.[128]

Mit der Entwicklung einer eigenen ISO für Datenschutzmaßnahmen (*PII protection controls*), der ISO 29151, entsteht ein wichtiger Baustein für den Aufbau eines integrierten Datenschutz-Managementsystems. Ausgangspunkt sind ein ISMS nach ISO 27001 und die Informationssicherheits-Maßnahmen (*Security controls*) nach ISO 27002. Diese lassen sich durch Berücksichtigung von datenschutzspezifischer Anforderungen durch die ISO 29151 ergänzen. Die ISO hat 2016 als einen weiteren wichtigen Schritt ein neues Projekt initiiert: Die Erweiterung eines ISMS nach ISO 27001 für das Datenschutzmanagement (**Enhancement to ISO/IEC 27001 for privacy management – requirements**), ISO 27552.

In Anlehnung an die einheitliche Struktur für Managementsysteme (*ISO high level structure*), Nutzung von Gemeinsamkeiten und Berücksichtigung von unterschiedlichen Zielsetzungen und Anforderungen von Informationssicherheit und Datenschutz ließe sich ein integriertes DSMS konzipieren, implementieren und betreiben.

Die Entwicklung eines integrierten Datenschutz-Managementsystems bei der ISO wäre ein Quantensprung für den Datenschutz. Einerseits würden Gemeinsamkeiten genutzt, andererseits würde die Unterschiedlichkeit betont. Damit würde der Datenschutz aus dem Schatten der Informationssicherheit rücken.

---

[128] S. u.a. Quiring-Kock, Anforderungen an ein Datenschutz-Managementsystem, DuD 2012, S. 832 bis 836; Rost, Datenschutz-Managementsystem, DuD 2013, S. 295 bis 300.

10.4 Ansatz eines „Integrierten Datenschutz-Managementsystems"

Die folgende Abbildung stellt – in Anlehnung an Youm[129] – die beiden wichtigen Schritte auf dem Weg zu einem integrierten DSMS dar:

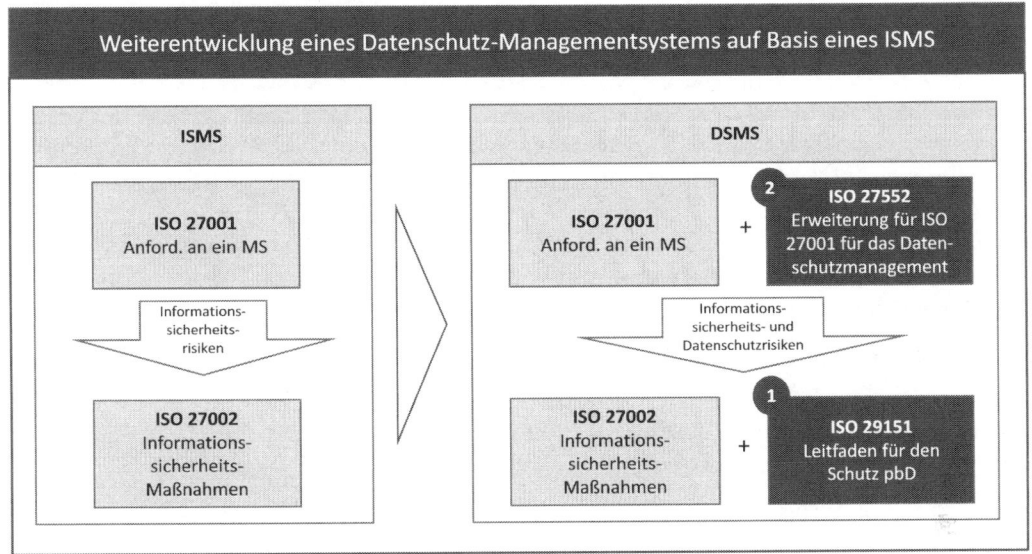

Abbildung 70: Mögliche Entwicklung eines integrierten DSMS

10.4 Ansatz eines „Integrierten Datenschutz-Managementsystems"

Als Vorgriff auf die dargestellten und zu erwartenden ISO-Entwicklungen (*ISO 29151, Leitfaden für den Schutz personenbezogener Daten* und ISO 27552, Erweiterung für ISO/IEC 27001 für das Datenschutzmanagement), in Anlehnung an die ISO-Managementsystemstruktur (*high level structure*) und die Anforderungen der DS-GVO an die Verantwortlichen soll nachfolgend der Versuch unternommen werden, zu skizzieren, wie ein derartiges Datenschutz-Managementsystem aussehen könnte.

10.4.1 Komponenten eines Datenschutz-Managementsystems

Der Ansatz für ein Datenschutz-Managementsystem sollte folgende Komponenten berücksichtigen:

- Aufbau gemäß der **ISO-„High-Level-Struktur" für Managementsysteme**, um ein integriertes Managementsystem zu ermöglichen;
- Datenschutz als wiederkehrenden Prozess durch Anwendung des **PDCA-Zyklus** implementieren;
- Aufbau einer **Datenschutz-Governance-Organisation**, um die Einhaltung der Datenschutzvorschriften und bewährten Verfahren nachzuweisen;

---

129 *Youm, Heueng Youl*: Privacy and Standards, Barun ICT Research Conference 2015.

10 Datenschutz-Managementsystem

- Selbstverpflichtung der Geschäftsführung zur Einhaltung der Vorschriften durch eine **Datenschutzleitlinie**;
- Etablierung eines unternehmensweiten **verantwortungsvollen Umgangs** mit dem Thema Datenschutz und Förderung vertrauensvoller Beziehungen zu Kunden, Mitarbeitern, Anteilseignern und Aufsichtsbehörden;
- Erweiterung eines ISMS nach ISO 27001 und der Informationssicherheits-Maßnahmen nach ISO 27002 durch **datenschutzspezifische technische und organisatorische Maßnahmen** (ISO 29151) und Spezifikation der Anforderungen aus Sicht der Betroffenen, um das Informationssicherheits-Managementsystem zum Datenschutzmanagement als integriertes Managementsystem verwenden zu können (Aber: Betonung des Schutzes der Interessen und Rechte der Betroffenen!);
- Unterstützung des risikobasierten Ansatzes durch ein integriertes **Risikomanagement** (u.a. Risikobeurteilung bei der Auswahl geeigneter technischer und organisatorischer Maßnahmen, Datenschutz durch Technikgestaltung und datenschutzfreundliche Voreinstellungen, Datenschutz-Folgenabschätzung);
- Regelmäßige **Bewertung und Überprüfung der Wirksamkeit** der technischen und organisatorischen Maßnahmen und des DSMS, u.a. durch Audits;
- **Kontinuierliche Anpassung und Verbesserung** des Datenschutzes im Unternehmen;
- **Nachweisbarkeit** durch dokumentierte Informationen über Sicherstellung der Datenschutzvorschriften;
- **Minimierung der Risiken einer Datenschutzverletzung** und von Datenschutz-Compliance-Risiken.

Diese Komponenten finden sich in dem folgenden Ansatz für ein integriertes Datenschutz-Managementsystem wieder. Dabei werden die in den einzelnen Kapiteln dieses Buches vorgestellten Teile zu einem Ganzen zusammengefügt. Das Ganze – hier also das Datenschutz-Managementsystem – ist mehr als die Summe der Einzelteile.

10.4 Ansatz eines „Integrierten Datenschutz-Managementsystems"

Die Elemente eines Datenschutz-Managementsystems lassen sich wie folgt darstellen:

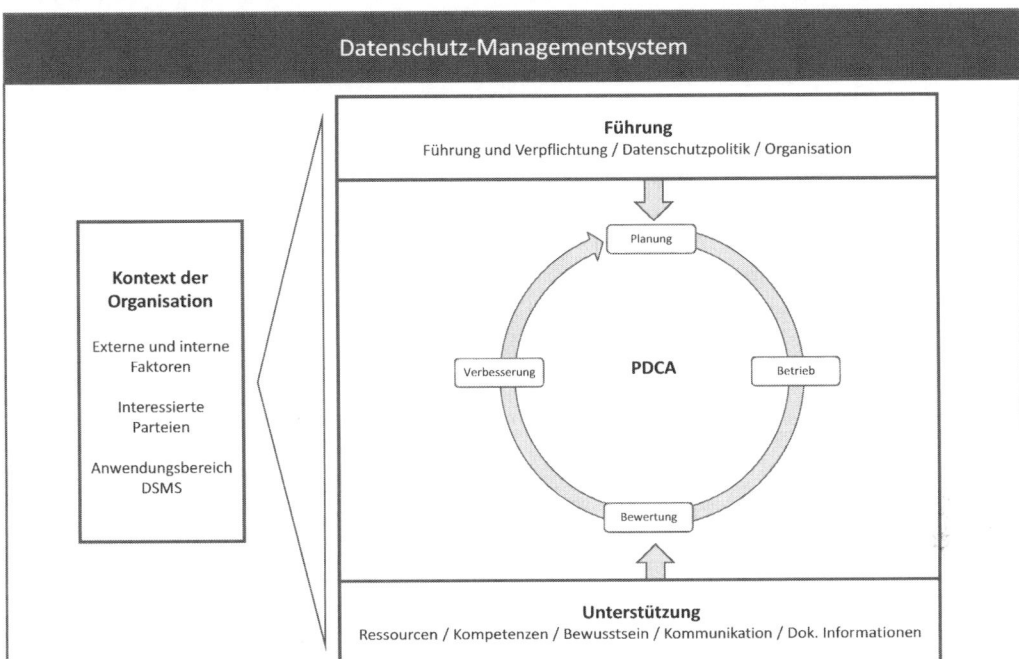

Abbildung 71: Übersicht Datenschutz-Managementsystem

10.4.2 Elemente eines Datenschutz-Managementsystems

Ein Datenschutz-Managementsystem ist eine systematische Koordination aller Elemente, die für die Sicherstellung der Datenschutzvorschriften erforderlich sind. Die einzelnen Elemente, unter Berücksichtigung der DS-GVO für einen Verantwortlichen, sind in der folgenden Tabelle, deren Aufbau sich an der o.g. Managementsystemstruktur von ISO-Normen orientiert, – ohne Anspruch auf Vollständigkeit – skizziert und können nur eine Vorstellung vermitteln, was ein DSMS alles beinhaltet. Bei den einzelnen Elementen wird auf die entsprechenden Ausführungen in diesem Buch verwiesen.

Elemente	Beschreibung
Kontext der Organisation	
– Verstehen der Organisation und ihres Kontextes	– Bestimmung der externen und internen Faktoren, die für den Zweck und die Ergebnisse des DSMS relevant sind, z.B. – Anwendbare Gesetze (u.a. DS-GVO, TKG, TMG, BDSG-neu) – Interne Vorschriften – Vertragliche Vorschriften

10 Datenschutz-Managementsystem

Elemente	Beschreibung

– Verstehen der Bedürfnisse und Erwartungen der interessierten Parteien	– Bestimmung der interessierten Parteien (= mehr als nur die Betroffenen), u.a.
	  – Mitarbeiter
	  – Kunden
	  – Betroffene
	  – Anteilseigner
	  – Auftraggeber
	  – Aufsichtsbehörden
	– Bestimmung der Bedürfnisse und Erwartungen der einzelnen Parteien

– Bestimmung des Anwendungsbereichs des DSMS	– Bestimmung der Grenzen und der Anwendbarkeit des DSMS unter Berücksichtigung der externen und internen Faktoren sowie der Anforderungen der interessierten Parteien – Umfang sollte dokumentiert und verfügbar sein
– Datenschutz-Managementsystem	Die Organisation sollte ein DSMS entwickeln, implementieren, betreiben, bewerten und verbessern, einschl. aller notwendigen Verfahren und Prozesse.
Führung	
– Führung und Verpflichtung	Das Top-Management sollte Führungsqualitäten und die Unterstützung des DSMS u.a. durch folgende Maßnahmen beweisen: – Sicherstellen, dass eine Datenschutzleitlinie und DSMS Ziele etabliert sind und sich im Einklang mit der strategischen Ausrichtung der Organisation befinden – Sicherstellen, dass die Anforderungen des DSMS in die Geschäftsprozesse integriert sind – Sicherstellen, dass ausreichend Ressourcen für das DSMS verfügbar sind (Ressourcenplanung) – Kommunikation der Bedeutung eines wirksamen DSMS und der Compliance mit den DSMS-Anforderungen – Sicherstellen, dass das DSMS die beabsichtigten Ergebnisse erzielt – Unterstützung von Mitarbeitern, um zur Wirksamkeit des DSMS beizutragen → Datenschutzziele

10.4 Ansatz eines „Integrierten Datenschutz-Managementsystems"

Elemente	Beschreibung
– Datenschutzpolitik	Das Top-Management sollte eine Datenschutzleitlinie entwickeln, die – dem Zweck der Organisation angemessen ist, – den Rahmen für die Definition der Ziele des DSMS darstellt, – die Verpflichtung beinhaltet, die anwendbaren Vorschriften einzuhalten und auch – zur kontinuierlichen Verbesserung des DSMS verpflichtet. → Datenschutzleitlinie (dokumentiert, kommuniziert und verfügbar)
– Rollen, Verantwortlichkeiten und Befugnisse in der Organisation	Das Top-Management sollte sicherstellen, dass die Verantwortung und Befugnisse den relevanten Rollen zugewiesen und kommuniziert sind. → Datenschutz-Governance-Struktur → Datenschutzverantwortliche → Datenschutzbeauftragter
Planung	

– Maßnahmen zur Umgang mit Datenschutzrisiken	Planung von Maßnahmen zur Risikobehandlung und dazu, wie diese in die DSMS-Prozesse integriert und implementiert werden und deren Wirksamkeit beurteilt werden kann.
	– Datenverarbeitung
	  – Risikobeurteilung von Verarbeitungen (Art. 24 und 32)
	  – Festlegung von angemessenen technischen und organisatorischen Maßnahmen (in Anlehnung an ISO 27002, ISO 29151)
	  – Datenschutz by Design und by Default (Art. 25)
	  – Ggf. Datenschutz-Folgenabschätzung (Art. 35)
	– Sicherstellung von Betroffenenrechten
	– Handhabung von Datenschutzverletzungen

– Datenschutzziele und Planung zu deren Zielerreichung	Die Organisation sollte Datenschutzziele für alle relevanten Funktionen und Hierarchiestufen etablieren. Die Datenschutzziele sollten mit der Datenschutzleitlinie konsistent, d.h. insbesondere messbar, überwacht, kommuniziert und ggf. aktualisiert sein.

Elemente	Beschreibung
Unterstützung	
– Ressourcen	Planung und Bereitstellung der für das DSMS erforderlichen Ressourcen
– Kompetenz	Schulungen Training → Kapitel 8.3.1
– Bewusstsein	Sensibilisierung der Mitarbeiter, diese sollten Kenntnisse haben über – die Datenschutzleitlinie – den eigenen Beitrag zu einem wirksamen DSMS – Folgen von Non-Compliance mit dem DSMS → Kapitel 8
– Kommunikation	Interne Kommunikation u.a. Vermittlung der Datenschutzleitlinie Externe Kommunikation
– Dokumentierte Informationen	Verwaltung der dokumentierten Informationen, u.a. Planungen, Datenschutz-Folgenabschätzungen, Audits, Datenschutzverletzungen, Schulungen und Awareness-Maßnahmen, Ausübung von Betroffenenrechten, prozessbegleitende Überwachung und Managementbewertung. → Kapitel 7 (Datenschutzdokumentation)
Betrieb	
– Betriebliche Planung und Steuerung	– Verwaltung des Betriebs des DSMS – Ausführung des Prozesses „Datenverarbeitung" – Ausführung des Prozesses „Sicherstellung der Betroffenenrechte" – Ausführung des Prozesses „Handhabung von Datenschutzverletzungen"
– Datenschutzrisikobeurteilung	Laufende Beurteilung der Risiken neuer und existierender Verarbeitungen: – Risikoidentifikation – Risikoanalyse – Risikobewertung
– Datenschutzrisikobehandlung	Systematische Behandlung der Datenschutzrisikomaßnahmen: – Planung der Risikobehandlung – Umsetzung der Risikobehandlung – Nachverfolgung der Risikobehandlung

10.4 Ansatz eines „Integrierten Datenschutz-Managementsystems"

Elemente	Beschreibung
Bewertung der Leistung	
– Überwachung, Messung, Analyse und Bewertung	– Prozessbegleitende Überwachung der „Datenverarbeitung" – Prozessbegleitende Überwachung der „Sicherstellung der Betroffenenrechte" – Prozessbegleitende Überwachung des „Umgangs mit Datenschutzverletzungen"
– Internes Audit	– Regelmäßige Überprüfung der Datenschutz-Compliance des DSMS und der Datenverarbeitung mit den Datenschutzvorschriften – Regelmäßige Bewertung der Datenverarbeitung, insbesondere der Wirksamkeit der technischen und organisatorischen Maßnahmen – Durchführung von Audits des DSMS → Kapitel 9 (Datenschutzaudit)
– Managementbewertung	Regelmäßige und ad-hoc-Bewertung des DSMS durch das Management
Verbesserung	
– Nichtkonformität und Korrekturmaßnahmen	– Umsetzung von identifizierten Verbesserungen (Korrekturen und Vorbeugemaßnahmen) – Kommunikation der Verbesserungsmaßnahmen – Überprüfung der Wirksamkeit der umgesetzten Verbesserungsmaßnahmen
– Fortlaufende Verbesserung	Kontinuierliche Verbesserung der Angemessenheit und Wirksamkeit des DSMS

Tabelle 25: Elemente eines DSMS

Die genannten Punkte können nur als erste Orientierung dienen und sollten im Rahmen der Entwicklung eines Standards konkretisiert werden. Jedes Unternehmen muss aber bei einer Einführung eines Datenschutz-Managementsystems für sich selbst bestimmen, wie die unternehmensspezifischen Besonderheiten am besten berücksichtigt werden können. Eine „*one-size-fits-all*"-Lösung gibt es nicht.

10.4.3 Ausblick

Die hohe Verbreitung des Standards für Qualitätsmanagementsysteme, z.B. ISO 9001, ist u.a. auf die in den 90er Jahren festgeschriebene Beweislastumkehr bei der Produkthaftung zurückzuführen (§ 30 Produkthaftungsgesetz). Dadurch, dass nunmehr die Produzenten die Fehlerfreiheit ihrer Produkte beweisen müssen, ist ein lückenloser Nachweis des gesamten Produktionsprozesses, einschließlich aller Zulieferer, notwendig, was ein Qualitätsmanagementsystem bedingt.

Die Diskussion um Datenschutz-Managementsysteme ist nicht neu. Gleichwohl wurde dieses Thema bisher seitens der Unternehmen halbherzig angegangen, zumal sich auch kein Standard für ein Datenschutz-Managementsystem etabliert hat. Die Entwicklung und Verbreitung von DSMS wird sicherlich durch die Beweislastumkehr der Rechenschaftspflicht gemäß Art. 5 Abs. 2 eine neue Dynamik erleben und insbesondere für Unternehmen relevant sein, die Dienste im Rahmen einer Datenverarbeitung als Service Provider anbieten oder von deren Verarbeitungen hohe Datenschutzrisiken ausgehen können. Umso wichtiger ist es, dass Unternehmen ihre Prozesse im Griff haben (u.a. durch Management- und Kontrollsysteme, Prozessmanagement und Governance) und dies auch lückenlos nachweisen können.

Es wäre wünschenswert, wenn sich in naher Zukunft ein international anerkannter Standard für ein Datenschutz-Managementsystem etablieren würde und auch speziell für KMU Standards entwickelt werden (z.B. in Erweiterung des ISIS12[130]). Dies hätte den Vorteil, dass auf vorhandene Ansätze zurückgegriffen werden könnte, die Besonderheiten des Datenschutzes ausreichend berücksichtigt würden und sich der Datenschutz in ein unternehmensweites System einfügen ließe.

---

[130] ISIS12 wird vom Netzwerk Informationssicherheit im Mittelstand (NIM) des Bayerischen IT-Sicherheitscluster e.V. für mittelständische Unternehmen und Organisationen entwickelt. Es beschreibt ein Vorgehensmodell für die Einführung eines Informationssicherheits-Managementsystems und kann als Vorstufe zu einem ISMS nach ISO 27001 verwendet werden (https://www.it-sicherheit-bayern.de/produkte-dienstleistungen/isis12.html).

10.4 Ansatz eines „Integrierten Datenschutz-Managementsystems"

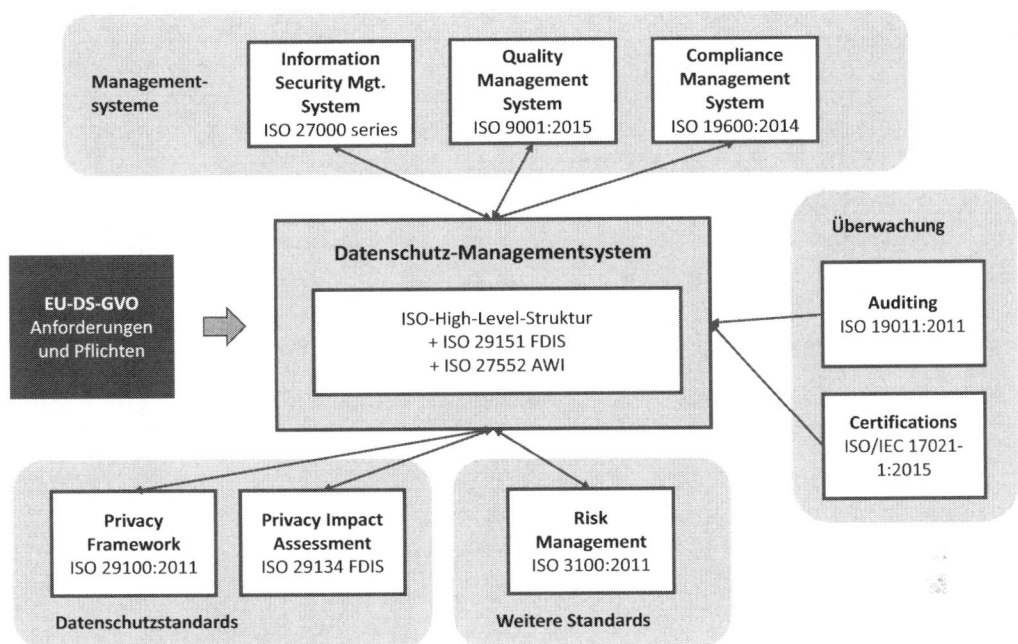

Abbildung 72: Integriertes Managementsystem

Teil III:

Überwachung der Datenschutz-Compliance

11 Rolle der Aufsichtsbehörde gegenüber den Unternehmen

11.1 Aufgaben der Aufsichtsbehörde

Die Aufsichtsbehörde hat gem. Art. 57 eine Vielzahl von Aufgaben, die sie gegenüber verschiedenen **Interessengruppen**, insbesondere gegenüber

- der Öffentlichkeit,
- betroffenen Personen,
- dem nationalen Parlament, der Regierung und anderen Einrichtungen und Gremien,
- anderen Aufsichtsbehörden sowie
- Verantwortlichen und Auftragsverarbeitern

wahrnehmen muss. Gegenüber Verantwortlichen – im Folgenden Unternehmen genannt – hat sie im Wesentlichen die **Hauptaufgaben,**

- die Anwendung der DS-GVO zu überwachen und durchzusetzen,
- Anfragen und Beschwerden von Betroffenen zu bearbeiten,
- Unternehmen bzgl. ihrer Datenschutzpflichten zu sensibilisieren und
- Untersuchungen über die Anwendung der DS-GVO durchzuführen.

Ferner legt sie u.a. Standardvertragsklauseln fest, erstellt eine Black- und White-List für die Notwendigkeit der Durchführung von Datenschutz-Folgenabschätzungen, fördert die Ausarbeitung von Verhaltensregeln, regt die Einführung von Datenschutz-Zertifizierungsmechanismen an, überprüft die Erteilung von Zertifizierungen, fasst Kriterien für die Akkreditierung von Zertifizierungsstellen ab, genehmigt Vertragsklauseln für den internationalen Datenverkehr sowie verbindliche interne Datenschutzvorschriften (BCR). Um das alles leisten zu können, verfolgt sie maßgebliche Entwicklungen, soweit sie sich auf den Schutz personenbezogener Daten auswirken, insbesondere die Entwicklung der Informations- und Kommunikationstechnologie und der Geschäftspraktiken.

11.2 Befugnisse der Aufsichtsbehörde

Für die Erfüllung der oben genannten Aufgaben, insbesondere Überwachung und Durchsetzung der Anwendung der Verordnung, stattet die Datenschutz-Grundverordnung die Aufsichtsbehörde mit umfangreichen und teilweise sehr mächtigen Befugnissen aus (Art. 58). Diese lassen sich in Untersuchungs-, Abhilfe-, Genehmigungs- und Beratungsbefugnisse einteilen. Zusätzlich oder anstelle solcher Maßnahmen kann sie gemäß Art. 83 Geldbußen verhängen.

11 Rolle der Aufsichtsbehörde gegenüber den Unternehmen

11.2.1 Untersuchungsbefugnisse

Im Rahmen der Untersuchungsbefugnisse (Art. 58 Abs. 1) kann die Aufsichtsbehörde für ihre Aufgabenerfüllung Zugang zu allen personenbezogenen Daten und Informationen sowie Zugang zu Geschäftsräumen, einschließlich aller Datenverarbeitungsanlagen und -geräte, verlangen. Sie ist zudem befugt, den Verantwortlichen anzuweisen, Verarbeitungsvorgänge in Einklang mit der Verordnung zu bringen oder zu beschränken. Dabei kann sie die Berichtigung oder Löschung anordnen oder die Unterrichtung von Datenempfängern oder die Benachrichtigung von Betroffenen verlangen.

Ein wesentlicher Bestandteil der Untersuchung sind Datenschutzprüfungen, unabhängig davon, ob sie anlassbezogen oder anlasslos durchgeführt werden. Eine Datenschutzprüfung soll die Aufsichtsbehörde in die Lage versetzen, verlässliche Aussagen über die Anwendung der DS-GVO in einem Unternehmen zu treffen. Diese kann unterschiedliche Ziele verfolgen:

- **Beschwerdeprüfung**: Ist eine konkret erhobene Datenschutzbeschwerde eines Betroffenen begründet?

- **Konzeptionsprüfung**: Gibt es eine ausreichende Beschreibung der Datenverarbeitungen im Unternehmen? Sind die nach der Verordnung zu treffenden Abwägungsentscheidungen zum Beispiel im Zusammenhang mit Privacy by Design, Privacy by Default, Durchführung von Datenschutz-Folgenabschätzungen und/oder Handhabung von Datenschutzverletzungen erfolgt und dokumentiert? Ist diese Konzeption des Datenschutzes in wesentlichen Belangen zutreffend?

- **Angemessenheitsprüfung**: Sind die Grundsätze und Maßnahmen der DS-GVO in allen wesentlichen Belangen zutreffend dargestellt und angemessen? Sind sie zu einem bestimmten Zeitpunkt implementiert?

- **Wirksamkeitsprüfung**: Sind die Grundsätze und Maßnahmen der DS-GVO in allen wesentlichen Belangen zutreffend dargestellt und angemessen? Sind sie zu einem bestimmten Zeitpunkt implementiert und in einem bestimmten Zeitpunkt wirksam?

11.2.2 Abhilfebefugnisse

Abhilfebefugnisse (Art. 58 Abs. 2) ermächtigen die Aufsichtsbehörde, Verantwortliche und Auftragsverarbeiter zu verwarnen oder anzuweisen, die Einhaltung der Betroffenenrechte sicherzustellen, Bearbeitungsvorschläge in Einklang mit der Verordnung zu bringen, bei Datenschutzverletzungen die Betroffenen zu benachrichtigen, gegebenenfalls vorübergehend oder auch endgültig die Verarbeitung zu verbieten, Zertifizierungen zu widerrufen, Datenübermittlungen in ein Drittland auszusetzen und ergänzend oder parallel dazu Geldbußen zu verhängen.

Sollten Anforderungen und Pflichten der DS-GVO nicht oder nur unzureichend erfüllt werden, drohen den Unternehmen u.a. Geldbußen. Die Aufsichtsbehörde soll dabei sicherstellen, dass die Verhängung der Geldbuße in jedem Einzelfall **wirksam, verhältnismäßig und abschreckend** ist (Art. 83 Abs.1). **Geldbußen können in einer Höhe von bis zu 20 Mio. EUR oder bis 4 % des gesamten weltweit erzielten Jahresumsatzes** des vorangegangenen Geschäftsjahres verhängt werden, je nachdem, welcher der Beträge höher ist. Dies gilt insbesondere für Verstöße gegen

- Grundsätze der Verarbeitung (Art. 5, 6, 7 und 9) – *Siehe dazu Kernprozess „Verarbeitung personenbezogener Daten",*
- Rechte der betroffenen Personen (Art. 12 bis 22) – *Siehe dazu Kernprozess „Sicherstellung der Betroffenenrechte",*
- Grundsätze der Datenübermittlungen in Drittländer (Art. 44 bis 49) und
- Anweisungen der Aufsichtsbehörden gem. Art. 58 Abs. 1 oder 2.

Bei den folgenden Verstößen können **Geldbußen von bis zu 10 Mio. EUR oder bis 2 % des gesamten weltweit erzielten Jahresumsatzes** des vorangegangenen Geschäftsjahres verhängt werden, je nachdem, welcher der Beträge höher ist:

- Melde- und Benachrichtigungspflichten (Art. 33 und 34) – *Siehe dazu Kernprozess „Handhabung von Datenschutzverletzungen"*
- Datenschutz durch Technik und durch datenschutzfreundliche Voreinstellungen
- Vorgaben für die Auftragsverarbeitung (Art. 28)
- Verarbeitungsverzeichnis (Art. 30)
- Sicherheit der Verarbeitung (Art. 32 i.V.m. Art. 24)
- Datenschutz-Folgenabschätzung (Art. 35)
- (Nicht-)Bestellung eines Datenschutzbeauftragten (Art. 37)

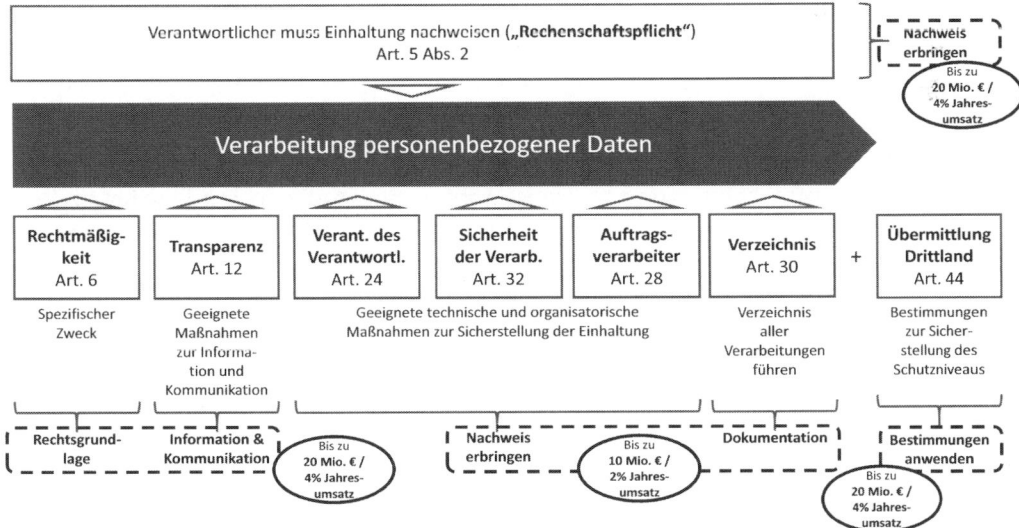

Abbildung 73: Bußgelder

11 Rolle der Aufsichtsbehörde gegenüber den Unternehmen

11.2.3 Genehmigungs- und Beratungsbefugnisse

Nicht weniger relevant als die Untersuchungs- und Abhilfebefugnisse sind die den Aufsichtsbehörden übertragenen Genehmigungs- und Beratungsbefugnisse (Art. 58 Abs. 3), da diese in erster Linie dazu dienen, alle oben genannten Interessengruppen, denen gegenüber sie ihre Aufgaben erfüllen müssen, für den Datenschutz zu sensibilisieren und zu beraten und durch geeignete Mittel dafür zu sorgen, dass Datenschutzverletzungen nicht eintreten. Damit soll dem Hauptanliegen, dem alle, die sich um die Einhaltung des Datenschutzes bemühen, nämlich dem vorbeugenden Grundrechtsschutz, Rechnung getragen werden.

Dazu dienen neben der individuellen Beratung insbesondere Stellungnahmen zu Verhaltensregeln sowie die Genehmigung dieser Verhaltensregeln, die Akkreditierung von Zertifizierungsstellen, die Genehmigung von Kriterien für Zertifizierungen oder auch die Erteilung von Zertifizierungen, die Festlegung von Standarddatenschutzklauseln für Auftragsverarbeiter oder Vertragsklauseln für den internationalen Datenverkehr und nicht zuletzt die Genehmigung verbindlicher interner Datenschutzvorschriften (Binding Corporate Rules – BCR).

11.3 Zusammenarbeit, Kohärenz

Die Datenschutz-Grundverordnung beinhaltet unabhängig von der Tatsache, dass die Verpflichtung zur Zusammenarbeit der Aufsichtsbehörden im Geltungsbereich der Verordnung in zahlreichen Normen angesprochen ist, schon aufgrund ihrer Rechtsnatur als Verordnung und der damit verbundenen unmittelbaren Anwendbarkeit[131] den gesetzlichen Befehl zur einheitlichen Anwendung und zum einheitlichen Vollzug. Dies war auch der wesentliche Grund dafür, warum der europäische Gesetzgeber die Fortschreibung des Datenschutzrechts nicht mehr in Form einer Richtlinie, sondern einer Verordnung vorgenommen hat.

Sehr viel von dem, was auf den vorherigen Seiten dieses Buches als Empfehlung und Notwendigkeit für Verantwortliche und Auftragsverarbeiter beschrieben wurde, würde zumindest bezogen auf die Prozesse für die Aufsichtsbehörden in ähnlicher Art und Weise gelten. Sie müssen, nicht nur was die eigene Datenverarbeitung betrifft, sondern auch im Umgang mit Datenschutzanfragen, Beschwerden, Meldungen von Datenschutzverletzungen, sowie für das Erarbeiten von gemeinsamen Standpunkten oder Leitlinien Verfahren und Prozesse aufgesetzt haben, die eine möglichst effektive Kommunikation mit den anderen Aufsichtsbehörden ermöglichen und dem Ziel des einheitlichen Vollzugs dienen.

---

[131] Art. 288 AEUV: „... Die Verordnung hat allgemeine Geltung. Sie ist in allen ihren Teilen verbindlich und gilt unmittelbar in jedem Mitgliedstaat."

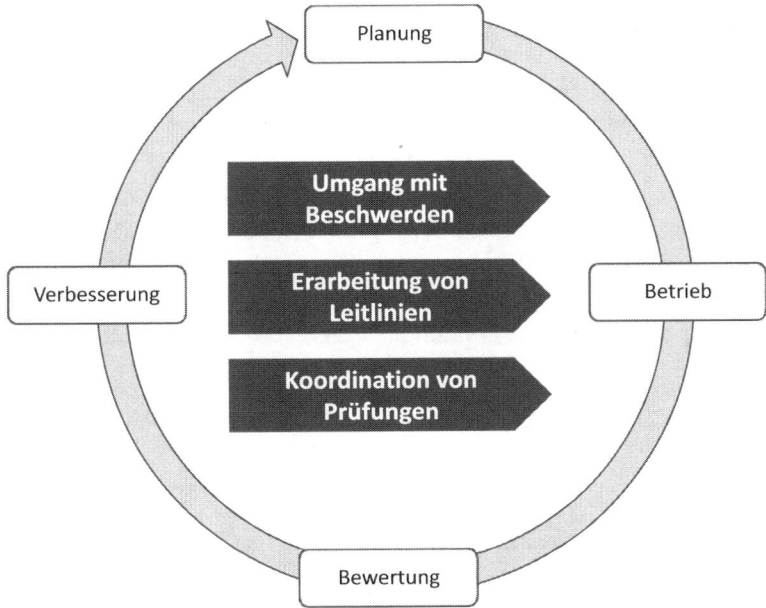

Abbildung 74: PDCA-Zyklus für Aufsichtsbehörden

Auch dafür wäre das oben immer wieder angesprochene und empfohlene Verfahren des Plan-Do-Check-Act mehr als sinnvoll, selbst wenn es aufgrund der (eigentlich nur horizontal zu verstehenden) Unabhängigkeit der Datenschutzaufsichtsbehörden eine besondere Herausforderung darstellen würde – aber dies ist ein anderes Thema.

12 Prüffragen für Aufsichtsbehörden

12.1 Erläuterungen zu den Prüffragen

Die nachfolgenden Prüffragen erheben keinen Anspruch auf Vollständigkeit. Sie sollen den Verantwortlichen im nicht-öffentlichen Bereich lediglich eine erste Orientierung dazu bieten, welche Fragen eine Aufsichtsbehörde zur Überprüfung der Einhaltung der DS-GVO stellen und worauf sie dann den Prüffokus legen könnte.[132] Dabei ist keine der Fragen eine wirkliche Überraschung. Vielmehr stützen sich die Prüffragen darauf, was letztlich nach der DS-GVO gefordert ist.

Mit den „Prüffragen" in den nachfolgenden Tabellen wird das **WAS** adressiert. Die Anforderungen, was zu tun ist, leiten sich aus den obigen Ausführungen zu Datenschutzstrukturen (Kapitel 4) und Kernprozessen (Kapitel 5) ab.

Die Maßnahmen (also **WIE** die datenschutzrechtlichen Anforderungen zu erfüllen sind), die passend zu den Prüffragen von den Verantwortlichen bzw. Auftragsverarbeitern auszuwählen und umzusetzen sind, hängen von der jeweiligen Unternehmensorganisation sowie der Auswahl unter mehreren möglichen Methoden, Standards und Best Practices ab und können deswegen nicht pauschal vorgegeben werden. Die in den folgenden Tabellen genannten Maßnahmen dienen deshalb nur als Beispiele und sollen als eine Orientierung dafür dienen, was alles auf dem Weg zur Compliance mit der DS-GVO nachgewiesen werden können muss (siehe Art. 5 Abs. 2), wenn die Aufsichtsbehörde nachfragt.[133]

Wie in den vorangegangenen Kapiteln ausführlich erläutert, sind allein reaktive Maßnahmen im Unternehmen nicht ausreichend. Erforderlich ist vielmehr, dass der Datenschutz im Unternehmen wirksam und vorausschauend umgesetzt ist. Konkret sind daher schon jetzt die Maßnahmen zur Einhaltung des Datenschutzes zu planen, zu implementieren, schließlich auf ihre Wirksamkeit hin zu überprüfen und gegebenenfalls zu verbessern („Plan-Do-Check-Act"). Daher sind die Prüffragen und Erwartungen (Maßnahmen) an die Verantwortlichen für die drei Kernprozesse entsprechend den vier Phasen des PDCA-Zyklus unterteilt.

---

[132] Das Layout der Fragebögen orientiert sich an den Fragebögen, die das Bayerische Landesamt für Datenschutzaufsicht bei anlasslosen größeren Prüfungen verwendet, siehe: www.lda.bayern.de/de/kontrollen.html

[133] Es ist deshalb beabsichtigt, außer in weiteren Auflagen dieses Buches die Fortschreibung dieser Prüffragen auf der Homepage des Bayerischen Landesamtes für Datenschutzaufsicht (BayLDA), www.lda.bayern.de/compliance, zu dokumentieren.

12.1 Erläuterungen zu den Prüffragen

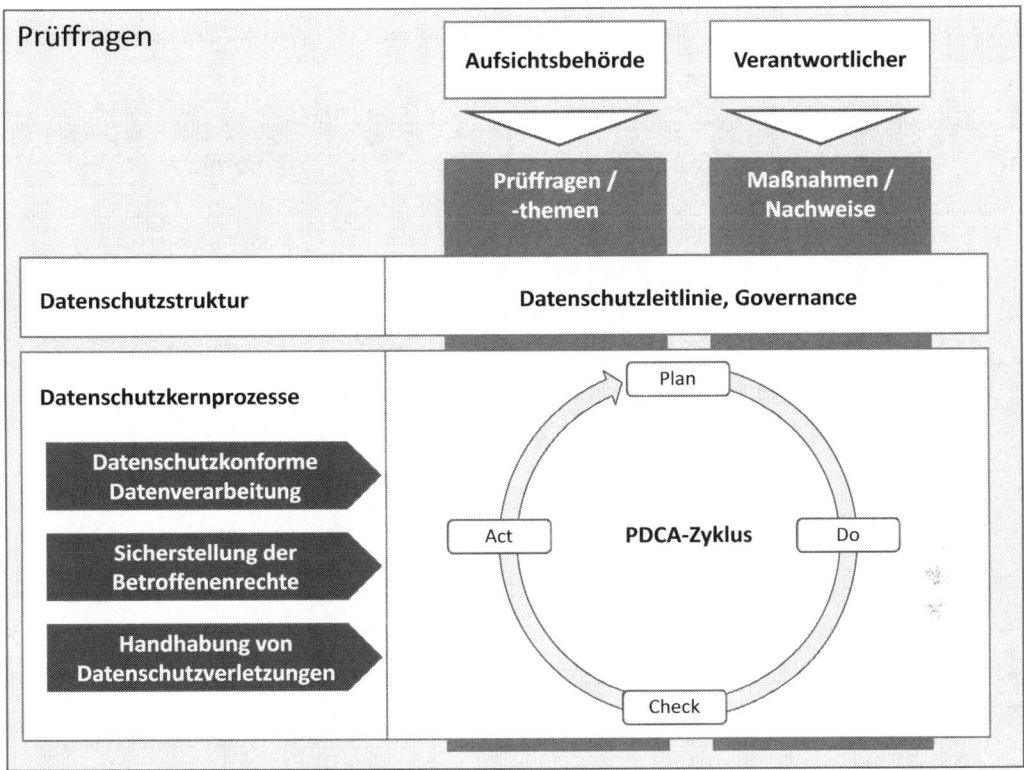

Abbildung 75: Übersicht Prüffragen

12 Prüffragen für Aufsichtsbehörden

12.2 Prüffragen und Maßnahmen zur Datenschutzstruktur (Corporate Governance)

Unternehmen/ Verantwortliche Stelle	Eingangsstempel Aufsicht

1. Planung

Zentrale Fragestellung: Gibt es im Unternehmen ein nachvollziehbares Bewusstsein bezüglich der datenschutzrechtlichen Anforderungen?

Prüffragen Aufsichtsbehörde

- Gibt es das Bewusstsein im Unternehmen, dass Datenschutz Chefsache ist? Beispielsweise durch
    - Vorhandensein einer Datenschutzleitlinie
    - Beschreibung der Datenschutzziele
    - Regelung der Verantwortlichkeiten
    - Bewusstsein über Datenschutzrisiken
    - Transparenz über Zielkonflikte (z.B. zwischen Marketing- und Rechtsabteilung)
- Besteht eine Planung von finanziellen Ressourcen für Datenschutzmaßnahmen?
- Bestehen Regelungen der Zusammenarbeit unterschiedlicher Abteilungen in Fragen des Datenschutzes?
- Ist ein Ansprechpartner für die Datenschutzaufsichtsbehörde bestimmt?
- Ist ein Datenschutzbeauftragter vorhanden, wenn nein, warum nicht?
- Ist sichergestellt, dass die Geschäftsleitung über relevante Datenschutzvorfälle unverzüglich informiert wird?
- Sind, sofern mehrere Standorte vorhanden sind, die anderen Niederlassungen in ein einheitliches Datenschutzkonzept eingebunden?
- Gibt es ein Konzept im Unternehmen, wer bezogen auf den Datenschutz für was zuständig ist (z.B. Schulung der Mitarbeiter)?
- Gibt es Regelungen für interne Kontrollen zur Einhaltung datenschutzrechtlicher Vorschriften?

2. Durchführung

Zentrale Fragestellung: Sind die notwendigen strukturellen Rahmenbedingungen zur Beachtung des Datenschutzes geschaffen?

Prüffragen Aufsichtsbehörde

Die Antworten auf die folgenden Fragen betreffen das WIE und sind deshalb nur als auszugsweise und beispielhaft anzusehen.
- Wie ist Verantwortlichkeit für Datenschutzfragen im Unternehmen geregelt?
- Verfügen Sie über einen Datenschutzbeauftragten und wenn ja, ist geklärt, wann er von wem bei was einzubeziehen ist?
- An welchen Dokumenten oder Nachweisen kann man sich über die erforderliche Struktur der Verantwortlichkeit informieren?

12.2 Prüffragen und Maßnahmen zur Datenschutzstruktur (Corporate Governance)

3. Bewertung
Zentrale Fragestellung: Gibt es im Unternehmen einen Prozess, im Rahmen dessen auf die Nachhaltigkeit der Datenschutzstruktur im Unternehmen geschaut wird?

Prüffragen Aufsichtsbehörde

Die Antworten auf die folgenden Fragen betreffen das WIE und sind deshalb nur als auszugsweise und beispielhaft anzusehen.
- Gibt es in Ihrem Unternehmen eine turnusmäßige Überprüfung der Geeignetheit und Wirksamkeit der Datenschutzstruktur?
- Wird überprüft, ob der Datenschutzbeauftragte seine Aufgabe richtig erfüllt? Wie wird mit den Berichten des Datenschutzbeauftragten umgegangen?
- Wird überprüft, ob die Zusammenarbeit der Abteilungen (Niederlassungen) in Datenschutzfragen funktioniert?

4. Verbesserung
Zentrale Fragestellung: Wie wird sichergestellt, dass die im Rahmen der Strukturbewertung erkannten Mängel auch tatsächlich behoben werden?

Prüffragen Aufsichtsbehörde

Die Antworten auf die folgenden Fragen betreffen das WIE und sind deshalb nur als auszugsweise und beispielhaft anzusehen.
- Wer überprüft, ob erkannte Datenschutzmängel auch tatsächlich behoben werden?
- Besteht eine Dokumentation der Vorgaben der Geschäftsleitung zur Erfüllung der Rechenschaftspflicht in Bezug auf Wirksamkeit?

Die Richtigkeit der Angaben wird bestätigt:

Datum	Unternehmensleitung	*ggf. Datenschutzbeauftragter*

Sofern der Platz für die Beantwortung der Fragen in den dafür vorgesehenen Feldern nicht ausreicht, bitten wir Sie, auf einem Beiblatt unter Verweis auf die entsprechende Gliederungsnummer der Frage zu antworten.

Tabelle 26: Prüffragen Datenschutzstruktur

12 Prüffragen für Aufsichtsbehörden

12.3 Prüffragen und Maßnahmen zur Datenverarbeitung

Unternehmen/ Verantwortliche Stelle	Eingangsstempel Aufsicht

1. Planung

Zentrale Fragestellung: Wurden vor Durchführung der Datenverarbeitung die Vorschriften der DS-GVO berücksichtigt, die geeigneten technischen und organisatorischen Maßnahmen geplant und angemessen dokumentiert?

Prüffragen Aufsichtsbehörde

- Gibt es für jede Verarbeitungstätigkeit Angaben (Prüfgrundlage: Verzeichnis von Verarbeitungstätigkeiten gem. Art. 30 DS-GVO) zu:
  - Zwecke der Verarbeitung
  - Beschreibung der Kategorien betroffener Personen
  - Beschreibung der Kategorien personenbezogener Daten
  - Kategorien von Empfängern, gegenüber denen die personenbezogenen Daten offengelegt worden sind
  - Übermittlungen an ein Drittland (samt Name des Landes)
  - Löschfristen für Datenkategorien
  - Allgemeine Beschreibung der technischen und organisatorischen Maßnahmen
- Gibt es für jede Verarbeitungstätigkeit ferner Angaben zu:
  - Beschreibung der Datenflüsse an Interne/Externe (Systemgrenzen)
  - Änderungsmanagement für Verarbeitungsverzeichnis
  - Schutzbedarfsfeststellung (normal, hoch, sehr hoch)
  - Risikobewertung (samt Methode der Risikobestimmung)
  - Rechtsgrundlage der Verarbeitung
  - Datenschutzgrundsätze
    - Transparenz für den Betroffenen
    - Zweckbindung
    - Datenminimierung
    - Richtigkeit
    - Speicherbegrenzung
    - Sicherheit der Verarbeitung
  - Datenschutz durch Technikgestaltung (Privacy by Design)
  - Datenschutz durch Voreinstellung (Privacy by Default)
  - Datenschutz-Folgenabschätzung (Schwellwertanalyse)
  - Interne/Externe Audits
  - Datenschutzbewusstseinsmaßnahmen
  - Auswahlkriterien, Prüf- und Überwachungsmaßnahmen bei Auftragsverarbeitern
  - Datenportabilität
  - Verwendung von genehmigten Zertifikaten
  - Verwendung von Verhaltensregeln
  - Nachweis der Einhaltung der DS-GVO an die Aufsichtsbehörde

- Verwendung von Verschlüsselung
- Verwendung von Pseudonymisierung
- Verwendung von Anonymisierung
- Löschung von Daten (inkl. Recht auf Vergessen)

2. Durchführung
Zentrale Fragestellung: Wurde die Datenverarbeitung gemäß der Planung implementiert (einschließlich Mitarbeiterschulung und Zuweisung von Verantwortlichkeiten)?

Prüffragen Aufsichtsbehörde

Die Antworten auf die folgenden Fragen betreffen das WIE und sind deshalb nur als auszugsweise und beispielhaft anzusehen.
- Wie (Methode, Standards, Best Practice) wurden die geplanten Prüfpunkte umgesetzt?

3. Bewertung
Zentrale Fragestellung: Wie stellt das Unternehmen die *Wirksamkeit* der geeigneten technischen und organisatorischen Maßnahmen sicher?

Prüffragen Aufsichtsbehörde

Die Antworten auf die folgenden Fragen betreffen das WIE und sind deshalb nur als auszugsweise und beispielhaft anzusehen.
- Wie erfolgt Sicherstellung der *Wirksamkeit* der geeigneten technischen und organisatorischen Maßnahmen?
  Beispielsweise durch:
  - Kontrollen
    - Laufende Kontrolle
    - Protokollierung der Kontrollaktivitäten und Kontrollergebnisse
    - Ggf. Eskalation
  - Interne Audits
    - Planung der Audits
    - Vorbereitung der Audits
    - Durchführung der Audits
    - Bewertung der Audits
    - Nachverfolgung der Abhilfemaßnahmen
  - Managementbewertungens
    - Planmäßige (u.a. Ergebnisse der laufenden Kontrolle und internen Audits, Beschwerden von Betroffenen, Einbindung des Managements in die Bewertungsprozesse)
    - Außerplanmäßige (u.a. bei Eskalation, wesentlichen Änderungen der Datenverarbeitung, Anfragen der Aufsichtsbehörde)
- Verwendung von Verhaltensregeln gem. Art 40 DS-GVO? Wenn ja, wie wird die Einhaltung dieser Regeln sichergestellt?

12 Prüffragen für Aufsichtsbehörden

- Wurden bestimmte Verarbeitungsvorgänge zertifiziert? Wenn ja, wie wird die Einhaltung dieser Zertifizierungen sichergestellt?
- Wurden verbindliche interne Datenschutzvorschriften (BCR) genehmigt? Wenn ja, wie wird die Einhaltung dieser Vorschriften sichergestellt?

4. Verbesserung
Zentrale Fragestellung: Wurden festgestellte Missstände oder Schwachstellen zur Sicherstellung behoben und deren Behebung auf ihre Wirksamkeit hin überprüft?

Prüffragen Aufsichtsbehörde

Die Antworten auf die folgenden Fragen betreffen das WIE und sind deshalb nur als auszugsweise und beispielhaft anzusehen.

- Wie wurden festgestellte Missstände oder Schwachstellen zur Sicherstellung behoben und anschließend auf ihre Wirksamkeit hin überprüft?
  Beispielsweise durch:
    - Festlegung von Maßnahmen zur Erkennung von Missständen
    - Festlegung von Maßnahmen zur Behebung von Schwachstellen und Missständen
    - Nachverfolgung der Umsetzung
    - Überprüfung der Wirksamkeit
    - Einbindung des Managements
- Wie wird sichergestellt, dass datenschutzrelevante Änderungen im Unternehmen ankommen?
  Beispielsweise durch:
    - Änderungen der rechtlichen Anforderungen
    - Änderungen der Datenverarbeitung
    - Interne Änderungen
    - Änderungen im Unternehmensumfeld (z.B. Restrukturierungen, Käufe und Verkäufe von Unternehmensteilen)
    - Sonstige wesentliche Änderungen (z.B. technische und organisatorische Entwicklungen)

Die Richtigkeit der Angaben wird bestätigt:

Datum	Unternehmensleitung	*ggf. Datenschutzbeauftragter*

Sofern der Platz für die Beantwortung der Fragen in den dafür vorgesehenen Feldern nicht ausreicht, bitten wir Sie, auf einem Beiblatt unter Verweis auf die entsprechende Gliederungsnummer der Frage zu antworten.

Tabelle 27: Prüffragen Datenverarbeitung

12.4 Prüffragen und Maßnahmen zur Sicherstellung der Betroffenenrechte

Unternehmen/ Verantwortliche Stelle	Eingangsstempel Aufsicht

1. Planung
Zentrale Fragestellung: Sind Prozesse für die Sicherstellung von Betroffenenrechten geplant?

Prüffragen Aufsichtsbehörde

- Wie haben Sie sich darauf vorbereitet, auf Anforderungen von Betroffenen bezüglich
    - Auskunft (Art. 15)
    - Berichtigung (Art. 16)
    - Löschungen (Art. 17)
    - Einschränkung (Art. 18)
    - Datenübertragbarkeit (Art. 20)
    - Widerspruch (Art. 21)
    - Automatisierte Entscheidungen (Art. 22)
  reagieren zu können?
- Wie haben Sie sichergestellt, dass Sie die personenbezogenen Daten der Betroffenen aus allen vorhandenen Systemen und ggf. Zweigniederlassungen schnell und vollständig verfügbar haben können?
- Wie haben Sie sichergestellt, dass Sie die Stellen, denen gegenüber Sie personenbezogene Daten der Betroffenen öffentlich gemacht (übermittelt) haben, aus allen vorhanden Systemen und ggf. Zweigniederlassungen schnell und vollständig verfügbar haben können?

2. Durchführung
Zentrale Fragestellung: Wurden die Prozesse zum Umgang mit Betroffenenrechten gemäß der Planung implementiert (einschließlich Mitarbeiterschulung und Zuweisung von Verantwortlichkeiten)?

Prüffragen Aufsichtsbehörde

Die Antworten auf die folgenden Fragen betreffen das WIE und sind deshalb nur als auszugsweise und beispielhaft anzusehen.
- Wie haben Sie Ihre Planungen zum Umgang mit der Geltendmachung von Betroffenenrechten bezüglich
    - Auskunft (Art. 15)
    - Berichtigung (Art. 16)
    - Löschungen (Art. 17)
    - Einschränkung (Art. 18)
    - Datenübertragbarkeit (Art. 20)

- Widerspruch (Art. 21)
- Automatisierten Entscheidungen (Art. 22)

umgesetzt?

Beispielsweise durch:
- Verarbeitungsverzeichnis mit Darstellung der Betroffenen und der sie betreffenden Daten
- Regelung der Zuständigkeiten und Kommunikationsverlauf im Unternehmen
- Verfahren zur internen Bearbeitung der Anforderungen
- Verfahren zur Beantwortung der Anfragen
- Muster für Antwortschreiben
- Verfahren zur Reaktion, wenn ein Betroffener mit der Beantwortung nicht zufrieden ist
- Verfahren zur Überwachung der Beantwortungszeiten
- Verfahren zur Reaktion auf Anfragen der Aufsichtsbehörde
- Prozess zur vollständigen Erfassung aller Anfragen
- Prozess für die Annahme und Bearbeitung von Anfragen Betroffener, evtl. einschließlich Verfahren zur Nachverfolgung des Fortschritts der Bearbeitung, z.B. durch ein Ticket-Tool
- Dokumentation des Prozesses
- Regelung der Verantwortlichkeiten und Zuständigkeiten
- Sensibilisierung und Schulung der mit dem Prozess betrauten Mitarbeiter
- Regelung der angemessenen Bearbeitung aller Anfragen (einschl. Identifikation, Bearbeitungsdauer, Rückmeldung an Betroffene u.a.)

3. Bewertung

Zentrale Fragestellung: Wird die Umsetzung der Betroffenenrechte eingehalten (u.a. zeitlich, inhaltlich, formal)?

Prüffragen Aufsichtsbehörde

Die Antworten auf die folgenden Fragen betreffen das WIE und sind deshalb nur als auszugsweise und beispielhaft anzusehen.
- Wie bewerten Sie Ihren praktischen Umgang mit der Geltendmachung von Betroffenenrechten?
- Führen Sie regelmäßigen Kontrollen und Auswertungen der Anfragen Betroffener durch?
- Gibt es ein internes Audit des Managements von Betroffenenrechten?
- Gibt es ein Managementbewertung der Auswertungen und Auditberichte sowie Berichte von besonderen Ausnahmen?

Beispielsweise durch:
- Kontrolle der Vollständigkeit der Bearbeitung aller Anfragen durch zentrale Erfassung der Eingänge und Dokumentation der Ausgänge
- Regelmäßige inhaltliche Kontrolle und Auswertung, einschließlich der Einhaltung zeitlicher Vorgaben der Anfragen Betroffener

12.4 Prüffragen und Maßnahmen zur Sicherstellung der Betroffenenrechte

- Beschreibung eines internen Audits oder Angabe, wie die Qualitätssicherung anderweitig sichergestellt ist
- Information des Managements durch regelmäßige (Monats- oder Quartals-) Berichte sowie bei Anfragen der Aufsichtsbehörde

4. Verbesserung
Zentrale Fragestellung: Werden Missstände und Schwachstellen von Prozessen im Umgang mit Betroffenenrechten verbessert?

Prüffragen Aufsichtsbehörde
Die Antworten auf die folgenden Fragen betreffen das WIE und sind deshalb nur als auszugsweise und beispielhaft anzusehen.
- Wurden bei Feststellung von Missständen Verbesserungsmaßnahmen festgelegt? Beispielsweise durch:
  - Verbesserung der Datenverarbeitung
  - Intensivierung der Schulung
  - Engere Einbindung der Geschäftsleitung
- Wird die Umsetzung der Verbesserungsmaßnahmen überwacht und auf ihre Wirksamkeit hin überprüft? Beispielsweise durch:
  - Bestellung eines Verantwortlichen zur Überwachung der Sicherstellung der Betroffenenrechte
  - Stärkere Einbindung des Datenschutzbeauftragten
  - Intensivierung der Schulung
  - Engere Einbindung der Geschäftsleitung

Die Richtigkeit der Angaben wird bestätigt:

Datum	Unternehmensleitung	*ggf. Datenschutzbeauftragter*

Sofern der Platz für die Beantwortung der Fragen in den dafür vorgesehenen Feldern nicht ausreicht, bitten wir Sie, auf einem Beiblatt unter Verweis auf die entsprechende Gliederungsnummer der Frage zu antworten.

Tabelle 28: Prüffragen Sicherstellung Betroffenenrechte

12 Prüffragen für Aufsichtsbehörden

12.5 Prüffragen und Maßnahmen zur Handhabung von Datenschutzverletzungen

Unternehmen/Verantwortliche Stelle	Eingangsstempel Aufsicht

1. Planung

Zentrale Fragestellung: Wurden alle geeigneten technischen und organisatorischen Maßnahmen geplant und angemessen dokumentiert, um sofort feststellen zu können, ob eine Datenschutzverletzung aufgetreten ist und um die Aufsichtsbehörde und die Betroffenen umgehend unterrichten zu können?

Prüffragen Aufsichtsbehörde

- Existiert ein Reaktionsplan für den Fall einer Datenschutzverletzung (was ist zu tun)?
- Regelt der Reaktionsplan Zuständigkeiten und Berichtslinien (wer ist für was verantwortlich)?
- Wie werden Datenschutzverletzungen zeitnah festgestellt und intern an eine zentrale Stelle gemeldet (Identifikation)?
- Geht der Reaktionsplan von einer Meldung innerhalb von höchstens 72 Stunden aus (zeitliche Vorgaben)?
- Wie wird das Risiko analysiert (Art der Verletzung, betroffene Daten, betroffene Personen, Folgen/Auswirkungen der Verletzung (Bewertung))?
- Sind Risiken identifiziert und adressiert, welche eine derart zeitnahe Meldung verhindern könnten?
- Ist sichergestellt, dass im Fall einer Datenschutzverletzung die Reaktionsschritte, einschließlich aller im Zusammenhang mit der Verletzung stehenden Fakten und der Bewertung der Verletzung dokumentiert sind (Transparenz und Dokumentationspflichten)?
- Kann zeitnah festgestellt werden, welche technischen Sicherheitsvorkehrungen zum Schutz vor Verletzungen bestanden (z.B. weil sie im Verzeichnis der Verarbeitungen oder im Rahmen einer Datenschutz-Folgenabschätzung hinreichend dokumentiert sind)?
- Gibt es „Feuerwehrübungen" zu Datenschutzverletzungen, um die Abläufe bei einer tatsächlichen Datenschutzverletzung zu testen?

12.5 Prüffragen und Maßnahmen zur Handhabung von Datenschutzverletzungen

2. Durchführung

Zentrale Fragestellung: Wie kann das Unternehmen nachweisen, dass es in der Lage ist, eine Datenschutzverletzung sofort festzustellen und angemessen darauf zu reagieren?

Prüffragen Aufsichtsbehörde

Die Antworten auf die folgenden Fragen betreffen das WIE und sind deshalb nur als auszugsweise und beispielhaft anzusehen.

- Wird mit identifizierten Datenschutzverletzungen entsprechend dem Reaktionsplan angemessen umgegangen?
  Beispielsweise durch
  - Regelung der Zuständigkeiten und Kommunikationswege im Unternehmen bei Verdacht auf oder bestätigter Datenschutzverletzung
  - Erstellung eines Reaktionsplanes mit folgenden Inhalten:
    - Kriterien zur **Identifikation** einer Datenschutzverletzung
    - Kriterien zur **Bewertung** einer Datenschutzverletzung (Feststellung der Art der Verletzung, Risikoabschätzung: kein Risiko, Risiko, hohes Risiko).
    - Kriterien zur **Behandlung** von Datenschutzverletzungen (Maßnahmen zur Beseitigung der Datenschutzverletzung und Möglichkeiten zur Abmilderung möglicher nachteiliger Auswirkungen auf die Betroffenen)
    - Kriterien zur **Entscheidung** über Meldung / Benachrichtigung
    - Kriterien zur **Meldung** an die Aufsichtsbehörde (Art. 33 Abs. 1) unter Beachtung der einzuhaltenden Fristen (unverzüglich bzw. maximal innerhalb von 72 Stunden); Geeignete technische Maßnahmen, welche die Wahrscheinlichkeit eines Identitätsbetrugs oder einer anderen Form eines Datenmissbrauchs *wirksam* verringern, können zum Ausschluss der Meldepflicht führen.
    - Kriterien zu **Benachrichtigung** der Betroffenen (Art. 34 Abs. 1)
    - Kriterien zur **Dokumentation** (Art. 33 Abs. 5)

  Für den Fall einer Datenschutzverletzung beim Auftragsverarbeiter beispielsweise durch:
  - Regelung der Zuständigkeiten und Kommunikationswege zwischen Verantwortlichem und Auftragsverarbeiter
  - Festlegung der Zuständigkeit für die Meldeentscheidung beim Verantwortlichen inkl. Eskalationsplan, wenn die erforderliche Meldung unterbleibt.
    - Information des Auftragnehmers über den Reaktionsplan des Verantwortlichen inkl. Information über o.g. Kriterien zur Identifizierung, Bewertung, Behandlung und Dokumentation von Datenschutzverletzungen
  - Werden alle festgestellten Datenschutzverletzungen dokumentiert?

12 Prüffragen für Aufsichtsbehörden

3. Bewertung
Zentrale Fragestellung: Wie stellt das Unternehmen die *Wirksamkeit* der geeigneten technischen und organisatorischen Maßnahmen zur Identifikation und zur angemessenen Handhabung von Datenschutzverletzungen sicher?

Prüffragen Aufsichtsbehörde

Die Antworten auf die folgenden Fragen betreffen das WIE und sind deshalb nur als auszugsweise und beispielhaft anzusehen.
- Wurden im Rahmen des Probelaufs, bei Stichproben oder im Ernstfall Mängel am Meldeprozess (d.h. Identifikation und Reaktion) festgestellt?
- Falls ja, werden diese ausgewertet, um zukünftige Verbesserungen sicherzustellen? Beispielsweise durch
  - Beurteilung des Niveaus der Bereitschaft
  - Identifikation von Missständen
  - Kommunikation der Erkenntnisse
- Wie wird das Management bei Datenschutzverletzungen und deren Behandlung eingebunden?
- Wird bei einem **Ernstfall** einer Datenschutzverletzung Folgendes festgestellt und bewertet:
  - Ursachenanalyse
  - Auswertung der Folgen
  - Auswertung der Abhilfemaßnahmen
  - Interne Auditierung der Prozesse Datenschutzverletzung mit
    - Prüfung des Reaktionsplans (Konzeptprüfung)
    - Prüfung der Angemessenheit des Prozesses Datenschutzverletzung
    - Wirksamkeitsprüfung des Prozesses Handhabung von Datenschutzverletzungen
  - Managementbewertungens mit
    - Bezeichnung der konkreten Datenschutzverletzung
    - Erkenntnis der Probeläufe (Level der Bereitschaft)
    - Auditbericht
    - Anfragen der Aufsichtsbehörde

12.5 Prüffragen und Maßnahmen zur Handhabung von Datenschutzverletzungen

4. Verbesserung
Zentrale Fragestellung: Wurden festgestellte Missstände oder Schwachstellen zur Vermeidung von Datenschutzverletzungen behoben und deren Behebung auf ihre Wirksamkeit hin überprüft?

Prüffragen Aufsichtsbehörde

Die Antworten auf die folgenden Fragen betreffen das WIE und sind deshalb nur als auszugsweise und beispielhaft anzusehen.
- Im Fall von festgestellten Mängeln am Meldeprozess: Wurden Verbesserungen geplant und umgesetzt?
  Beispielsweise durch
  - Festlegung von technischen und organisatorischen Maßnahmen zur Behebung von identifizierten Schwachstellen und Missständen; Berücksichtigung der Wechselwirkung der technischen und organisatorischen Maßnahmen zur Sicherheit der Datenverarbeitung
  - Einbindung des Managements in die Entscheidungsprozesse
  - Systematische Nachverfolgung der Umsetzung
  - Überprüfung der Wirksamkeit der implementierten Verbesserungsmaßnahmen
- Wie wurde der Managementbewertung sichergestellt?

Die Richtigkeit der Angaben wird bestätigt:

Datum	Unternehmensleitung	*ggf. Datenschutzbeauftragter*

Sofern der Platz für die Beantwortung der Fragen in den dafür vorgesehenen Feldern nicht ausreicht, bitten wir Sie, auf einem Beiblatt unter Verweis auf die entsprechende Gliederungsnummer der Frage zu antworten.

Tabelle 29: Prüffragen Datenschutzverletzungen

13 Ausblick

13.1 (R)Evolution im Datenschutz

Die Datenschutz-Grundverordnung stellt sowohl für die Unternehmen als auch für die Aufsichtsbehörden einen Paradigmenwechsel dar.

Aus Sicht der Unternehmen – „Verantwortungsvolles Datenschutz-Management"

Die umfangreichen Anforderungen und Pflichten der DS-GVO an die Unternehmen (Verantwortlicher und Auftragsverarbeiter), insbesondere die Rechenschaftspflicht, führen zu einem Paradigmenwechsel. Konformität mit der Verordnung und Erfüllung der Rechenschaftspflichten sind nur durch ein angemessenes Datenschutz-Management zu erreichen. Ein angemessenes Datenschutz-Management kann nur durch ein vollumfängliches proaktives Managementsystem realisiert werden. Der Datenschutz erfordert ein effektives Compliance-Management-System, das dadurch geprägt ist, dass es proaktiv, transparent, formell, vollumfänglich, prozessorientiert, risikobasiert und integriert ist.

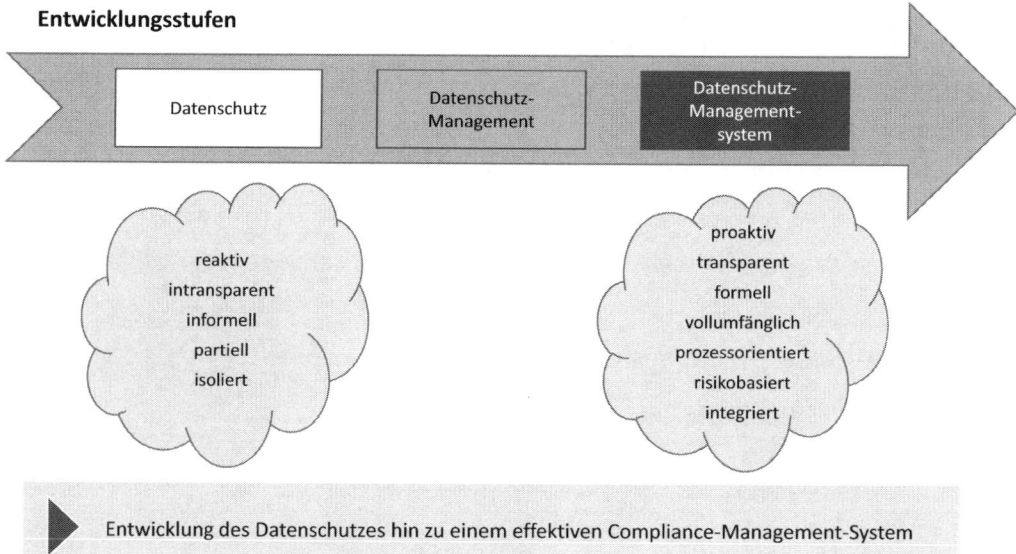

Abbildung 76: Entwicklung des Datenschutzes

Aus Sicht der Aufsichtsbehörde – „Smart Enforcement"

Wie oben ausgeführt, kommen auch auf die Aufsichtsbehörden zahlreiche neue Aufgaben zu, die sie nicht alle gleichermaßen leisten können. Daher müssen sie Prioritäten setzen. Ob es in Zukunft dabei bleiben kann, dass die Bearbeitung von Beschwerden grundsätzlich Priorität vor allen anderen Aufgaben hat, wie es bei den meisten Aufsichtsbehörden heute der Fall zu sein scheint, wird man hinterfragen müssen. Ob es wirklich angezeigt ist, jeder Beschwerde wegen behaupteter unzulässiger Videoüberwachung oder Werbung mit umfassender Sachverhaltsermittlung, Bewertung und Bekanntgabe des Ergebnisses sowie gegebenenfalls Erlass hoheitlicher Maßnahmen nachzugehen, oder ob es nicht besser ist, einzelne Fälle herauszugreifen, bei denen bei einer festgestellten Datenschutzverletzung diese mit einem deutlichen Bußgeld belegt und der Sachverhalt zu generalpräventiven Zwecken publik gemacht wird, wird man sehen.

Eine Möglichkeit zur angemessen Auswahl des aufsichtsbehördlichen Handelns im Sinne eines „*Smart Enforcement*" kann ein risikobasierter Ansatz sein, d.h., die ausgewählten Aufgaben richten sich nach dem Risiko, der Bedeutung und der Auswirkung der zu überwachenden Objekte bzw. Unternehmen. Konkret könnte dies bedeuten, dass Aufsichtsbehörden vorrangig die Ausarbeitung von Verhaltensregeln (Art. 40) oder verbindlichen internen Datenschutzvorschriften (BCR – Art. 47) fördern, Zertifizierungen (Art. 42) anstoßen oder konkrete Prüfungen in Bereichen durchführen, bei denen die Form der Verarbeitung oder der Umgang mit besonderen Kategorien personenbezogener Daten ein hohes Risiko für die Rechte und Freiheiten natürlicher Personen zur Folge haben können. Wenn es dann noch gelänge, sich mit den anderen unabhängigen Aufsichtsbehörden auf ein Konzept für ein koordiniertes aufsichtsbehördliches Handeln zu verständigen, könnte dies dem Ziel der DS-GVO, dem Schutz natürlicher Personen bei der Verarbeitung personenbezogener Daten und der Sicherstellung des freien Datenverkehrs angemessen Rechnung zu tragen, ein deutliches Stück näherkommen.

13.2 Schritte zur Erfüllung der „Rechenschaftspflicht"

Datenschutz ist originäre Aufgabe der Geschäftsführung, wie sich auch aus Art. 5 Abs. 2 DS-GVO ergibt: Der „Verantwortliche" – also das Unternehmen – ist verantwortlich für die Einhaltung der Datenschutzgrundsätze. Diese Einhaltung ist nachzuweisen („*Rechenschaftspflicht*"). Die nachfolgenden 12 Schritte zeigen die wesentlichen Themen, mit denen sich die Unternehmen, insbesondere die Geschäftsführung, nunmehr beschäftigen müssen:

– Compliance mit der EU-Datenschutz-Grundverordnung ist „Chefsache"
– Interdisziplinäres Team zusammenstellen
– Sich mit der Datenschutz-Grundverordnung vertraut machen
– Bestandsaufnahme
– Überarbeitung des Verzeichnisses der Verarbeitungstätigkeiten
– Überprüfung der Rechtsgrundlagen für die Verarbeitung
– Überprüfung der Informations- und Mitteilungspflichten
– Überprüfung der technischen und organisatorischen Maßnahmen
– Überprüfung der Auftragsverarbeitung
– Überprüfung der Übermittlung in Drittländer
– Datenschutz prozessorientiert und risikobasiert betrachten
– Die zuständige Aufsichtsbehörde konsultieren

13 Ausblick

Zu den 12 Schritten im Einzelnen:

1. Compliance mit der Datenschutz-Grundverordnung ist „Chefsache"

Die Verantwortung und das Risiko, dass ein Unternehmen die Vorschriften der DS-GVO einhält und dies den Aufsichtsbehörden nachweisen kann, trägt allein die Geschäftsführung. Nur so lassen sich hohe Bußgelder vermeiden. Erforderlich ist die Einführung und Aufrechterhaltung von datenschutzbezogenen Compliance-Strukturen und -Prozessen. Dies ist eine originäre Führungsaufgabe jeder Unternehmensleitung, deren Unternehmen personenbezogene Daten verarbeitet.

2. Interdisziplinäres Team zusammenstellen

Um Datenschutz wirksam und effizient im Unternehmen umzusetzen, ist ein vielschichtiges rechtliches, informationstechnisches und betriebswirtschaftliches Verständnis und Fachwissen erforderlich. Daher sollte ein Unternehmen sein *Datenschutzteam* so aufbauen, dass alle notwendigen Kompetenzen vertreten sind: Also nicht nur der Datenschutzbeauftragte, sondern auch Vertreter der Rechts- und Compliance-Abteilung, der IT bzw. der IT-Sicherheit, der internen Revision, Personalabteilung, Marketing & Vertrieb. Sollten bestimmte Themenbereiche intern nicht abgedeckt werden können, sollte externe Unterstützung geholt werden.

3. Sich mit der Datenschutz-Grundverordnung vertraut machen

Die DS-GVO ist umfangreich: sie umfasst 99 Artikel und 173 Erwägungsgründe. Hinzu kommen die Normen der nationalen Gesetzgeber, die sie auf der Basis der Öffnungsklauseln in der DS-GVO erlassen müssen oder können. In den kommenden Monaten wird es zahlreiche Stellungnahmen von verschiedenen Parteien (u.a. den nationalen Aufsichtsbehörden und dem Europäischen Datenschutzausschuss) und verschiedene Artikel, Aufsätze und Kommentierungen zur DS-GVO geben. Dabei ist es wichtig herauszufinden, was davon für das eigene Unternehmen relevant ist und wie dies am besten umgesetzt werden kann. Dies erfordert eine intensive Auseinandersetzung mit der Thematik. Je früher damit aus Sicht des Unternehmens begonnen wird, desto besser.

4. Bestandsaufnahme

Damit ein Unternehmen sinnvoll und effizient Maßnahmen festlegen kann, um zukünftige Anforderungen der DS-GVO zu erfüllen, sollte eine Standortbestimmung für den Datenschutz im Unternehmen in Form einer Bestandsaufnahme erfolgen. Dazu sollte systematisch erfasst und dargestellt werden, welche Dokumente (Richtlinien, Betriebsvereinbarungen, Arbeitsanweisungen, Auftragsdatenverarbeitungsverträge etc.), Prozesse (Auftragsdatenverarbeitungsmanagement, Umgang mit den Rechten der Betroffenen auf Auskunft, Löschung, Berichtigung und Verarbeitung personenbezogener Daten) und Organisationsstrukturen (Datenschutzbeauftragter, weitere Verantwortliche und Zuständigkeiten) im Bereich Datenschutz vorhanden sind. Dies sollte die Grundlage sein, auf der weiter aufgebaut werden kann.

5. Überarbeitung der Verzeichnisse der Verarbeitungstätigkeiten

Ausgangspunkt für das Management von datenschutzrechtlichen Risiken ist das Verzeichnis der Verarbeitungstätigkeiten. Das Verzeichnis ist der Aufsichtsbehörde auf Nachfrage vorzulegen und kann als Anknüpfungspunkt für weitere aufsichtsbehördliche Untersuchungen dienen. Das Verzeichnis enthält wesentliche für die Steuerung der Datenverarbeitung notwendige Angaben (u.a. welche Daten von wem zu welchem Zweck wie und durch wen verarbeitet werden und an wen und wohin weitergeleitet werden). Dies setzt voraus, dass das Verzeichnis vollständig und aktuell ist. Dazu sollte ein Unternehmen ausgehend von den bestehenden Verarbeitungen und der vorhandenen Dokumentation das Verzeichnis überarbeiten, auf den aktuellen Stand bringen und die Aktualisierung sicherstellen.

6. Überprüfung der Rechtsgrundlagen für die Verarbeitung

Grundsätzlich ist eine Verarbeitung von personenbezogenen Daten nur unter ganz bestimmten Voraussetzungen zulässig. Insbesondere muss zum Zeitpunkt der Erhebung der Zweck eindeutig festgelegt und legitim sein. Die Unternehmen müssen die Rechtmäßigkeit der Verarbeitung – und somit die Rechtsgrundlage für die jeweilige Verarbeitung – nachweisen können, z.B. das Vorliegen einer Einwilligung. Sollte eine Rechtsgrundlage durch das Unternehmen nicht nachgewiesen werden können, ist die Verarbeitung unzulässig. Dies könnte zur Folge haben, dass evtl. die Daten gelöscht und Verarbeitungen eingestellt werden müssen. Ferner droht ein Bußgeld. Zur Vermeidung solcher Risiken sollte im Rahmen der Bestandsaufnahme für jede Verarbeitung die zugrundeliegende Rechtsgrundlage verifiziert werden.

7. Überprüfung der Informations- und Mitteilungspflichten

Unternehmen, die personenbezogene Daten verarbeiten, müssen zum Einen die betroffenen Personen umfassend informieren, u.a. warum sie Daten erheben und welche Rechte die betroffenen Personen haben. Zum Anderen müssen die Unternehmen den betroffenen Personen die Ausübung ihrer Rechte ermöglichen (z.B. Recht auf Auskunft, Löschung und Berichtigung etc.). Bei Verstößen gegen die Informationspflichten und Rechtegewährung betroffener Personen können Geldbußen verhängt werden. Daher sollten Unternehmen überprüfen, was und wie sie mit den betroffenen Personen kommunizieren und wie sie mit Betroffenenrechten umgehen. Dies bildet die Grundlage für Anpassungen an die Anforderungen der DS-GVO. Es ist auch kein Geheimnis, dass ein unangemessener Umgang mit den Rechten betroffener Personen zu Beschwerden bei den Aufsichtsbehörden führen kann. Dies kann Anlass für Untersuchungen durch die Aufsichtsbehörde sein.

8. Überprüfung der technischen und organisatorischen Maßnahmen

Durch die Verarbeitung von personenbezogenen Daten können betroffene Personen unter Umständen gravierende Nachteile bis hin zu finanziellen Einbußen entstehen. Die Unternehmen, die personenbezogene Daten verarbeiten, haben daher durch geeignete Maßnahmen sicherzustellen, dass derartige Datenschutzverletzungen vermieden werden. Die Unternehmen müssen darüber hinaus der zuständigen Aufsichtsbehörde nachweisen, welche Maßnahmen zum Schutz vor Datenschutzverletzungen sie ergriffen haben und ob sie deren Wirksamkeit regelmäßig überprüft und ggf. verbessert haben. Demzufolge soll-

13 Ausblick

ten die Unternehmen kontinuierlich bei ihren personenbezogenen Verarbeitungen die existierenden Maßnahmen auf ihre Angemessenheit und Wirksamkeit überprüfen. Wichtig dabei ist die Unterscheidung zwischen dem Schutzziel der IT-Sicherheit und dem Schutzziel Datenschutz, die nicht immer deckungsgleich sein müssen. Ein Unternehmensgeheimnis hat aus Sicht des Unternehmens einen hohen Schutzbedarf. Der Datenschutz sieht dagegen den hohen Schutzbedarf bei sensiblen, persönlichen Angaben, wie z.B. der Krankenakte.

9. Überprüfung der Auftragsverarbeitung

Sollte ein Unternehmen Teile oder ganze Verfahren, bei denen personenbezogene Daten verarbeitet werden, auf Dritte auslagern (z.B. Outsourcing von Rechenzentren oder der Buchhaltung), bleibt die Verantwortung weiterhin bei dem den Auftrag vergebenden Unternehmen („Verantwortlicher"). Deshalb trifft den Verantwortlichen eine besondere Sorgfaltspflicht bei der Auswahl des Auftragsverarbeiters. Dies umfasst die datenschutzrechtliche Vertragsgestaltung sowie die datenschutzkonforme Leistungserbringung und Vertragsbeendigung. Ein Unternehmen sollte sorgfältig prüfen, ob und wie aktuell die Auftragsverarbeitung geregelt ist.

10. Überprüfung der Übermittlung in Drittländer

Übermittelt ein Unternehmen personenbezogene Daten in ein Drittland – also in Länder außerhalb der EU und des EWR –, ist dies nur zulässig, wenn ganz bestimmte Bedingungen eingehalten werden. Die Übermittlung ist nur zulässig auf Grundlage von Angemessenheitsbeschlüssen der EU-Kommission, Standardvertragsklauseln, verbindlichen internen Datenschutzregelungen (jedoch nur konzernintern relevant), individuell genehmigten Vertragsklauseln (eher selten) oder Ausnahmen nach der DS-GVO. Welcher Fall zutrifft, ist vom Unternehmen stets sorgfältig zu prüfen und sollte in dem Verzeichnis der Verarbeitungstätigkeiten dokumentiert werden.

11. Datenschutz prozessorientiert und risikobasiert betrachten

Die Anforderungen der DS-GVO an Unternehmen, insbesondere die Rechenschaftspflicht, erfordern es, dass Datenschutz als dauerhafter Managementprozess verstanden wird (Planung – Durchführung – Bewertung – kontinuierliche Verbesserung). Nur so lässt sich im Unternehmen die Wirksamkeit der Datenschutzmaßnahmen gewährleisten und der Nachweis zur Einhaltung erbringen. Außerdem verfolgt die Datenschutz-Grundverordnung insofern einen risikobasierten Ansatz, als die erforderlichen Maßnahmen, die ein Unternehmen ergreifen muss, von der Einstufung des Risikos für die Rechte und Freiheiten der betroffenen Personen abhängen. Die Einstufung erfolgt dabei in die drei Kategorien: kein Risiko, Risiko oder hohes Risiko. Deshalb sollten Unternehmen, die personenbezogene Daten verarbeiten, sich mit den im Unternehmen existierenden Management- und internen Kontrollsystemen (IKS) sowie dem vorhandenen Risikomanagement auseinandersetzen. Dabei sollte untersucht werden, inwiefern bestehende Systeme auch auf den Datenschutz ausgeweitet werden können.

12. Die zuständige Aufsichtsbehörde konsultieren

Die Umstellung des Datenschutzes auf die DS-GVO wird einen großen Einschnitt für alle Beteiligten darstellen und einige Unklarheiten und Fragen aufwerfen. Neben den Unternehmen und den betroffenen Personen wird dies auch die nationalen Aufsichtsbehörden, den Europäischen Datenschutzausschuss und die Rechtsprechung (EuGH) betreffen. Dabei müssen sich alle Beteiligten an die Sache herantasten. Hilfreich ist ein offener Dialog zwischen Unternehmen und zuständiger Aufsichtsbehörde. Die Unternehmen sollten deshalb den Austausch und die proaktive Problemlösung mit der Aufsichtsbehörde nicht scheuen. Schließlich haben die Aufsichtsbehörden auch eine beratende Funktion.

Abbildungsverzeichnis

		Seite
Abbildung 1:	Wesentliche Datenschutzvorschriften	25
Abbildung 2:	Datenschutzkernprozesse und PDCA-Zyklus	26
Abbildung 3:	Datenschutzaufbau- und -ablauforganisation	27
Abbildung 4:	Datenschutzziele als Teil der Unternehmensziele	32
Abbildung 5:	Datenschutzleitlinie als Teil der Unternehmensleitlinien	35
Abbildung 6:	Strategische und operative Ebene des Datenschutzes	36
Abbildung 7:	Kernprozess „Datenschutzkonforme Verarbeitung"	38
Abbildung 8:	Rechenschaftspflicht (Art. 5 Abs. 2)	39
Abbildung 9:	Rechtmäßigkeit (Art. 6)	40
Abbildung 10:	Sicherheit der Verarbeitung (Art. 32)	42
Abbildung 11:	Gemeinsam Verantwortliche vs. Auftragsverarbeitung (Art. 26 vs. Art. 28)	43
Abbildung 12:	Unterauftragsverarbeiter (Art. 28 Abs. 3 lit. d)	44
Abbildung 13:	Übermittlung in Drittländer (Art. 44 – 49)	46
Abbildung 14:	Verzeichnis der Verarbeitungstätigkeiten (Art. 30)	47
Abbildung 15:	Management Auftragsverarbeiter und Zuordnung zu PDCA	49
Abbildung 16:	Risikobewertung in Anlehnung an die ISO 29134	50
Abbildung 17:	Auditprogramm und Auditprozess	52
Abbildung 18:	Rechte betroffener Personen	54
Abbildung 19:	Anträge betroffener Personen	55
Abbildung 20:	Zeitliche Vorgaben	56
Abbildung 21:	Prozess der Anfragebearbeitung	65
Abbildung 22:	Zweistufiges Vorgehen bei Datenschutzverletzungen	74
Abbildung 23:	Rückkopplung von Datenschutzverletzungen auf die Datenverarbeitung	75
Abbildung 24:	Der Begriff Risiko in den einzelnen Vorschriften	79
Abbildung 25:	Datenschutzrisiko	83
Abbildung 26:	Risiko und Schaden	89

Abbildungsverzeichnis

Abbildung 27:	Risikodefinition	89
Abbildung 28:	Komponenten des Risikomanagements	90
Abbildung 29:	Elemente des Risikomanagementsystems	91
Abbildung 30:	Risikomanagementprozess nach ISO 31000	93
Abbildung 31:	Datenschutz-Risikomanagement als Teil des Gesamtrisikomanagements	95
Abbildung 32:	Risikoszenarien nach CNIL	96
Abbildung 33:	Datenschutz- und Compliance-Risiken	97
Abbildung 34:	Einflussfaktoren für ein Datenschutz-Risikomanagement	98
Abbildung 35:	DSFA-Prozess nach ISO 29134	101
Abbildung 36:	DSFA-Bericht nach ISO 29134	102
Abbildung 37:	Risikoidentifikation	103
Abbildung 38:	Kategorien für die Schwere des Risikos	104
Abbildung 39:	Kategorien für die Eintrittswahrscheinlichkeit des Risikos	104
Abbildung 40:	Risikomatrix	105
Abbildung 41:	Beispiel Risikoidentifikation und -analyse	106
Abbildung 42:	Risikobehandlungsoptionen	107
Abbildung 43:	Risikoreduktion	108
Abbildung 44:	DSFA oder vereinfachte Datenschutzrisikobeurteilung und -behandlung	109
Abbildung 45:	Zentrale Bedeutung des Verarbeitungsverzeichnisses gem. Art. 30	115
Abbildung 46:	Bedeutung der Datenschutzdokumentation	117
Abbildung 47:	Dokumentierte Informationen	118
Abbildung 48:	Dokumentenpyramide	120
Abbildung 49:	Aufbau einer Datenschutzdokumentation	121
Abbildung 50:	Dokumentation der Datenschutzdokumente und PDCA-Zyklus	122
Abbildung 51:	Voraussetzung für Compliance	125
Abbildung 52:	Zusammenhang Datenschutzbewusstsein und Datenschutz-Compliance	125
Abbildung 53:	Verbesserung des Datenschutzbewusstseins	126
Abbildung 54:	Datenschutzbewusstseins-PDCA-Zyklus	128
Abbildung 55:	Verweis auf technische und organisatorische Maßnahmen	133

Abbildungsverzeichnis

Abbildung 56:	Schutzniveau und Risikolevel	137
Abbildung 57:	Verschiedene Zustände der Identifizierbarkeit	138
Abbildung 58:	Auditkausalkette	146
Abbildung 59:	Audit – PCDA	151
Abbildung 60:	Auditprozess	152
Abbildung 61:	Akkreditierung und Zertifizierung	158
Abbildung 62:	Modulare Zertifizierungen	160
Abbildung 63:	Ablauf eines 3rd-Party-Audits nach ISO 17021	161
Abbildung 64:	Umsetzung der Rechenschaftspflicht	163
Abbildung 65:	Datenschutz-Managementprogramm in Anlehnung das OPC	164
Abbildung 66:	Elemente der ISO-High-Level-Struktur für Managementsysteme	167
Abbildung 67:	Workgroups ISO/IEC JTC1 SC 27	168
Abbildung 68:	SC 27/WG 5 Standards und Projekte	171
Abbildung 69:	Entwicklung der ISO 29151	173
Abbildung 70:	Mögliche Entwicklung eines integrierten DSMS	175
Abbildung 71:	Übersicht Datenschutz-Managementsystem	177
Abbildung 72:	Integriertes Managementsystem	183
Abbildung 73:	Bußgelder	189
Abbildung 74:	PDCA-Zyklus für Aufsichtsbehörden	191
Abbildung 75:	Übersicht Prüffragen	193
Abbildung 76:	Entwicklung des Datenschutzes	206

Tabellenverzeichnis

		Seite
Tabelle 1:	Umfang der Informationen bei Auskunft	57
Tabelle 2:	Maßnahmen bei Auskunft	61
Tabelle 3:	Maßnahmen bei Berichtigung	62
Tabelle 4:	Maßnahmen bei Löschung	63
Tabelle 5:	Voraussetzungen für die Einschränkung	64
Tabelle 6:	Fortschrittsverfolgung	66
Tabelle 7:	Meldepflicht	70
Tabelle 8:	Reaktionsplan Datenschutzverletzungen	73
Tabelle 9:	Risikoabhängige Melde- und Benachrichtigungspflichten	73
Tabelle 10:	Zeitliche Vorgaben bei Datenschutzverletzungen	73
Tabelle 11:	Übersicht der Risikobeurteilung	81
Tabelle 12:	Beispiele für Schäden gemäß ErwGr. 75	85
Tabelle 13:	Beispiele für Verarbeitungen mit hohem Risiko gemäß ErwGr. 91	86
Tabelle 14:	Zusammenfassung der risikorelevanten Vorschriften	87
Tabelle 15:	Dokumentationspflichten „Datenschutzkonforme Datenverarbeitung"	112
Tabelle 16:	Dokumentationspflichten „Sicherstellung der Betroffenenrechte"	113
Tabelle 17:	Dokumentationspflichten „Handhabung von Datenschutzverletzungen"	113
Tabelle 18:	Verarbeitungsverzeichnis	114
Tabelle 19:	Möglichkeit der Nachweisbringung	116
Tabelle 20:	Datensicherheitsrisiken und Schutzziele	142
Tabelle 21:	Audit-Checkliste	153
Tabelle 22:	Zertifizierungsmöglichkeiten	159
Tabelle 23:	Informationssicherheit vs. Datenschutz	169
Tabelle 24:	ISO- Datenschutz-Standards und -Projekte	170
Tabelle 25:	Elemente eines DSMS	181
Tabelle 26:	Prüffragen Datenschutzstruktur	195

Tabellenverzeichnis

Tabelle 27:	Prüffragen Datenverarbeitung	198
Tabelle 28:	Prüffragen Sicherstellung Betroffenenrechte	201
Tabelle 29:	Prüffragen Datenschutzverletzungen	205

Literatur- und Quellenverzeichnis

AICPA/CICA	Generally Accepted Privacy Principles, 2009
Art. 29-Gruppe (2009)	The Future of Privacy (WP 168), 2009
Art. 29-Gruppe (2010)	Stellungnahme 3/2010 zum Grundsatz der Rechenschaftspflicht (WP 173), 2010
Art. 29-Gruppe (2016)	Work programme 2016-2018 (WP 235), 2016
Art. 29-Gruppe (2016)	Statement on the 2016 action plan for the implementation of the GDPR (WP 236), 2016
Art. 29-Gruppe (2016)	FabLab workshop „GDPR/from concepts to operational toolbox", DIY, 26.7.2016
Art. 29-Gruppe (2016)	Guidelines on the right to data portability (WP 242), 2016
Art. 29-Gruppe (2016)	Guidelines on Data Protection Officers ('DPOs') (WP 243), 2016
Bieker, Felix/ Hansen, Marit/ Friedewald, Michael	Die grundrechtskonforme Ausgestaltung der Datenschutz-Folgenabschätzung nach der neuen europäischen Datenschutz-Grundverordnung, RDV 2016, S. 188 bis 197
BSI – British Standards Institution	British Standard BS 10012:2009, Data protection – Specification for a personal information management system, 2009
BSI – Bundesamt für Sicherheit in der Informationstechnik	Checklisten Handbuch IT-Grundschutz – Sämtliche Prüffragen des BSI, 14. Aktualisierung IT-Grundschutzkataloge, Bundesanzeiger Verlag, 2015
BSI	BSI-Standard 100-1: Managementsysteme für Informationssicherheit (ISMS), 2008
BSI	BSI-Standard 100-2: IT-Grundschutz-Vorgehensweise, 2008
BSI	BSI-Standard 100-3: Risikoanalyse auf der Basis von IT-Grundschutz, 2008
BSI	IT-Grundschutz-Katalog, 14. Aktualisierung, 2015
BvD e.V. (Hrsg.)	Das berufliche Leitbild der Datenschutzbeauftragten, 3. Ausgabe, 2016
CNIL – Commission Nationale de l'Informatique et des Libertés	Privacy Impact Assessment (PIA) Methodology (how to carry out a PIA), 2015
CNIL – Commission Nationale de l'Informatique et des Libertés	Privacy Impact Assessment (PIA) Tools (templates and knowledge bases), 2015

Literatur- und Quellenverzeichnis

Cavoukian, Ann (Information & Privacy Commissioner, Ontario, Canada)	Privacy by Design – The 7 Foundational Principles, 2011
Densmore, Russell (Hrsg.)	Privacy Program Management: Tools for Managing Privacy Within Your Organization, IAPP Puplication, 2012
Deutsche Gesellschaft für Qualität e.V. (DGQ)	Audit im Prozesscontrolling. DGQ-Band 13-41, 1999
Finneran Denedy, Michelle/Fox, Jonathan/ Finneran, Thomas R.	The Privacy Engineer's Manifesto, Getting from Policy to Code to QA to Value, 2014
Fissenwert, Peter	Praxishandbuch internationale Compliance-Management-Systeme, Erich Schmidt Verlag, 2015
Forum Privatheit	White Paper: Datenschutz-Folgenabschätzung – Ein Werkzeug für einen besseren Datenschutz, 2016
Gietl, G./Lobinger, W.	Leitfaden für Qualitätsauditoren – Planung und Durchführung von Audits nach ISO 9001:2008, Carl Hanser Verlag 3. Aufl., 2009
Gietl, G./Lobinger, W.	Qualitätsaudit, in: Kaminski, G. F. (Hrsg.), Handbuch QM-Methoden, Carl Hanser Verlag 2013, S. 603 bis 634
Gummert	MAH Personengesellschaftsrecht, Beck Verlag, 2. Auflage 2015
Hauschka/Moosmayer/ Lösler	Corporate Compliance, Beck Verlag, 3. Auflage 2016
Hert, Paul De/Kloza, Dariusz/Wright, David (Hrsg.)	Recommendations for a privacy impact assessment framework for the European Union (PIAF), 2012
Hoepman, Jaap-Henk	Privacy Design Strategies. Volume 238 of the series IFIP Advances, in: Information und Communication Technology, 2014
ISACA	Control Objectives for Information and Related Technology (COBIT), 2012
ICO – Information Commissioner's Office	Conducting privacy impact assessments code of practice, 2014
ICO – Information Commissioner's Office	Auditing data protection a guide to ICO data protection audits, 2015
IDW – Institut der Wirtschaftsprüfer	IDW Prüfungsstandard: Grundsätze ordnungsmäßiger Prüfung von Compliance-Management-Systemen (IDW PS 980), 2011

Literatur- und Quellenverzeichnis

ISO	ISO: 31000: Risk management – A practical guide for SMEs, 2015
ISO	ISO/IEC Directives, Part 1 Consolidated ISO Supplement – Procedures specific to ISO, 7. Aufl. 2016
ISO SC 27	Standing Document 7 (SD7), 2016
ISO Guide 73	Risk management – Vocabulary, 2009
ISO/IEC 17021-1	Conformity assessment – Requirements for bodies providing audit and certification of management systems – Part 1: Requirements, 2015
ISO 19011	Guidelines for auditing management systems, 2011
ISO 19600	Compliance management systems – Guidelines, 2014
ISO 22307	Privacy impact assessment in financial services, 2008
ISO/IEC 20000	Information technology – Service management – Part 1: Service management system requirements, 2011
ISO 31000	Risk management – Principles and guidelines, 2009
ISO 31010	Risk management – Risk assessment techniques, 2009
ISO 9001	Quality management system, 2015
ISO/IEC 27000	Information security management systems – Overview and vocabulary, 2016
ISO/IEC 27001	Information security management systems – Requirements, 2013
ISO/IEC 27002	Code of practice for information security controls, 2013
ISO/IEC 27004	Information security management – Monitoring, measurement, analysis and evaluation, 2016
ISO/IEC 27005	Information security risk management, 2011
ISO/IEC 29100	Privacy framework, 2011
ISO/IEC 29151	Code of practice for personally identifiable information protection (Entwurf), 2016
ISO/IEC 29190	Privacy capability framework, 2015
ISO/IEC 29134	Privacy impact assessment (Entwurf), 2016
Kersten, Heinrich/ Klett, Gerhard	Der IT Security Manager, Springer Vieweg Verlag 4. Aufl., 2015
Kersten, Heinrich/Reuter, Jürgen/Schröder, Klaus-Werner	IT-Sicherheitsmanagement nach ISO 27001 und Grundschutz, Springer Vieweg Verlag 4. Aufl., 2013

Literatur- und Quellenverzeichnis

Klipper, Sebastian	Information Security Risk Management, Springer Vieweg Verlag 2. Aufl., 2015
Konferenz der unabhängigen Datenschutzbehörden des Bundes und der Länder	Das Standard-Datenschutzmodell – Eine Methode zur Datenschutzberatung und -prüfung auf der Basis einheitlicher Gewährleistungsziele, V.1.0 – Erprobungsfassung, 2016
Lepperhoff, Niels	Dokumentationspflichten in der DS-GVO, RDV 2016, S. 197 bis 203
Loomans, Dirk/Matz, Manuela/Wichtermann, Marco	Anforderungen an ein Datenschutzmanagementsystem, 2010
Loomans, Dirk/Matz, Manuela/Wiedemann, Michael	Praxisleitfaden zur Implementierung eines Datenschutzmanagementsystems, Springer Vieweg Verlag, 2014
Maldoff, Gabriel	The Risk-Based Approach in the GDPR: Interpretations and Implications, IAPP, 2015
Nymity Inc. (Hrsg.)	A Privacy Office Guide to Demonstrating Accountability, 2015
OECD	The OECD Privacy Framework, 2013
OECD	Guidelines for the Security of Information Systems and Networks, 2002
OECD	Guidelines on the Protection of Privacy and Transborder Flows of Personal Data, 1980
Oliver, Ian	Privacy Engineering, A Data Flow and Onotological Approach, 2014
OPC – Office of the Privacy Commissioner of Canada	Getting Accountability Right with a Privacy Management Program, https://www.priv.gc.ca/media/2102/gl_acc_201204_e.pdf
Paul, G. L./Copple, R.F.	Data Life Cycle Management, 2008
Quiring-Kock, Gisela	Anforderungen an ein Datenschutzmanagementsystem – Aufbau und Zertifizierung, DuD 2012, S. 832 bis 836
Rost, Martin	Datenschutzmanangementsysteme, DuD 2013, S. 295 bis 300
Rost, Martin/Bock, Kirsten	Impact Assessment im Lichte des Standard-Datenschutzmodells, DuD 2012, S. 743 bis 747
Schwartmann, Rolf/Weiß, Steffen	Ko-Regulierung vor einer neuen Blüte – Verhaltensregelungen und Zertifizierungsverfahren nach der Datenschutzgrundverordnung, RDV 2016, S. 68 bis 73

Senge, Lothar	Karlsruher Kommentar zum OWiG, Beck Verlag, 4. Auflage 2014
Spindler, Gerald	Selbstregulierung und Zertifizierungsverfahren nach der DS-GVO, ZD 2016, S. 407 bis 414
The Centre For Information Policy Leadership	Data Protection Accountability: The Essential Elements, 2009
Wichtermann, Marco	Einführung eines Datenschutz-Management-Systems im Unternehmen – Pflicht oder Kür?, ZD 2016, S. 421 bis 422
Wybitul, Tim/ Ströbel, Lukas	Checklisten zur DSGVO – Teil 1: Datenschutz-Folgenabschätzung in der Praxis, BB 2016, S. 2307 bis 2311
Youm, Heueng Youl	Privacy and Standards, Barun ICT Research Conference, 2015

Stichwortverzeichnis

A

Abhilfebefugnisse 188
Ad-hoc-Berichterstattung 53
Akkreditierung .... 157 f., 187, 190
Anfragen der Aufsichtsbehörde 53
Angemessenheitsbeschluss 45, 145
Angemessenheitsprüfung 188
Annahmeprozess 65
Art.
– Art. 4 .... 26, 31, 68, 80, 83
– Art. 5 ...... 32 f., 37 f., 110, 114, 134 f., 162, 182, 189, 192, 207
– Art. 6 .... 37, 39, 57, 82, 110, 114
– Art. 7 .... 54, 60, 110
– Art. 8 110
– Art. 9 .... 57, 60, 110, 145
– Art. 11 110
– Art. 12 .... 24, 37, 53, 55, 61 ff., 111 f., 116, 189
– Art. 13 .... 40, 111 f., 114
– Art. 14 .... 40, 56, 111
– Art. 15 .... 40, 54, 57, 61 ff., 112, 114, 199
– Art. 16 .... 40, 54, 56, 62, 64, 112, 199
– Art. 17 .... 40, 54, 56 f., 63 f., 112, 199
– Art. 18 .... 41, 54, 56, 59, 63, 112, 199
– Art. 19 62
– Art. 20 .... 54, 112, 199
– Art. 21 .... 41, 54, 56 f., 60, 64, 113, 199
– Art. 22 ...... 41, 54, 57, 60, 113, 199 f.
– Art. 23 24
– Art. 24 ..... 23 f., 41, 43, 78 f., 87, 109, 111, 115, 124, 133, 159, 179, 189
– Art. 25 .. 78, 81, 111, 115 f., 134, 142, 159, 179
– Art. 26 .... 43, 111
– Art. 27 111
– Art. 28 .... 43, 49, 53, 111, 115 f., 134, 159, 189
– Art. 29 111
– Art. 30 ... 37, 46 ff., 56, 111, 113, 115, 189, 196
– Art. 32 .... 41, 47, 68, 78 ff., 111 f., 114 f., 135, 137, 159, 189
– Art. 33 .. 26, 69 f., 73, 78, 80, 84, 113, 116, 189
– Art. 34 .... 26, 69 f., 73, 84, 113
– Art. 35 ... 42, 48, 78, 82, 86, 100, 102, 109, 112, 179, 189
– Art. 36 112
– Art. 37 .... 34, 114, 189
– Art. 39 .... 31, 34, 124
– Art. 40 .... 115, 134
– Art. 42 .. 115, 134, 144, 158, 160, 207
– Art. 43 157
– Art. 44 .... 25, 37, 112, 114, 189
– Art. 45 .... 45, 145
– Art. 46 .... 45, 57, 145, 159
– Art. 49 45
– Art. 57 56
– Art. 58 .... 31, 187 f.
– Art. 63 82
– Art. 68 82
– Art. 83 .... 96, 160, 187 f.
– Art. 88 32
Art der Verarbeitung 136
Art. 29-Gruppe .... 32, 162 f.
Audit ..... 52, 101, 145, 147 f., 153, 156, 181
– Externe Audit 148, 156
– Interne Audit 48
Audit-Agenda 153
Auditbericht 52, 156
Audit-Checklisten 153
Auditnachweise 154
Auditor 148
Auditplanung 149
Auditprogramm 52, 151
Auditprozess 52
Auditziele 146

225

Stichwortverzeichnis

Aufsichtsbehörde . 56, 68, 117, 187, 203
Auftragsverarbeiter 43, 49
Auftragsverarbeitung 43, 45, 49, 115,
  117, 132, 134, 159
Aufzeichnungen 118
Auskunftsrecht 56
Automatisierte Entscheidungen 60
Automatisierte Entscheidungs-
  findung 41

B

Bedrohungslagen 136
Belastbarkeit 80, 139
Benachrichtigungspflicht 71
Berechtigungskonzept 50
Berufsverband der Datenschutz-
  beauftragten Deutschlands (BvD) . 163
Beschwerdeprüfung 188
Best Practices 167
Bestellpflicht eines Datenschutz-
  beauftragten 34
Betroffenenrechten 54
Beweislast 47
Beweislastumkehr 182
Binding Corporate Rules 45
Black-List 82
Bußgeld 53, 96, 159

C

CAPA-Liste 154
Cloud-Anbieter 134
CNIL .... 48, 94 f., 99, 103
COBIT 108, 165
Compliance-Ansatz 33
Compliance-Risiken 96
Compliance-Risiko 33
Corporate Governance 31, 163, 165
COSO 165

D

Data Life Cycle Management 51
Datenerhebung 40

Datenflüsse 100
Datenminimierung 38, 143
Datenschutz durch Technik-
  gestaltung 115
Datenschutzausschuss 82, 157
Datenschutzbeauftragter .. 31, 109, 120,
  149
Datenschutzbewusstsein 125
Datenschutz-Compliance 125
Datenschutzdokumentation 116
Datenschutz-Folgenabschätzung . 42, 48,
  82, 99, 144, 169, 176, 187 f., 223
– DSFA .... 48, 99 f.
– Privcay Impact Assessment 99
Datenschutz-Governance-
  Organisation 175
Datenschutz-Governance-Struktur 27,
  33
Datenschutzgrundsätze 32, 173
Datenschutzhandbuch 120
Datenschutzkonformität 37, 124
Datenschutzleitlinie .... 27, 31, 35 f.,
  119 f., 125, 149, 176
Datenschutz-Managementsystem 162,
  177
Datenschutzprüfungen 188
Datenschutzrisiken 96, 99, 162, 182
Datenschutz-Risikomanagement .. 94, 98
Datenschutzschulungen 126
Datenschutzschulungskonzept 128
Datenschutzverletzung 68, 80, 83, 87,
  96, 116, 176
Datenschutzvorkehrungen 133
Datenschutzziele .... 27, 32 ff.
Datentrennung 143
Datenübermittlung an Drittstaaten .. 145
DIN 168
Dokumentationsstandards 118
Dokumente 118
Dokumentenmanagementsystem 123
Dokumentenpyramide 119
Dokumentenverwaltung 122
Dokumentierte Informationen 118
DSFA-Bericht 101
Durchsetzungsfähigkeit 144

E

Einschränkung der Verarbeitung 58
Eintrittswahrscheinlichkeit und
   Schwere der Risiken 79
Eintrittswahrscheinlichkeiten 136
Einwilligung 39, 45
Einwilligung eines Kindes 58
Empfänger 40
Erhebung 40
Erwägungsgründe 23
ErwGr.
– ErwGr. 25 144
– ErwGr. 28 138
– ErwGr. 32 142
– ErwGr. 47 82
– ErwGr. 48 82
– ErwGr. 71 145
– ErwGr. 74 .... 23, 87
– ErwGr. 75 .... 78, 84, 87
– ErwGr. 76 .... 80, 87
– ErwGr. 77 .... 80, 87
– ErwGr. 78 87
– ErwGr. 83 .... 80, 87, 140
– ErwGr. 84 .... 82, 87
– ErwGr. 85 .... 69, 84, 87
– ErwGr. 86 87
– ErwGr. 87 .... 68, 74, 87
– ErwGr. 88 .... 71, 87
– ErwGr. 89 .... 85, 87
– ErwGr. 90 .... 82, 87
– ErwGr. 91 .... 23, 86 f.
– ErwGr. 92 87
– ErwGr. 93 87
– ErwGr. 94 87
– ErwGr. 95 87
– ErwGr. 96 87
– ErwGr. 100 158
Eskalationsverfahren 65
EU-US Privacy Shield 45
Externe Audit 146

G

Geldbuße 188
Gemeinsam Verantwortliche 43
Genehmigungs- und Beratungs-
   befugnisse 190
Governance 35, 164
Governance-Rollen 34
Governance-Struktur 33, 35
Grundsätze der Verarbeitung 133

H

Handhabung von Datenschutzverletzungen 127
hohes Risiko 42, 48, 70, 80, 100, 104

I

IKS 165
Implementierungskosten 135
Informationspflichten 40, 54
Informationssicherheit .. 127, 139 f., 152,
                   160, 165, 168 f., 173
Integrität 39, 68, 80, 139
Interessen der Betroffenen 39
Interne Audit 146
interne Verantwortung 33
ISIS12 182
ISMS 166
ISO 14001 166
ISO 17021 .... 160 f.
ISO 19011 145
ISO 19600 166
ISO 27001 ..... 33, 116, 118, 152, 166 f.,
                         174, 176, 221
ISO 27002 .... 108, 172, 176
ISO 27004 130
ISO 27005 94
ISO 27552 174
ISO 29100 .... 95, 97, 172
ISO 29134 .... 48, 50, 99
ISO 29151 .... 108, 171, 174, 176
ISO 31000 .... 88, 91 ff., 95, 97
ISO 31010 .... 90, 93

Stichwortverzeichnis

ISO 9000 147
ISO 9001 .... 116, 118, 151, 166, 182
ISO Guide 73 89
ISO-High-Level-Struktur 166, 175
ISO-Normen 177
IT-Governance 165
IT-Grundschutz-Katalog 108

K

Kohärenzverfahren 82
Kontinuierliche Anpassung und
 Verbesserung 176
Konzeptionsprüfung 188

L

Löschfristen 47
Löschkonzept 50
Löschverlangen 57

M

Managementbewertung 48, 52
Managementsystem 33, 146, 151,
 159 f., 163, 165

N

Nachweis 41, 108, 110
Nachweisbarkeit 176
Nachweiserbringung 115
Normung 167

O

OECD 108, 163
Öffnungsklauseln 23
Ordnungswidrigkeitengesetz 31
Organisationsverschulden 92, 163
Outsourcing 45

P

PDCA-Modell 26
PDCA-Zyklus 23, 47, 122, 128, 151,
 162, 166, 175, 191 f.
Privacy by Default 143
Privacy by Design 142
Privacy Management Programm 163
Privacy-By-Design-Strategien 143
Produktaudit 147
Profiling 100, 145
Prozessaudit 147
Prüfprozess 43
Pseudonymisierung 80, 138

Q

Qualitätsmanagement 23

R

Reaktionsplan 72
Rechenschaftspflicht .... 23 f., 69, 101,
 159, 164, 182
Recht auf Berichtigung 57
Recht auf Datenübertragbarkeit 59
Recht auf Löschung 57
Recht auf Vergessenwerden 57
Recht auf Widerruf einer
 Einwilligung 60
Rechte betroffener Personen 40
Rechte- und Rollenkonzept 141
Rechtmäßigkeit 38
Rechtsgrundlage .... 39 f., 48
Richtigkeit 38
Risiko .... 41, 72, 84, 88, 105 f., 137
– Compliance-Risiken 176
– Datenschutzrisiko 95, 136
– Risiken .... 48, 51, 78 f., 81, 89
– Risikobegriff 88
Risikoakzeptanz 106
Risikoanalyse 50, 94, 103
risikobasierter Ansatz ... 41, 87, 133, 136
Risikobehandlung 106

Risikobeurteilung .... 73, 80 f., 87, 93, 100 ff., 105, 109
Risikobewertung 50
Risikocontrolling 50
Risikograd .... 105 f.
Risikoidentifikation 50, 103
Risikoklassifizierung 87, 132
Risikomanagement .... 50, 88 f., 94, 130, 176
Risikomanagementgrundsätze 90
Risikomanagementprozess 92
Risikomanagementsystem 91, 94
Risikomatrix 50, 105
Risikoreduktion 106
Risikosteuerung 50
Risikoübertragung 106
Risikovermeidung 106
Rollenkonzept 34

S

Safety 140
Schaden 78, 84, 88
Schulungskonzept 50
Schutzniveau .... 40 f., 46, 79 f., 135
Schutzziele der Informations-
  sicherheit 139
Schwellwertanalyse 100, 144
Schwere und Eintrittswahrscheinlichkeit
  der Risiken 41
Sicherheit 79
Sicherheit der Verarbeitung ... 41, 47, 80, 115, 135, 139, 159
Sicherstellung der Betroffenen-
  rechte 127
Speicherbegrenzung 38
Speicherdauer 40
Sperrung 58
Stand der Technik 51, 135
Standard 167
Standarddatenschutzklauseln 190
Standard-Datenschutzmodell 108
Standardvertragsklauseln 45, 187
Systemaudit 148

T

Technische und organisatorische
  Maßnahmen 41, 47, 101, 108, 132, 140
Ticket-Tool 65
TKG 32
TMG 32
Transparenz 38, 143

U

Übermittlung in Drittland 47
Übermittlung in ein Drittland 40, 49
Überprüfung der technischen und
  organisatorischen Maßnahmen 134
Umfang der Verarbeitung 136
Umstände der Verarbeitung 136
Unbefugte Offenlegung von personen-
  bezogenen Daten 141
Unbefugter Zugang zu personen-
  bezogenen Daten 141
Unterauftragsverarbeiter 44
Unternehmensrichtlinien 92
Untersuchungsbefugnisse 188

V

Veränderung von personenbezogenen
  Daten 141
Verantwortliche 31
Verantwortliche für Datenschutz 34
Verantwortung 33
Verarbeitung nach Treu und Glauben . 38
Verarbeitungsverzeichnis 39, 42
– Verzeichnis aller Verarbeitungs-
  tätigkeiten 46
– Verzeichnis der Verarbeitungs-
  tätigkeiten 51
Verbindliche interne Datenschutz-
  vorschriften
– BCR 163, 187, 190
– verbindliche interne Datenschutz-
  vorschriften 45, 187
Verbot mit Erlaubnisvorbehalt 39

Stichwortverzeichnis

Verfahrensaudit 147
Verfügbarkeit 68, 80, 139
Verhaltensregeln 45, 115, 134, 187, 190
Verlust von personenbezogenen
    Daten 140
Vernichtung von personenbezogenen
    Daten 140
Verschlüsselung 80, 139
Vertraulichkeit 39, 68, 80, 139

W

Wahrung berechtigter Interessen 39
Weisungen 44
White-List 82
Widerspruchsrecht 59

Wirksamkeit 43, 47, 53, 81, 130, 176
Wirksamkeitsprüfung 188

Z

Zertifikat 158
Zertifizierung .... 149, 156 ff., 161
Zertifizierungskriterien 158
Zertifizierungsstelle 157
Zertifizierungsverfahren . 115, 134, 144 f.
Zweck
– Anderer Zweck 41
Zweckänderung 41
Zweckbindung 38
Zwecke der Verarbeitung 40, 46, 136
Zwecke der Vertragserfüllung 39
Zwecke und Mittel der Verarbeitung .. 43